Pam Grossman

Despertando
a la bruja

Sobre la magia
y el poder de las mujeres

Traducción del inglés de Silvia Alemany

editorial airós

Título original: WAKING THE WITCH by Pam Grossman
© 2019 by Pam Grossman

© de la edición en castellano:
2020 by Editorial Kairós, S.A.
www.editorialkairos.com

Publicado por acuerdo con el editor original, Gallery Books,
una editorial del grupo Simon & Schuster, Inc.

© de la traducción del inglés al castellano: Silvia Alemany
Revisión: Alicia Conde
Fotocomposición: Florence Carreté
Diseño cubierta: Katrien Van Steen
Imagen cubierta: Caroline Manière

Primera edición: Octubre 2020
ISBN: 978-84-9988-758-6
Depósito legal: B 14.330-2020
Impresión y encuadernación: Romanyà-Valls. Verdaguer, 1. 08786 Capellades

Este libro ha sido impreso con papel certificado FSC, proviene de fuentes
respetuosas con la sociedad y el medio ambiente y cuenta con los
requisitos necesarios para ser considerado un «libro amigo de los bosques».

Para Matt,
el hombre más encantador que haya conocido jamás

«Tengo miedo y me encanta, me encanta y tengo miedo,
Las Damas Lejanas se ciernen sobre nosotros.»

HELEN ADAM, «At Mortlake Manor»

Sumario

Introducción

Las brujas siempre han caminado entre nosotros, han poblado las sociedades y las historias y narraciones de todo el planeta desde hace mil años. Desde Circe a Hermione, desde Morgan Le Fay a Marie Laveau, la bruja siempre ha existido en los cuentos que tratan de ancianas con extraños poderes que pueden dañar o sanar. Y aunque personas de todos los géneros se han considerado a sí mismas brujas, esta es una palabra que ahora se asocia en general a las mujeres.

A lo largo de la historia ha sido un personaje temible, ese Otro insólito que amenaza nuestra seguridad o manipula la realidad para sus propios propósitos mercurianos. Es una paria, una persona *non grata*, una «mujer del saco» que hay que derrotar y deshacerse de ella. A pesar de que a menudo se la ha considerado una entidad destructora, en la actualidad la mujer bruja es mucho más proclive a recibir ataques que a infligir violencia. Como sucede con otros marginados «terroríficos», ocupa un papel paradójico en la conciencia cultural como agresora malvada y presa vulnerable.

Unos 150 años antes, sin embargo, la bruja hizo otro de sus trucos, y pasó de asustarnos a ser un personaje de inspiración. Ahora es muy probable que sea la heroína de tu programa preferido de la televisión, aun siendo la mala. Puede aparecerse adoptando la forma de tu colega wiccana del trabajo o de esa estrella de la música que emana vibraciones hechiceras en sus vídeos o sobre el escenario.

También existe la posibilidad de que ella seas tú, y que esa «bruja» sea una identidad que has adoptado por un buen número de razones: profundas y sentidas o frívolas y superficiales, tanto públicas como privadas.

En la actualidad cada vez hay más mujeres que eligen el camino de la bruja, tanto si es en un sentido literal como simbólico. Flotan caminando por las pasarelas de los desfiles de moda y por las aceras con ropa transparente y negra, y se adornan con pentagramas dignos de aparecer en Pinterest y con cristales. Llenan los cines para ver películas de brujas y se reúnen en trastiendas y en los patios de las casas para hacer rituales, consultar el tarot y proclamar su intención de alterar la vida. Se manifiestan por las calles con carteles donde se lee: «Mal de ojo al patriarcado», y realizan hechizos una vez al mes para intentar neutralizar al comandante en jefe. Año tras año salen artículos que proclaman: «¡Es la estación de las brujas!», mientras los periodistas se lían la manta a la cabeza intentando comprender esta tendencia que prolifera como las setas y que defiende la figura de la bruja.

Y todo eso nos anima a preguntarnos por qué.

¿Por qué importan tanto las brujas? ¿Por qué parecen estar por todas partes? ¿Qué son exactamente? (¿Y por qué diantre no se largan?)

Me han hecho estas preguntas un centenar de veces, y uno esperaría que tras pasarme toda la vida estudiando y escribiendo sobre las brujas, así como haciendo mi página web sobre la temática de la bruja y practicando la brujería directamente en persona puedo dar una respuesta breve.

En realidad, sin embargo, veo que cuanto más trabajo con la bruja, más compleja se vuelve. La bruja tiene un espíritu resbaladizo: cuanto más intentas acorralarla, más retrocede para internarse en la profunda espesura del negro bosque.

Y lo digo convencida del todo: muéstrame a tus brujas y te diré qué sientes por las mujeres. El hecho de que el resurgimiento del feminismo y la popularidad de la bruja vayan en ascenso y de la mano no es ninguna coincidencia: el uno es el reflejo de lo otro.

Dicho lo cual, la actual Ola de Brujas no es nada nuevo. En la década de los 1990, cuando yo era adolescente, la década que nos trajo esa cultura ocultista y pop encabezada por *Buffy la Cazavampiros*, *Embrujadas* y *Jóvenes brujas*, por no hablar del movimiento Riot Grrrl y de la tercera ola del feminismo, aprendí que el poder femenino podía expresarse en una variedad de colores y sexualidades. Aprendí que las mujeres podían liderar una revolución con los labios pintados y luciendo botas de combate; y a veces llevando incluso una capa.

Sin embargo, mi propio despertar a la bruja me sobrevino a temprana edad.

Morganville, en Nueva Jersey, donde crecí, era el típico pueblo de las afueras que todavía conservaba algunos terrenos naturales bastante cubiertos de maleza. Teníamos un bosquecillo en el patio trasero que colindaba con unas caballerizas, y entre ambas construcciones corría un riachuelo que podíamos atravesar poniendo un madero. De pequeñas, mi hermana mayor, Emily, y yo nos aventurábamos a cruzar al otro lado, y allí dábamos de comer a los caballos (actividad que todavía hoy en día me espanta) y recogíamos puñados de tréboles. Pero casi siempre estábamos en nuestro lado de la orilla, y nos internábamos entre el macizo de árboles que nos servía de bosque particular. En una esquina del patio se formaba un charco gigantesco cada vez que llovía, y que quedaba flanqueado por un puñado de helechos. Llamábamos a ese lugar nuestro Lugar Mágico. Y el hecho de que de vez en cuando se esfumara y luego volviera a aparecer solo hacía que añadirle más misterio. Era un portal a lo desconocido.

En esos bosques es donde recuerdo haber practicado la magia

por primera vez: entré en ese estado de juego profundo en el que la acción imaginativa se convierte en realidad. Solía pasarme horas allí, creando rituales con piedras y ramitas, dibujando símbolos secretos en el barro y perdiendo toda noción del tiempo. Era un espacio que parecía sagrado y salvaje, aunque seguía siendo extrañamente seguro.

A medida que crecemos hemos de ir olvidando todas esas «paparruchas» y dejar de darle vueltas a la cabeza. Cambiamos los unicornios por las muñecas Barbie (aunque unos y otras son criaturas míticas, desde luego). Nos despedimos del Ratoncito Pérez y abandonamos a los brujos. Los dragones mueren asesinados en los altares de la juventud.

La mayoría de niños abandona esa «fase mágica» cuando crece. Pero yo crecí reforzando la mía.

Mi abuela Trudy era una bibliotecaria de la West Long Branch Library, y eso significa que yo pasé más de una tarde en las secciones de la clasificación decimal Dewey que iban de la 001,9 a la 135, leyendo libros sobre Bigfoot y sobre la interpretación de los sueños, y también sobre Nostradamus. Pasé innumerables horas en mi habitación, aprendiendo sobre las brujas y las diosas; me encantaban los libros de autores como George MacDonald, Roald Dahl y Michael Ende, escritores que trabajaban con fluidez el lenguaje de los encantamientos. Los libros eran mi escoba voladora. Me permitían volar a otros reinos donde cualquier cosa era posible.

Mi libro preferido era *Wise Child*, de Monica Furlong, una historia de una chica a la que rapta Enebro, una bondadosa y hermosa bruja que vive en lo alto de una colina de las montañas escocesas. Enebro es temida por la gente del pueblo porque no practica su misma religión y porque es una mujer que vive sola. Le enseña a la Niña

Sabia los fundamentos de la medicina natural y de la magia, y le da todo el amor que le puede dar una madre. Los habitantes del pueblo van a visitarlas en secreto cuando necesitan algún remedio para curar su dolencia, pero en público rehúyen tanto a Enebro como a la Niña Sabia. Las brujas, según leí una vez en un libro, son criaturas complicadas, fuentes de gran consuelo y de un intenso terror. Y por muy buena que sea una bruja, a menudo se convertirá en el objetivo de todas las incomprensiones, en el mejor de los casos, y de toda persecución, en el peor.

La bruja siempre corre un riesgo. Y, sin embargo, persiste.

A pesar de que las brujas de ficción fueron mis primeras guías, no tardé en descubrir que la magia era algo que las personas reales podíamos practicar. Empecé a ir a tiendas de la Nueva Era y a experimentar con libros de hechizos de divulgación publicados en rústica que compraba en los centros comerciales. Me criaron como a una judía, pero me sentía más atraída por otros sistemas de creencias que parecían más individualizados y místicos, y que honraban plenamente lo femenino. Y finalmente encontré mi camino en el paganismo moderno, un camino espiritual en el que cada cual es su propio guía y que sigue sosteniéndome en el día de hoy. No soy la única que ha seguido esta trayectoria de salirse de una religión organizada para acercarse a algo más personal: en septiembre de 2017, más de una cuarta parte de los adultos de Estados Unidos (el 27%) se autoproclamaban espirituales, pero no religiosos, según el Centro de Investigaciones Pew.

Ahora me identifico tanto con el hecho de ser una bruja como con el arquetipo de la bruja en general, y uso el término con fluidez. En un momento dado, podría usar la palabra bruja para indicar cuáles son mis creencias espirituales, mis intereses sobrenaturales o mi papel como fémina dinámica y compleja que no pide disculpas en un mundo que prefiere tener a sus mujeres sonrientes y quietecitas. Empleo a partes iguales la sal y la sinceridad: me inclino ante la historia de la brujería de todo el planeta, que ha sido rica y a menudo dolorosa, y dedico un guiño de complicidad a los miembros de nuestra sociedad, que ya no es tan secreta y está formada por personas que luchan desde los márgenes por la libertad de poder expresar su lado más extraño y asombroso. La magia se practica en los márgenes.

Digámoslo con claridad: no tienes que practicar la brujería ni recurrir a cualquier otra forma alternativa de espiritualidad para despertar a tu propia bruja interior. Puedes sentirte atraída por su simbolismo, su estilo o sus historias, pero no por ello vayas a salir corriendo a comprar un caldero ni te pongas a entonar cánticos al cielo. Quizá seas una mujer más bien desagradable en lugar de ser una devota de la Diosa. Pues muy bien: la bruja también te pertenece a ti.

Estoy absolutamente convencida de que el concepto de la bruja perdura porque trasciende su literalidad y porque tiene más cosas oscuras y brillantes que enseñarnos. Muchas personas se obsesionan con la idea de si la bruja es «verdadera» y muchos libros de historia intentan abordar el tema desde el ángulo de los supuestos hechos. ¿Creía la gente en realidad en la magia? Por supuesto que sí, y sigue creyendo. ¿Esos millares de víctimas que fueron asesinadas en las cazas de brujas de los siglos XVI y XVII eran brujas en realidad? Lo más probable es que no. ¿Son reales las brujas? Pues sí, y ahora estás leyendo las palabras que ha escrito una de ellas. Todo esto es cierto.

Ahora bien, el hecho de que esos hombres y esas mujeres en realidad practicaran o no la brujería en Roma, Lancashire o Salem, por decir algo, a mí no me interesa tanto como el hecho de que la idea de las brujas siempre haya sido tan evocadora e influyente y tan, en fin, hechizante por encima de todo.

En otras palabras, lo que tiene de realidad y de ficción la figura de la bruja se encuentra unido inextricablemente. Una da forma a la otra, y siempre ha sido así. Y por eso parto de este punto de enfoque fabulista y confuso para considerarla en los siguientes capítulos; y también en general. Estoy fascinada por el hecho de que un arquetipo pueda abarcar facetas tan distintas. La bruja es un ser que cambia de forma notablemente, y que se nos aparece bajo numerosos disfraces:

- Una vieja bruja con un sombrero puntiagudo riendo a carcajadas como una loca mientras hierve huesos en un caldero.
- Una seductora de labios rojo carmín vertiendo secretamente una poción en la bebida de su amante, que nada sospecha.
- Una francesa revolucionaria y travestida que oye voces de ángeles y de santos.
- Un ama de casa de clase media alta con un peinado impecable que mueve la nariz para alterar las circunstancias a su antojo, a pesar de las protestas de su esposo.
- Una mujer que baila en Central Park de Nueva York con su aquelarre para celebrar el cambio de las estaciones o una nueva fase lunar.
- Una bruja que tiene la cara verde y va seguida por una cohorte de monos voladores.
- Una mujer que viste con pañuelos, de cuero y encaje.
- También puede vivir en África: en la isla de Aeaea; en una torre; en una cabaña hecha con muslos de pollo; en Peoria, en Illinois.
- Acecha en los bosques de los cuentos de hadas, en los marcos dorados de los cuadros, en los guiones de las telecomedias y de

las novelas para adolescentes, y entre las partituras de canciones de blues fantasmales.

- Es una solitaria
- ¿No quieres caldo? Pues toma dos tazas.
- Es miembro de un aquelarre.
- A veces ella es él.
- Es asombrosa, monstruosa, artera, ubicua.
- Es nuestra perdición. Es nuestra liberación.

Nuestras brujas dicen tanto de nosotras como de cualquier cosa, tanto para lo bueno como para lo malo.

De todos modos, y más que nada, la bruja es un símbolo lumínico y sombrío del poder femenino y una fuerza para subvertir el *statu quo*. No importa la forma que adopte, porque sigue siendo una fuente eléctrica de agitación mágica a la que todos podemos enchufarnos cada vez que necesitemos una descarga de alto voltaje.

Es asimismo el recipiente que contiene los sentimientos contradictorios que nos despierta el poder femenino: nuestro miedo, nuestro deseo y la esperanza de que pueda, y consiga, salir reforzado, a pesar de las llamas a las que se le arroja.

Tanto si a la bruja se la representa como malvada o como valerosa, siempre es un personaje que encarna la libertad: tanto su pérdida como su ganancia. Quizá es el único arquetipo femenino que funciona con independencia. Las vírgenes, las putas, las hijas, las madres, las esposas…; todas ellas se definen en función de si se acuestan con alguien o no, si cuidan de alguien o si las cuidan a ellas, o de alguna especie de duda simbiótica que al final debe pagar.

La bruja no debe nada. Y eso es lo que la hace peligrosa. Y es lo que la hace divina.

Las brujas tienen poder en sus propios términos. Tienen capacidad de actuar con independencia. Crean. Alaban. Comulgan con el reino espiritual, libremente y libres de todo mediador.

Se metamorfosean, y hacen que ocurran cosas. Son agentes del cambio cuyo propósito primordial es transformar el mundo tal como lo entendemos para convertirlo en el mundo que nos gustaría.

Por eso, que digan de ti que eres una bruja o que seas tú quien se llame a sí misma bruja son dos cosas completamente distintas. En el primer caso suele ser un acto para degradarte, un ataque contra una amenaza percibida. El segundo caso es un acto de reclamación, una expresión de autonomía y de orgullo. Los dos aspectos del arquetipo son importantes para tenerlos en mente. Pueden parecer contradictorios, pero se pueden deducir muchas cosas de su interacción.

La bruja es el icono feminista por excelencia porque es el símbolo más completo de la opresión femenina y de la liberación. Nos enseña a acceder a nuestro propio poderío y a nuestra magia, a pesar de todos los que intentan despojarnos de nuestro poder.

Ahora la necesitamos más que nunca.

A continuación exploraremos el arquetipo de la bruja: unas reflexiones sobre sus diversos aspectos y asociaciones, preguntas que he ido conjurando a lo largo de mi vida y lecciones que he aprendido por el hecho de hollar la senda de la bruja.

Está permitido que cometas el error de identificarte con ella, en el caso de que sientas que caes bajo sus hechizos.

Mira a tu alrededor. Mira en tu interior.

La bruja se despierta.

1. El bien, el mal y lo maligno

—Tú debes de ser una bruja buena, ¿no? —me pregunta la directora general de la empresa en la que trabajo mientras nos estamos tomando unos Aperol Spritzes en un ostentoso restaurante del West Village, en Manhattan. Da un sorbo de su bebida y me mira a través de la copa con una sonrisa intranquila.

—Pues claro —le digo con una carcajada despectiva, y luego cambio de tema rápidamente. No es que le esté mintiendo. Es que me he encontrado en esta situación muchas veces, y esta noche no me apetece volver a repetirla. Es la típica situación en la que se me insta a hablar de mis creencias personales y de otras actividades extracurriculares paranormales como si se tratara de una charla intrascendente, para procurar que el que me hace las preguntas se sienta cómodo. Es la típica situación en la que me hacen encajar en uno de estos dos paquetes del reino de Oz: ser la bruja buena o la bruja mala.

No me escondo de mi yo brujeril. Y con franqueza te diré que no podría hacerlo ni aunque lo intentara. Entre mi *podcast* y mis artículos, y los proyectos que tengo más orientados a la magia, por no hablar de mi predilección por las telas negras y transparentes y por la joyería lunar, en este momento de mi vida, eso es lo que hay, y salta a la vista. Pero donde las cosas se ponen peliagudas es cuando mi identidad como bruja se armoniza con la de los otros papeles que encarno: como nuera de dos sacerdotes episcopalianos, para ser más exacta. Esa desconocida a quien le presentan a otra persona en la fiesta de un amigo. Ese personaje público que lleva catorce años representando a una empresa. Por mucho que use el término positivo de RRPP de estos últimos tiempos, cuando menciono la palabra «bruja» para describirme a mí misma, a la gente se le ponen los pelos de punta.

Mi instinto es intentar calmar sus miedos: no, no soy satánica (aunque los satanistas que he conocido en realidad son personas muy agradables, y no tienen nada que ver con lo que te imaginas). No, no hago encantamientos que hieran a los demás (¡al menos ya no me dedico a eso!). No, tampoco soy malvada (¡no más que los que se esfuerzan en hacer las cosas de la mejor manera posible, pero se encuentran sujetos, en último término, a las debilidades de la humanidad!). No, no y no. No maldeciré tu matrimonio ni enviaré una plaga a tu cosecha, ni agriaré tu leche, ni me beberé tu sangre o descuartizaré a tus hijos. No te preocupes, te lo prometo: ¡no estoy aquí para llamarte en nombre del diablo!

«Bruja» es una palabra que he elegido para que me represente. En parte es la abreviatura que significa que soy una pagana practicante, jerga común que denomina a esa comunidad de personas que han descubierto una manera de enfocar su espiritualidad al margen de (aunque no necesariamente de manera opuesta) las cinco religiones dominantes del mundo. Sigo la rueda sagrada del año y los ciclos lunares, hago los rituales y las celebraciones más apropiados según la estación. Honro la naturaleza y la divinidad que hay en mi interior y en todos los seres vivos, y me esfuerzo por expandir la luz y estar al servicio de algo que es más grande que yo misma: el espíritu, los dioses, la Diosa, el Misterio… y todo lo que al lenguaje le resulta difícil de nombrar.

He hecho todas estas cosas sin dejar de pagar mi alquiler puntualmente, tener un trabajo durante el día que me llene y entregar mi tiempo y mi dinero a causas en las que creo, sin dejar de apoyar a mi marido, a mis amigos y a la familia en lo bueno y en lo malo Creo que, por lo que me parece a mí, soy una bruja muy buena.

Para complicar aún más las cosas, en los círculos de brujería existen otras clasificaciones además de la de «buenos» y «malos». Hay quien dice que existen las «brujas que practican magia blanca», que son las brujas que se han comprometido a no hacer ningún daño, y las «brujas que ejercen la magia negra», que son las que hacen maleficios, aunque este tipo de lenguaje está mal visto debido a sus implicaciones racistas. Hay quien habla del «camino de la mano izquierda» como opuesto al «camino de la mano derecha», y eso significa que uno sobre todo está centrado en el crecimiento personal, en lugar de comprometerse a un grupo o una deidad universal. Algunos practican «la magia del caos», frase que suena catastrofista, pero que sencillamente quiere decir que es una especie de «eso ya me sirve» posmoderno que mezcla imágenes y técnicas de distintas religiones o géneros, a veces de manera poco ortodoxa o incluso humorística.

Como sucede con todos los sistemas categóricos, las interpretaciones de cada uno de estos términos varían, y el espacio que dista entre ellos puede ser difuso. Es más, muchas personas se sienten atraídas por la brujería porque precisamente es un mundo muy individualizado. No existe un único libro, un único líder o un conjunto unificado de dogmas, y eso significa que aprendes con la práctica. Investigas, experimentas, y vas creciendo a medida que te reúnes con otros que también se han sentido atraídos por ese camino.

La inmensa mayoría de practicantes que conozco son personas de lo más compasivas y curiosas. Valoran el amor y el conocimiento por encima de todas las cosas, y en muchos casos ni siquiera sabrías que son brujas si no te lo dicen. Conozco brujas que son abogadas, chefs, profesoras, ejecutivas del mundo de la publicidad, artistas, contables, enfermeras y lo que sea. Hacer brujería es una manera de esforzarnos para dar con la mejor versión de nosotros mismos, honrar a lo sagrado y, en último término, intentar convertir el planeta en un mundo mejor. Asimismo es una forma de reconocer que tanto la luz como la oscuridad son un gran regalo. Y a pesar de que existe un cierto solapamiento en nuestras prácticas, todos trabajamos de distinta manera. Podemos realizar hechizos, hacer rituales, meditar, buscar nuestra guía en sistemas como la astrología o el tarot. Podemos honrar a nuestros ancestros, celebrar los ciclos de la naturaleza, pedir ayuda y dar las gracias. Nuestro propósito puede ser curar o prestar un servicio espiritual. Pero no importa la forma que adopte nuestra magia, porque para la mayoría la palabra «bruja» significa que somos personas que encarnamos de una manera activa la paradoja de tener una experiencia trascendente mientras nos sentimos más profundamente conectadas a nosotras mismas y a los demás aquí en la tierra.

Si me llamo a mí misma bruja, también es por otras razones. Es un medio de identificar mi comportamiento en el mundo, y de identificar esa clase de corriente energética de la que deseo ser canal.

En un momento dado, eso puede significar que soy feminista; una persona que celebra que todos podamos ser libres y que luchará contra la injusticia con todas las herramientas que tiene a su disposición: una persona que valora la intuición y la expresión de uno mismo; un alma afín a esas otras personas que defienden lo no convencional, lo soterrado y lo asombroso. O sencillamente puede referirse al hecho de que soy una mujer que se atreve a decir lo que piensa y es capaz de defender todo el espectro de la emoción humana: un comportamiento que la sociedad todavía contempla con sentido crítico o despreciativo. Como les sucede a muchos en estos días, recurro a esta palabra con absoluta convicción y en son de broma. Y como les sucede a otros muchos epítetos, tiene su carga y su código. Pienso muy bien en la manera de usarlo, cuándo, por qué y con quién, porque esta es una palabra que tiene su peso, aunque libere.

Se resiste a ser aplastada o reducida. Se rebela contra el sistema binario. Y por eso me gusta tanto, porque, ¿sabes qué?, yo también hago eso.

Al margen de que vistamos con manga murciélago, el problema de las brujas es que siempre hemos sido muy difíciles de definir.

La mayoría de libros sobre la historia de las brujas tiende a empezar de la misma manera. Empiezan retomando la palabra, y nos aclaran de dónde viene, lo que significa, y cómo el escritor tiene la intención de usarla en el texto que viene a continuación.

La mayoría te dirá que la etimología de la palabra «bruja» no está clara. Muchas fuentes nos dicen que se deriva de la palabra *wicca* o *wicce* en inglés antiguo, y que significa «trabajador o trabajadora de la magia». Hay quien dice que a su vez proceden de palabras asociadas al término arrodillarse, mecha o sauces llorones. O bien que es una permutación de palabras antiguas que significan «sabiduría» o «sabio». Y por eso a menudo concluyen en que la bruja es alguien que tiene conocimientos para modular la realidad, para conseguir provocar cambios a voluntad.

Todo esto se refiere a la bruja occidental en su contexto distintivamente europeo. Pero casi todas las culturas tienen su propia versión de las brujas, por no hablar de la múltiple variedad de personas mágicas en las que quedan incluidas hechiceras, adivinos, oráculos, sanadoras y chamanes. Para el propósito de este libro, sin embargo, voy a centrarme primordialmente en la palabra «bruja», porque por sí misma ya es complicadísima.

¿Qué queremos decir cuando la usamos?

Bueno, pues resulta que depende.

En el libro de Ronald Hutton *The Witch: A History of Fear, from Ancient Times to the Present*, se afirma que en la actualidad existen poco menos que cuatro significados comunes de la palabra «bruja». Es decir: alguien que usa la magia con propósitos malignos; cualquier persona que recurre al uso de la magia (tanto si es buena, mala o neutra); los que siguen el paganismo centrado en la naturaleza, como la wicca; y ese personaje que tiene un poder femenino transgresor. Muchos libros históricos como este del que hablamos tienden a centrarse en la primera definición. Después de todo, a las brujas se las asocia con el diablo desde que aparecieron en escena por primera vez.

Sin embargo, hoy en día estas definiciones se difuminan entre sí dándose forma e influenciándose la una a la otra. La bruja ya no sería un icono femenino, por ejemplo, sin ese significado primario maligno sobre el que improvisamos y despotricamos.

Malcolm Gaskill escribe sobre lo que él llama «la opacidad» del arquetipo de la bruja. En su libro *Witchcraft: A Very Short Introduction*, afirma: «[…] Las brujas se resisten a la simplificación, y son tan diversas y complicadas como el contexto al que pertenecen: la economía, la política, la religión, la familia, la comunidad y la mentalidad…».

O como especifica Jack Zipes de una manera un poco más sucinta en *The Irresistible Fairy Tale*, «Usamos la palabra "con toda naturalidad" en los países occidentales, como si todos supiéramos lo que es una bruja. Pues bien: no lo sabemos».

Sin embargo, quizá mi afirmación preferida sobre el tema nos la ofrece Margot Adler, que escribe en su monumental libro sobre paganismo moderno, *Drawing down the Moon*: «Las definiciones lexicográficas de la bruja son muy confusas, y guardan poca relación con las definiciones que dan las brujas mismas».

Uno podría decir que al menos se pueden contemplar los hechos y empezar por el principio de la civilización humana, cuando la magia era considerada real por todos. El problema, la tarea ardua, es que escribir una historia auténtica sobre la bruja como tal es imposible de concretar, a pesar de que han existido varios admirables intentos. Como estos libros te contarán, existe una miríada de ricas tradiciones de magia folklórica, brujería y chamanismo que pueblan el planeta. La mayoría de estas creencias existen desde hace miles de años, y siguen existiendo, practicadas por personas de toda condición.

Ahora bien, ¿cómo nos lleva todo eso al punto en que estamos en la actualidad, ese en el que la definición fundamental que da el diccionario Merriem-Webster de «bruja» es el que dice que es el personaje al que se le concede la posesión de unos poderes sobrenaturales primordialmente malignos; es más, el que dice que sobre todo es una mujer que practica la magia negra con la ayuda de un demonio o un familiar? ¿Cuándo ha aparecido ese «sobre todo es una mujer»? A fin de cuentas, siempre ha habido practicantes de magia masculinos y de género inconformista que se llaman a sí mismos, o que les llaman los demás, «brujos o brujas». Gerald Garner, el fundador de la religión que terminó llamándose wicca, era un hombre. Y, sin embargo, la inmensa mayoría de las personas perseguidas por causa de brujería han sido mujeres.

Si se pidiera a un grupo de personas que dibujaran a una bruja, la mayoría probablemente recurriría a la misma clave visual: la de una mujer con un gorro puntiagudo y pelo largo, probablemente de edad madura, con una escoba, un caldero y/o un gato. Cuando le pregunté a un miembro del Subcomité del Código de Emojis por qué el emoji universal de una persona con un gorro de punta y una varita mágica se llamaba *mago* en lugar de bruja, me dijo: «Pedí que los nombres que designaran personajes de fantasía sortearan todas las connotaciones de género [...]. La bruja suele equipararse al sexo femenino –¡Qué me va iba decir a mí...!–. También mencionamos al mago o al hechicero, pero estas palabras se relacionan con el sexo masculino. Sugerí "mago" porque pensé que era una buena abreviatura de la frase "persona mágica", y la imaginería por defecto (según las directrices del Código) debería ser de "género neutro"».

Dejemos ahora de lado el tema del género y volvamos al propósito de la bruja, porque ahí es donde las preguntas sobre lo que son las brujas buenas o las brujas malas se enturbian. Muchas de las ideas modernas que tenemos sobre las brujas malas proceden de fuentes históricas erróneas. Por ejemplo, las afirmaciones de esos eruditos que sugirieron que las «confesiones» de haber practicado brujería diabólica durante la caza de brujas europea y colonial de Nueva Inglaterra tenían que considerarse una prueba irrefutable de la práctica real de la brujería ya no gozan de crédito alguno. Es más, son relativamente pocos los testimonios fiables que han sobrevivido a esos incidentes. La mayor parte de nuestra imaginería sobre la brujería procede de manuales sobre caza de brujas escritos por los mismos cazadores, que obviamente tenían una visión sesgada del tema, o de las refutaciones de esos mismos manuales que elaboraron otros autores de la época.

Las transcripciones reales de los juicios a las brujas tampoco deberían tomarse al pie de la letra. En primer lugar, es de una gran sutileza decir que quizá los acusados no fueron unos narradores muy fiables, porque tuvieron que luchar para defender su vida bajo circunstancias incomprensiblemente crueles de tortura física y desesperación psicológica y/o por estar bajo los efectos de un delirio. En segundo lugar, los documentos que contienen estas supuestas confesiones a menudo no se conservaron como es debido, y la mayoría ya no existe, si es que llegaron a existir, por supuesto. Por ejemplo, nuestro conocimiento de lo que fue el suceso más famoso de Estados Unidos sobre brujería, los juicios de Salem, está muy sesgado. Como escribe Stacy Schiff en su libro *The Witches: Salem, 1692*: «No hay ni rastro de una sola sesión de esos juicios sobre brujería. Tenemos relatos de los juicios, pero no hay registros […]. El libro de registros de Salem fue eliminado. Más de un centenar de informadores prestaron testimonio. Y algunos que fueron entrenados para hacerlo fueron de una incoherencia malsana». Lo que demostraron los juicios sobre las brujas en realidad es que los seres humanos nomágicos son tan capaces de ejercer la maldad e incluso de llegar al asesinato como esas supuestas brujas.

En la otra cara de la moneda la mayoría de textos de los siglos xix y xx que plantaron las semillas para realizar definiciones positivas de las brujas, incluyendo la religión moderna de la wicca, también han quedado en entredicho. Libros como el de Charles Godfrey Leland, *Aradia o el Evangelio de las Brujas*, el de sir James George Frazer, *The Golden Bough*, el de Margaret Murray, *El culto de la brujería en la Europa occidental*, el de Robert Graves, *La diosa blanca: una gramática histórica del mito moderno*, y el de Marija Gimbutas, *The Language of the Goddess*, por nombrar tan solo algunos, contribuyeron a ofrecer una visión de las brujas más compasiva (o incluso romántica), a pesar de haber estado sujetos a un posterior escrutinio y debate en lo que respecta a su validez. Por muy significativo que sea sacar a las brujas de las llamas del infierno y ponerlas sobre un pedestal, según los estándares académicos de hoy en día, esos sesgos más idealistas sobre la brujería se basan en conjeturas, en falsos estudios o en pretendidas licencias poéticas.

Por otro lado, estas «historias» de brujas están pergeñadas a partir de detalles sacados de leyendas, mitos y cuentos de hadas. Lo que sabemos de las brujas se ha ido acumulando con los siglos hasta formar un pastel de capas formadas por distintas asociaciones. Las historias sobre las brujas ficticias y las ideas sobre las brujas «reales» se contaminan entre sí y dan lugar a nuevas versiones. Por eso creo que es mejor hablar de la bruja más como un símbolo que como una realidad, por muy real que a veces sea.

Sin embargo, es justo decir que hasta el siglo pasado más o menos, cada vez que aparecía una bruja en una historia (tanto si era de ficción como de una supuesta no-ficción, como es el caso de las acusaciones de brujería que se dan en el mundo real) casi siempre se trataba de alguien que provocaba un peligro y buscaba la desgracia de los niños, de las mujeres honradas y de los hombres buenos y decentes. Y esta reputación es la que afirma que, por mucho que frotes y frotes, nunca podrás eliminar el hedor a azufre que la bruja desprende.

Por eso, si la bruja fue una especie de monstruo durante milenios, ¿cómo se llegó al punto en que la posibilidad de ser «una bruja buena» se puso sobre la mesa? Consideraremos las múltiples reiteraciones de esta idea en los siguientes capítulos, pero existen algunos eslabones especialmente importantes en la cadena.

A pesar de gozar de mala prensa durante siglos, la actitud popular hacia las brujas empezó a cambiar a mediados del siglo XIX gracias en gran parte al historiador francés Jules Michelet, que en 1862 escribió *La Sorcière*. En su libro, Michelet propone que la palabra «bruja» era un insulto que la Iglesia lanzaba contra cualquier sanadora reputada o «alta sacerdotisa de la naturaleza». Escribió que estas hechiceras, como así las llama, fueron personajes trágicos, oprimidos y casi anulados por fuerzas de dominación viril como la Iglesia católica, los gobiernos feudales y la ciencia: «¿Dónde, efectivamente, si no en los páramos salvajes habría podido elegir su hábitat esta niña de la calamidad, perseguida con tanta fiereza, maldecida y proscrita con tanto aborrecimiento?». Y luego explicaba que esas hechiceras habían tomado las riendas y habían fundado religiones satánicas en las que, a diferencia de lo que sucede en la Iglesia, celebraban la feminidad y la naturaleza.

La Sorcière es una de las obras populares más tempranas que se muestra compasiva con las brujas, y es una disertación vehemente y escrita con gran lirismo sobre la subyugación sistémica del poder femenino en general. A pesar de que está repleta de inexactitudes históricas y en buena parte es obra de la fantasía del autor, su influencia en la concepción popular de las brujas fue significativa.

En 1863, el libro de Michelet se tradujo al inglés con el rutilante título de *Satanism and Witchcraft*, y su influencia directa puede verse en la obra de poetas del siglo XX, directores de cine y artistas, incluyendo a los surrealistas, que incorporaron la visión romántica de la bruja que aportó Michelet a su obra. Asimismo se hizo una adaptación del libro en 1973 a través de la psicodélica película de animación para adultos de Producciones Mushi *Kanashimi no Belladonna* (o *Belladona of Sadness*), que fue llevada a escena en 2016. Sin embargo, el influjo de la hechicera de Michelet se extiende mucho más allá de estas reinterpretaciones tan obvias. De hecho, conecta directamente con las brujas más famosas del mundo de la ficción de todos los tiempos.

Cuando el libro de L. Frank Baum *El maravilloso mago de Oz* salió publicado en 1900, selló para siempre el concepto (y la terminología) de las brujas buenas y las brujas malas en la conciencia popular.

En el relato original de Baum, en realidad hay dos brujas buenas. En primer lugar está la Bruja del Norte, con quien se encuentra Dorothy al llegar a Oz después de que su casa aplaste a la Bruja Mala del Este al terminar el tornado. La Bruja del Norte es un anciana vestida de un blanco reluciente, que regala a Dorothy unos zapatos mágicos de plata (tal y como aparece en el texto original; los de color rubí se reservaron para la versión cinematográfica). Asimismo, le da el «beso de la bruja»: una marca en la frente que Dorothy llevará como protección y salvoconducto para ella y sus amigos durante todo el relato.

Glinda, la Bruja Buena del Sur (y la única bruja considerada por Baum digna de tener un nombre de pila) en realidad no aparece hasta el final de la historia, aunque en el intervalo se nos dice que es la bruja más poderosa. Cuando Dorothy y sus compañeros conocen a Glinda finalmente, quedan impresionados por su melena pelirroja, sus ojos azules y su aspecto juvenil (a pesar de su edad avanzada, según nos dicen). Y además quedan profundamente conmovidos por su generosidad. «¡Eres tan buena como hermosa, sin duda alguna!», dice Dorothy llorando cuando Glinda ofrece tesoros personalizados para el Hombre de Hojalata, el León Cobarde y el Espantapájaros. Y luego esa bruja amable y encantadora le enseña a usar los zapatos de plata para regresar a casa y poder ver de nuevo a la tía Em.

Es una historia espectacular, no solo porque es una parábola sobre la amistad y la búsqueda de la verdad, sino por su excepcional originalidad. La Ciudad Esmeralda, el Camino de Ladrillos Amarillos, las zapatillas mágicas, una valiente protagonista criada en una granja y, por supuesto, la bruja buena y la bruja mala nos parecen ahora iconos intemporales de lo que algunos ya llaman «el cuento de hadas americano por antonomasia». Sin embargo, Baum no se sacó estas ideas de la manga. De hecho, le influyó mucho su suegra, la sufragista y pionera en la lucha por la igualdad de derechos Matilda Joslyn Gage.

Gage era una seguidora de la teosofía, un movimiento religioso de corte gnóstico que surgió en el siglo XIX y que llevó el pensamiento místico de Oriente a Occidente. Gage conocía el ideario que postulaba que uno puede seguir su propio viaje espiritual subiendo los trece peldaños dorados de una escalera que llevan a la iluminación, en el Templo de la Divina Sabiduría, y que ahí se puede revelar la última verdad que se esconde tras todas las religiones mundiales, rasgando metafóricamente los velos de la ilusión (o atisbando tras una cortina, quizá). Es curioso, porque la Sociedad Teosófica se creó gracias a la intervención de una mujer poderosa, Madame Helena Petrovna Blavatsky, una de las escasas líderes espirituales de la época que a menudo fue difamada y considerada una farsante por la prensa a lo largo de toda su vida. Sin embargo, la teosofía tuvo muchos partidarios, y los sigue teniendo en la actualidad. Animado por Gage, Baum y su esposa, Maud Gage Baum, se convirtieron en miembros de la Sociedad Teosófica de Chicago el 4 de septiembre de 1892. (Baum, además, empezó a plasmar sus experiencias por escrito a petición de su suegra.)

Como muchas sufragistas, Gage también fue una abolicionista, y su hogar natal, en Fayetteville, en el estado de Nueva York, se encontraba en la ruta de ferrocarril clandestina por donde se evadían los esclavos. «Creo que nací con un profundo sentimiento de odio hacia la opresión», dicen que afirmó Gage en el Consejo Internacional de las Mujeres de 1888 antes de la recopilación de sus memorias, en las que narra que había prestado refugio a esclavos y asistido a reuniones en contra de la esclavitud.

Las brujas buenas de Oz son una especie distinta de abolicionistas, mientras que las brujas malas habitan en dominios donde existe la esclavitud. Cuando la Bruja Malvada del Este muere al principio de la historia, la Bruja Buena del Norte le dice a Dorothy: «Tuvo a los munchkins esclavizados durante muchos años, para aprovecharse de sus servicios, tanto de noche como de día. Ahora que han quedado en libertad te dan las gracias por el favor que les has hecho...». Y la Bruja Malvada del Oeste retiene a los winkies como esclavos. Dorothy experimenta en cierto modo el esclavismo cuando la Bruja Malvada la hace cautiva: la chica se deja la piel en la cocina de la bruja trabajando durante días, y el Leon también queda preso. Lo primero que hace Dorothy cuando la bruja muere es liberar a los winkies, que declaran ese día fiesta nacional.

Lo más relevante para la creación del concepto de «bruja buena» de Baum fue el tratado que Gage escribió en 1893 titulado *Woman, Church, and State*, publicado justo cinco años antes de su muerte. En la obra, Gage escribe que la subyugación de las mujeres en su época era comparable a la caza de brujas que se dio en Europa. Como escribe Gage: «Fueran cuales fueran los pretextos que justificaron la persecución de la brujería, tenemos la prueba de que la supuesta "bruja" se encontraba entre las personalidades más científicas de la época. Al haber prohibido la Iglesia sus oficios y cualquier otro método de conocimiento a las mujeres, la institución se revolvió de indignación al ver que la bruja hacía alarde de su sabiduría, y penetraba en algunos de los secretos más profundamente sutiles de la naturaleza; incluso fue tema de debate durante la Edad Media si el hecho de que las mujeres aprendieran no las predisponía a tener una capacidad adicional para el mal, porque fue por la mujer que el conocimiento se introdujo por primera vez en el mundo».

Desde el punto de vista de Gage, llamar «brujas» a las mujeres brillantes era una manera de que la Iglesia pudiera demonizarlas y racionalizar el hecho de provocar su muerte. (O, como Lisa Simpson expondría 115 años más tarde: «¿Por qué será que cada vez que una mujer tiene confianza en sí misma y demuestra que tiene poder la llaman bruja?».)

¿Y de dónde sacaría Gage esta idea? Al menos en parte de *La Sorcière*, de Jules Michelet, obra que cita múltiples veces en los pies de nota de su libro.

A pesar de que el texto de Gage tuvo una influencia enorme sobre el advenimiento del feminismo americano, hemos de recalcar que, como sucedió con *La Sorcière*, hay muchísimas inexactitudes. Sabemos que muchos de los hombres y las mujeres que fueron condenados a morir durante la caza de brujas probablemente eran de clase baja y carecían de estudios, y seguramente tampoco se contaban entre el grupo de «personalidades profundamente científicas» que ella había considerado. Gage también es responsable de haber extendido el rumor, ahora ya desacreditado, que dice que más de nueve millones de brujas fueron condenadas a morir en Europa: los eruditos han valorado la cifra entre cincuenta mil y doscientas mil personas.

De todos modos, la nueva composición de lugar que Matilda Joslyn Gage hizo de las cazas de brujas despertó la imaginación de muchos de sus lectores, incluido el de su yerno. Si no hubiera sido por ella, L. Frank Baum nunca habría ideado el concepto de la bruja buena.

En resumen, las huellas feministas de Gage están por todo el reino de Oz, y su legado de brujas buenas sigue siendo vital hasta el día de hoy. Como afirma Kristen J. Sollée en su libro *Witches, Sluts, Feminists: Conjuring the Sex Positive*, «Gage afirmó que su práctica espiritual era reclamar lo femenino divino, y fue la primera sufragista conocida que reclamó la palabra "bruja" […]. Sin Gage, las brujas todavía serían vistas solo como seres malvados en la cultura popular».

Podría decirse que Matilda Joslyn Gage fue la Glinda original.

En 1939, casi cuarenta años después de que se publicara el libro de Baum, la MGM produjo la película *El mago de Oz*, y la pregunta que Glinda hace a Dorothy, «¿Tú eres una bruja buena o una bruja mala?», nos acompaña desde entonces. La película se convirtió en un clásico por muy diversas razones, pero lo que sí hay que decir es que inoculó la idea de la bruja buena de Baum en la cultura de masas. Además abrió la puerta para que a partir de entonces entraran otras brujas de ficción glamurosas, como, por ejemplo, Jennifer, interpretada por Veronica Lake en la película de 1942, *Me casé con una bruja*; Gillian Holroyd, interpretada por Kim Novak en la película de 1952, *Me enamoré de una bruja*, y Samantha Stephens, interpretada por Elizabeth Montgomery, en la serie de televisión emitida por ABC durante la década de 1960, *Embrujada*. Si Michelet, Gage y Baum ayudaron a sacar a la bruja de las sombras, Hollywood las situó directamente bajo los focos.

La versión que dio la MGM de Glinda se convirtió en la plantilla para moldear a esas brujas de la pantalla que no solo eran buenas, sino que además eran hermosas y estilosas. Billy Burke fue quien la interpretó tanto en el cine como en el teatro, la estrella que además era la esposa del legendario productor de Broadway Florenz Ziegfield Jr., conocido por ser el creador de *Ziegfield Follies*. Hay que decir que Burke tenía cincuenta y cuatro años cuando rodó *El mago de Oz*, casi veinte menos que Margaret Hamilton, que interpretó a esa bruja repulsiva llamada la Bruja Malvada del Oeste.

En la película, Glinda y la innombrable Bruja Malvada son pura dicotomía: Glinda es una fantasía viviente, extática, como una estrella, a medio camino entre un hada y un flamenco. Su método preferido de transporte es la flotación, y cuando aparece en el interior de una burbuja de jabón reluciente, todo trinos y volantes, ya sabemos de entrada que es un ser bondadoso. Lleva un cetro de estrellas y una corona que evoca a María, la Reina de los Cielos. Glinda es poco menos que una santa. Celestial, aérea y un poco puesta en lo que se refiere a la elocución, es juvenil y resplandeciente. Es más, encarna al personaje de la madre, la guardiana, la dadora. Es la bondad en todo su esplendor.

La Bruja Malvada del Oeste es diametralmente opuesta. Angulosa y vestida de negro, nos saluda con una cacofonía de chillidos y graznidos. Es una mujer inflamada, una criatura del fuego y del deseo, con su risa libidinosa y su deseo ferviente por conseguir los zapatos rojos. No se mueve como si flotara, sino que más bien vuela; hacia delante, como una flecha, con la escoba entre las piernas y dejando un reguero de humo tras de sí. Es un ascua viviente, toda ella libertad, velocidad y combustión. Incluso al inicio de la película, disfrazada de su doble, la mezquina señorita Gulch, va en bicicleta (una actividad bastante independiente para una mujer de los años

1930). A diferencia de su opuesto contrincante, vestida con tonos rosa y herméticamente sellada, esta bruja siente el aire en la piel mientras pedalea. Pero además es un personaje ctónico, reina de un inframundo opuesto, que vive en un castillo gris situado en lo alto de una cadena montañosa escarpada. La piel de la Bruja Malvada es de un verde espeluznante, que nos evoca cosas como el veneno, la envidia y las epidemias. Su palidez de guisante y la paleta de colores que en general ostenta nos dice que es la nauseabunda emisaria de la muerte.

Es curioso, pero el personaje de la Bruja Malvada del Oeste representó toda una amenaza para la actriz que lo interpretó. El maquillaje verde contenía cobre y, como dice la Wikipedia sobre Oz, este elemento «era potencialmente tóxico» y solo podía quitarse con alcohol, mediante un proceso muy doloroso, ya que el antiséptico escocía mucho. A Hamilton le resultaba muy difícil comer con el disfraz puesto, y tenía que ingerir primordialmente líquidos, o si tomaba alimentos sólidos debía troceárselos una ayudante de producción. Según distintas fuentes, la piel de Hamilton se tiñó de verde, y esa coloración le duró varias semanas incluso después de que la filmación hubiera terminado. Y un acontecimiento incluso más desgarrador fue el hecho de que se prendió fuego a su disfraz mientras ella estaba rodando la escena de Munchkindland, y la actriz terminó con quemaduras en el rostro y en la mano derecha. Tuvo que faltar dos meses al rodaje para poder recuperarse. Como suele sucederles a las brujas, la línea entre la malvada y la víctima quedó difuminada por un rastro de hollín.

No obstante, parece ser que a Hamilton le gustó mucho representar un papel tan icónico. De hecho, lo retomó varias veces a lo largo de su vida, incluidos un episodio que rodó en 1976 para *Barrio Sé-*

samo (que solo se emitió una vez debido a las quejas de los padres), y una sesión de fotografía en 1980 realizada por Andy Warhol, que el artista incorporó a un grabado de su serie *Mitos,* de 1981. Los niños que en 1939 se encogían de miedo ante su presencia se habían convertido en unos adultos que ahora la aplaudían. Existe un audio en línea de ella y de Judy Garland del día que salieron juntas en *The Merv Griffin Show*, en 1968, casi treinta años después de que se estrenara *El mago de Oz*. En el audio, Garland sale encantadora, pero es el estridente chillido ornitológico y áspero de Hamilton el que consigue que el público reaccione. Existe una palabra en inglés antiguo, *kench*, que significa «reírse estentóreamente». Pues bien, yo podría pasarme el día entero escuchando la risa estentórea de Hamilton.

La Bruja Malvada del Oeste es estridente, sin lugar a dudas; y lo que es más perverso todavía, ella se regodea en su estridencia. Y quizá sea eso lo que la hace tan entrañable. Sin duda es terrorífica, tanto que algunos fragmentos de su diálogo fueron cortados tras el preestreno de la película porque el público infantil estaba aterrorizado. Más aún; parece ser que Hamilton se lo pasó en grande. Incluso mientras se funde en la película, la bruja es un ser que vive para sí mismo, y que insiste en afirmar que posee una «hermosa maldad». Sus actos puede que sean condenables, pero si le reconozco alguna cosa es la siguiente: actúa sin vergüenza ni remordimientos. Y esta clase de maldad me resulta absolutamente atractiva. Esa bruja es una vieja descarada.

Hay un clip que salió en línea recientemente en el que aparece una Margaret Hamilton de setenta y dos años en *Mister Rogers' Neighbourhood*, en 1975, que nunca me canso de mirar. Hamilton entra en la casa de mister Rogers agarrando una especie de monedero en forma de bolsa de bolos y con su famoso gorro de punta puesto. Lleva unas perlas y un traje de rayas color rosa. Me quedé entusiasmada con la elección semiótica de su indumentaria (la Bruja Malvada vestida de rosa Glinda).

Mister Rogers la conduce hasta un sofá tapizado con una tela de cuadros y ella se sienta y dobla las manos, como si fuera un dignatario extranjero; toda sonrisas.

–Me interesa saber cómo se sintió usted mientras interpretaba a la Bruja Malvada de El Mago de Oz –dice mister Rogers.

> MARGARET HAMILTON: Bueno, en realidad estaba entusiasmada [...].
> Me había disfrazado de bruja muy pocas veces [...], solo de pequeña, en Halloween [...]. Hay muchos niños a los que les gusta disfrazarse de bruja. Uno puede elegir entre muchas otras cosas, pero a mí también me encantaba disfrazarme de bruja, y cuando tuve la oportunidad de hacer este papel, me sentí muy pero que muy feliz.
> FRED ROGERS: O sea, que a los niños y a las niñas les encanta jugar a las brujas, ¿no?
> M.H.: Sí, sí, por supuesto. Sin duda.
> F.R.: Y si tienes ganas de jugar a algo que dé miedo, representar a una bruja es lo mejor.
> M.H.: Es un personaje que a mí me parece muy rico, muy completo. A veces los niños piensan que una bruja es muy mala, y yo espero que la bruja tenga ese aspecto. Pero siempre pienso que también tiene otras cosas: la bruja disfruta con todo lo que hace, tanto si es bueno como si es malo. Se divierte. Pero además también es lo que nosotros llamaríamos una persona frustrada. Es muy desgraciada, porque nunca consigue lo que quiere, señor Rogers. Ya sabe a lo que me refiero; la mayoría conseguimos muchas cosas a lo largo de

la vida. Pero, por lo que sabemos, la Bruja Malvada de Oz nunca conseguía lo que quería, y lo que quería por encima de todo eran esos zapatos color rojo rubí. Porque esos zapatos tenían un gran poder, y ella quería tener más poder. Y yo creo que a veces pensamos que es mezquina, que es una mala persona, pero en realidad tienes que ver las cosas desde su punto de vista; ver que no lo estaba pasando bien, porque nunca conseguía lo que quería.

Esta entrevista me parece magnífica: Rogers trata a Hamilton con absoluta reverencia, y ella habla de la bruja de Oz con un profundo sentido de la compasión, y casi me atrevería a decir que con amor.

Es su posicionamiento sobre la maldad lo que más me resuena. No hay duda de que la Bruja Malvada del Oeste es la antagonista de la historia de Oz; es una asesina y una tirana, y muchos de sus actos son completamente maléficos. Pero su alegría desatada combinada con su apetito insaciable por conseguir más y más es lo que en realidad hace que el personaje destaque. Y ese deleitarse femenino y ese desear tan femenino a menudo se demonizan.

Llamamos «brujas» a las mujeres que quieren.

Margaret Hamilton y yo no somos, ni mucho menos, las únicas que ven las cosas desde la perspectiva de la Bruja Malvada. Tenía yo catorce años cuando Gregory Maguire escribió la novela *Wicked: The Life and Times of the Wicked Witch of the West,* en 1995, e inmediatamente me enamoré del libro. La idea de sacar del pozo negro a ese extraño personaje esmeralda del mundo de Oz y situarlo en el centro de la historia resultaba muy atractiva a mi sensibilidad de perdedora. Y quería saber mucho más de esa saqueadora de calzado mágico.

El primer truco de Maguire en su libro es dar un nombre a nuestra bruja: Elphaba, que es un homenaje a las iniciales de L. Frank

Baum. Después de conjurar este hechizo de siete letras, transforma al personaje, y la bruja deja de ser la mala por antonomasia y se convierte en una protagonista de carne y hueso, con matices, con sus motivaciones y con toda una historia de fondo. Sabemos que es fruto de una violación, que su madre es drogadicta y su padre adoptivo es celote, y que la piel verde que tiene le provoca una absoluta vergüenza y es fuente de desgracias durante toda su vida. Sin embargo, también es una erudita muy dotada para el estudio y una defensora de los oprimidos: es una campeona de los derechos civiles en nombre de los «animales» parlantes, que son discriminados y tratados como ciudadanos de segunda clase. Sufre pérdidas insoportables: Fiyero, el amor de su vida, cae preso y casi muere asesinado durante una redada policial; y su hermana, Nessarose, muere aplastada por la casa en la que Dorothy inevitablemente se cuela en la historia. La revisión de Maguire de la historia de la Bruja Malvada se convierte en un relato político, de persecuciones y sufrimientos personales. Nos pide que consideremos los factores que pueden convertir a una buena persona en alguien malvado.

Me identifiqué bastante con esta idea cuando leí el libro, porque a menudo yo también me sentía incomprendida, y agradecía cualquier historia que tratara los rechazos sociales con ternura y compasión. Esta nueva versión del cuento de la bruja puso nervioso a unos cuantos, además de a mí misma. Se adaptó para ser un musical de Broadway que recibió muy buenas críticas en 2003, y terminó ganando tres premios Tony. Sigue siendo uno de los espectáculos que ha tenido más éxito en toda la historia. Obtuvo más de mil millones de dólares de ganancias en marzo de 2016, y se convirtió en el segundo espectáculo de Broadway que había aportado más ganancias en bruto en julio de 2017, siguiendo muy de cerca a *El rey León*.

Wicked también se transformó en un programa de televisión alejado de los musicales que se emite por ABC, y en una película musical realizada por Universal Pictures. Pronto el mundo entero cantará las melodías y se unirá a los lamentos de la Bruja Malvada.

Sentirse raro, marginado o malinterpretado es, irónicamente, una experiencia muy común. Contemplamos a la bruja con gran interés porque una parte de nosotros quiere que gane. Después de todo, todos tenemos miedo de que nos aplasten, nos ahoguen y nos venzan hembras alfa como Dorothy. Cada una de nosotras alberga el secreto deseo de ser reconocida y adorada, a pesar de nuestras verrugas.

Existe otro aspecto en la aparición de Hamilton en el espectáculo de Mister Rogers que es muy significativo. Está claro que ambos tuvieron la intención de disipar los miedos de muchos niños que descubrieron en la Bruja Malvada del Oeste el centro de sus pesadillas, y que desearon convertirla en alguien más cercano y humano.

Cuando Mister Rogers le pregunta a Hamilton si le costó mucho rodar *El mago de Oz*, ella dice que sí, y cuenta que le resultó muy difícil llevar puesto el maquillaje verde durante todo el día, y que hizo de todo para asegurarse de que no se le borrara, a pesar de tener que comer. Y también explica que le dolió mucho que tantos niños se asustaran con su personaje:

> M.H.: […] A veces, Mister Rogers, me sabe muy mal que los niños se asusten tanto con la bruja; eso siempre me pone muy triste, porque no creo que ninguno de nosotros pensara que esa bruja daría tanto miedo como parece que da. Pero cuando comprendes a la bruja, cuando te das cuenta de que solo se trata de un cuento y de que todos podemos interpretarla, que puedes hacerlo, que los niños

se disfrazan de bruja, como ya ha dicho usted, y las niñas también, y a veces cuando te haces mayor también te disfrazas en Halloween para fingir que eres alguien diferente…

F.R.: Además, tampoco todas las brujas tienen por qué ser malas.

Un poco más tarde, Mister Rogers le pregunta si le gustaría volver a probarse su disfraz. Hamilton dice que sí, que le encantaría, que le parecería divertido. Abre un baúl y empieza a sacar las prendas que conforman esa espantosa indumentaria negra. Cuando Hamilton ve los ropajes, se le ilumina el rostro. «¡Vaya…! ¡Pues claro que sí!», exclama, y empieza a vestirse. Se pone la falda y se la abrocha, y luego se da unos golpecitos en la cadera.

H.M.: Mira tú por dónde… ¡Aquí puedo meter cosas! Incluso las brujas necesitan llevar bolsillos.

F.R.: Me va muy bien verla ponerse el traje.

M.H.: Ah, pues me alegro.

F.R.: […] Porque así sé que es una mujer de carne y hueso que se disfrazó para hacer este papel.

Mister Rogers la ayuda a ponerse el blusón negro de manga afarolada y le pide que se dé la vuelta para mostrar la espalda a los televidentes. «Aquí hay una cremallera de verdad, como la de mi jersey», dice.

Margaret Hamilton da una vuelta en redondo, vestida con el disfraz. «¡Vaya…!», exclaman los dos a la vez. Y ella suelta una risita nerviosa y dice: «¿Verdad que es divertido?». Y el anfitrión del programa contesta: «¡Está usted fantástica!». Es obvio que los dos se lo están pasando en grande.

Ella se pone la capa y la ondea. Y luego se coloca en la cabeza el icónico sombrero con un velo en la punta y sonríe a la cámara. «¡Aquí está vuestra vieja amiga la Bruja Malvada del Oeste!», dice con una risa de satisfacción.

A petición de Mister Rogers, pone la misma voz que en la película y suelta la famosa carcajada estridente. Él le dice que sería divertido hablar de esa manera, e intenta imitarla emitiendo unos chillidos. «¡Pues sí que sabe hacerlo! –exclama Margaret Hamilton–. Todos podemos hacerlo. ¡Vosotros también podéis!»

Es fácil ver que los dos están encantados.

Mister Rogers le pregunta si tiene nietos, y ella le dice que tiene tres, y dice sus nombres y su edad; y además puntualiza que ha tenido mucha suerte con ellos. La filmación termina saliendo de la escena para ir a visitar a uno de los amigos de Mister Rogers, sin que ella se haya quitado el vestido de bruja.

> M.H.: […] Me parece que me voy así, tal cual.
> F.R.: Ah, ¿de verdad?
> M.H.: ¿Le parece bien?
> F.R.: Creo que todos en el barrio estarán encantados…
> M.H.: Será divertido.

Y se despiden. Margaret Hamilton baja la cabeza para pasar por el marco de la puerta y no chafar su inmenso tocado.

«¡Allá voy!», dice, y sale de escena.

Las primeras veces que vi el vídeo, me embargó la emoción. Hay tantas cosas que me resuenan… La admiración que se muestran esos legendarios gobernantes de sus respectivos barrios imaginarios. La alegría sin remordimientos que demuestran ante el miedo que inspiraba la Bruja Malvada. La mezcla de orgullo y vulnerabilidad de

Hamilton, que entonces se aproximaba al final de la vida, al meterse de nuevo en un papel que hizo cuatro décadas antes con respeto, placer y gracia.

Sin embargo, lo que más me conmueve es la danza delicada que ella y Mister Rogers ejecutan intentando disipar los miedos de las personas sin robarle la magia a la bruja. Sí, nos dicen que todo eso es un cuento, pero que también es real y accesible para ti. ¿Verdad que ese es el mejor encantamiento de todos?

Repetidas veces a lo largo de la vida yo he hecho algo parecido: mostrarme al mismo tiempo que trato de preservar el misterio; permitirme a mí misma dar miedo al tiempo que necesitaba asegurar a los demás que no represento ninguna amenaza, resistiéndome a quedarme estancada en un solo extremo.

Siempre estamos intentando clasificar las cosas. Poner los dos extremos en sobres diferentes, bien etiquetados, y cerrarlos con un lengüetazo. Nos resistimos a comprender los matices de cada instante, y eso se multiplica por diez en las mujeres. O son mojigatas o son furcias, o son pasivas o son invasivas, o son muñequitas o son arpías, o son rameras o son brujas. Si muestras interés por la moda y la belleza, y por los vestidos deslumbrantes, te consideran sosa y superficial, o no te consideran, o bien terminas siendo digna de desconfianza. Si expresas en voz alta tus opiniones o cuentas lo que ambicionas, o hablas mucho o ríes muy alto, eres dominante, ansiosa, una arpía o una bruja.

Quizá el regalo más grande que nos ha hecho L. Frank Baum ha sido la visión en todo el espectro tecnicolor del poder femenino.

Sí, yo soy una bruja buena y una buena persona, pero también soy mucho más compleja que todo eso. Mi intención es ponerme una capa negra sobre mi proverbial vestido rosa. Reírme con todas mis fuerzas y enfadarme mucho, y defenderme a mí misma y también a las personas que me importan. Quiero sacar mucho más de la vida que andar por ahí flotando suavemente en el interior de una burbuja. Quiero ponerme el sombrero puntiagudo y llevar la corona a la vez. Vivir con tanta intensidad como pueda, tal y como soy. Ser mala y encantadora, salvaje y plena. Quiero ser mucho más, y no limitarme a tener que elegir entre cualquier cosa.

Sin embargo, lo que deseo de verdad, en lo más íntimo de mi ser, es vivir en una tierra mágica que dé valor a todo eso: a la bondad de Glinda, al regodeo de la bruja Gulch, al arte de Margaret Hamilton y a la promesa de Matilda Joslyn Gage. Y poder llamar a ese lugar «mi casa».

2. La bruja adolescente: hechizos para marginados

Sabrina Spellman careció de apellido durante los cuarenta y cuatro años que fue personaje de la cultura pop. Rubia, mod de los años 1960 y malvada, Sabrina, la Bruja Adolescente, como se la llamó en un principio, apareció por primera vez en *Archie's Mad House*, en el capítulo 22 del mes de octubre de 1962. «Espero que no vayáis a pensar que vivo en lo alto de una horripilante montaña […], que visto con mugrientos harapos y que preparo repugnantes bebedizos», dice sentada en el suelo entre discos y revistas. «¡Qué va! […]. ¡Las brujas modernas pensamos que la vida ha de ser como un baile! Además, ¡porque vivamos con elegancia no vamos a perder nuestros poderes!». Y la muchacha explica que las brujas no pueden llorar, no se hunden en el agua y no deben enamorarse, porque corren el riesgo de enfurecer a Della, la glamurosa jefa de las brujas. Es obvio que este tercer detalle representa un gran problema para Sabrina, que pierde el sentido por los chicos.

Para complicar aún más las cosas, y siguiendo la tradición de la brujería, está obligada a hacer maleficios y a gastar bromas pesadas recurriendo a la magia, aunque no puede resistirse a usar sus poderes para hacer el bien. Sabrina ayuda a sus amigas a solucionar sus enredos amorosos, decora su habitación con colores alegres, y saca de apuros a la gente del lugar. A veces sus hechizos funcionan, pero no es eso lo que suele suceder. Muchas veces le sale el tiro por la culata: apunta por accidente a la persona equivocada, e incluso sus maldiciones terminan con un final feliz, a su pesar. «Tengo que intentar ser una bruja bue…, quiero decir… una bruja *mala*; ¡no hay que deshonrar a la familia!», se dice a sí misma en una de sus apariciones en un programa de junio de 1970. Van surgiendo complicaciones a medida que la serie avanza: ahora nadie puede conocer su auténtica identidad; ni siquiera su novio, Harvey Kinkle, un dulce muchacho algo torpe al que tía Hilda no puede soportar.

Capítulo tras capítulo, tanto en las tiras cómicas como en la posterior serie televisiva, Sabrina se siente escindida entre tener que obedecer a la autoridad y seguir los dictados de su corazón. Y a menudo se desespera, porque quiere ser una adolescente normal, y desearía que sus poderes la abandonaran para siempre. Esta clase de sentimientos reflejan el sufrimiento de muchas adolescentes, que se ven atrapadas entre el deseo de adaptarse a un único grupo social y la necesidad de establecerse como jóvenes adultas e independientes.

Los problemas de Sabrina resultaron tener un gran impacto en sus lectoras, mucho más de lo que habían imaginado de entrada sus creadores: George Gladir y Dan DeCarlo. «Creo que los dos pensábamos que la historia daba para una sola entrega, y nos sorprendió mucho que las admiradoras nos pidieran más», dijo Gladir en 2007. Debido a la gran demanda popular, Sabrina se convirtió en un personaje fijo de la serie *Archie's Mad House* y de la colección de libros de cómic *Archies's T.V. Laugh-Out*; y además apareció en varios programas de animación que se emitieron por televisión. Al final, el personaje tuvo su propia colección de libros de cómic, derivada de la anterior, en 1971; y se convirtió en un modelo a imitar para distintas generaciones de brujas adolescentes.

El tono de los primeros libros de cómic de Sabrina es ligero y no tiene demasiadas pretensiones; es una fantasía proyectada por sus creadores sobre lo que haría una adolescente, si es que era capaz de hacer algo. Sabrina hace una pizza mágica, evita que clausuren un festival de música tal como pretenden los viejos cascarrabias del pueblo, termina sus deberes en un tiempo récord y, por supuesto, intenta que los chicos se enamoren de ella. Sin embargo, hay que decir que Sabrina también es producto de su edad, y que va creciendo según el estilo y las costumbres de su época. En abril de 1971 su primo mayor, un tipo muy enrollado que se llama Sylvester, la anima a colaborar con él para difundir el «Nuevo Movimiento de las Brujas». Y aparece en su casa antes de marcharse hacia la Universidad de Salem vestido con una chaqueta de piel con flecos y unos pantalones de campana. «Lo único que intento decir es que los gatos mágicos de hoy en día no vamos por ahí asustando a la gente con esos trajes de Halloween tan alucinantes y montados en escobas voladoras… ¡Eso es de la vieja escuela!», afirma Sylvester haciéndose eco del sentir de la generación *flower-power* y logrando que Sabrina olvide su estilo de chica gogó y adopte un estilo hippy-chic.

El personaje de Sabrina ha sido representado varias veces desde entonces, y en cada una de sus representaciones se ha vuelto más complejo y ha demostrado tener una mejor comprensión de lo que es la psique de una adolescente. Mientras el amor de su vida nunca deja de ser un problema en todas las generaciones del personaje, a medida que el tiempo pasa le acucian más los problemas de tener que reconciliar su identidad de bruja y de estudiante de instituto, y aprender a ejercer sus poderes de una manera más efectiva.

La primera vez que vi el personaje de Sabrina tenía quince años,

---

*   Spell: término inglés que, entre otras cosas, significa «hechizo», «maleficio», «conjuro» (*N. del E.*).

y fue en la comedia de 1996, *Sabrina, cosas de brujas*, creada por Nell Scovell. Melissa Joan Hart era la protagonista, que había salido en el programa de Nickleodeon, *Clarissa Explains It All*, formato que se emitió hasta 2003. El tono del programa es alegre y bobalicón; suenan risas enlatadas y los argumentos tratan de pócimas mágicas y hechizos que salen mal. Pero a diferencia de las primeras historias que salieron en cómic, en la comedia de los años noventa, Sabrina tiene una historia personal: su padre es brujo, pero su madre es mortal; y eso la convierte en una especie de personaje híbrido entre lo que es mágico y mundano. Por si fuera poco, su apellido es Spellman* (Scovell se lo puso en honor a un amigo de su familia en la vida real, Irving Spellman), y eso la convierte en un personaje que da más juego y resulta más cercano.

La serie empieza la noche en que Sabrina cumple dieciséis años y sus tías Hilda y Zelda la ven dormida y levitando encima de la cama. Se han activado sus poderes, nos dicen, y ha llegado el momento de decirle quién es en realidad.

Ser bruja no es fácil. Vemos a Sabrina intentando aprender hechizos y recurriendo a ingredientes mágicos, tareas que al principio no se le dan nada bien. Por accidente convierte a una estúpida animadora en una piña, y desata el caos en el instituto cuando espolvorea con «polvo de la verdad» una tarta bretona que prepara para su clase de economía doméstica y consigue provocar una epidemia de franqueza. La serie es un relato de los percances que sufre a causa del amor, la amistad y la familia, y de los esfuerzos que hace para aprender cuándo es apropiado usar sus poderes y cómo hacerlo. La serie de Sabrina emitida en la década de los 1990 es una historia sobre el paso de la niñez a la edad adulta de gran trascendencia, aunque tratada con mucho sentido del humor y alegría. Por muchos retos que se les presenten, tanto si son paranormales como si son de cualquier otra índole, sus tías y ella siempre terminan encontrando una solución.

En la década del 2010, toda la pandilla de Archie volvió a la carga con una versión nueva más provocadora, que reflejaba los escándalos habituales relacionados con las redes sociales y en la que había mucho sexo. Y además le dieron un sesgo mucho más siniestro, en gran parte debido al trabajo del escritor Roberto Aguirre-Sacasa, que introdujo en el mundo de Archie muertos vivientes y otros elementos pertenecientes al ocultismo en la serie *Afterlife with Archie*. *Riverdale*, la serie de televisión de CW que arrasó y fue creada por Aguirre-Sacasa, dio la vuelta a la serie de Archie y la convirtió en una especie de *Twin Peaks* para adolescentes en el que abundan las drogas, la niebla y los asesinatos. Aguirre-Sacasa y el artista Robert Hack también convirtieron a Sabrina en un personaje mucho más maduro en 2014, cuando crearon la colección de cómics *The Chilling Adventures of Sabrina*, adaptada con gran éxito para Netflix en 2018 con el nombre *Las escalofriantes aventuras de Sabrina*.

Esta última Sabrina contiene elementos de las versiones anteriores. Volvemos a encontrar la estética de los años sesenta, en homenaje a sus raíces de mediados del siglo xx. Como sucede en la comedia de la década de los 1990, *Las escalofriantes aventuras de Sabrina* también gira en torno a su decimosexto cumpleaños, momento en que deberá decidir si se somete a un «bautismo negro» y se convierte en una bruja con plenos poderes en el aquelarre de la Iglesia de la Noche, tal como hizo su padre. De todos modos, en esta versión para un público más adulto nos cuentan que la protagonista no puede ser contaminada antes del ritual, a pesar de la devoción que ella siente por su dulce y desventurado novio, Harvey.

Las tías de Sabrina son unas brujas carnívoras, y para celebrar su iniciación en el aquelarre le hacen firmar en el Libro de la Bestia y comprometerse a servir a Satán siempre que la necesite. Por si fuera poco, Sabrina tendrá que renunciar a su relación con Harvey y con todos sus amigos. Cuando llega el momento de tomar la decisión, ella titubea, porque es consciente de que la Iglesia de la Noche tan solo es una institución hipócrita como tantas otras que trafica con la libertad convirtiendo a sus miembros en esclavos de un señor.

Esta nueva versión de Sabrina refleja la conciencia que tenemos de que debe existir una igualdad de derechos, y habla del feminismo y de la justicia social con orgullo: cuando su amiga Susie, de una sexualidad no convencional, es acosada por un grupo de deportistas, Sabrina y sus compañeras fundan la Asociación Creativa y Cultural Transversal de las Mujeres (WICCA, por sus siglas en inglés [Women's Intersectional Cultural and Creative Association]), un club que fundan en la escuela con la misión de luchar contra la discriminación de géneros, el racismo y la censura.

Hay que decir que esta es la versión más oscura de Sabrina que ha aparecido hasta el momento, un fresco de historias de terror y guiños intencionados a películas de ocultismo como *La semilla del diablo* y *El exorcista*. La descripción del aquelarre caníbal de la Iglesia de la Noche tiene un tono satírico, sin lugar a dudas, y arranca de las creencias que tenía el primer cristianismo sobre las brujas satánicas, pero hay tanta abundancia de sangre y el tono es tan fatalista que logra que la serie sea de lo más inquietante. A esta Sabrina no le preocupa la decoración de su dormitorio ni sacar sobresalientes. Está demasiado ocupada ahogando al director sexista del instituto en un río de arañas, resucitando a zombis y exorcizando demonios, tanto en el sentido real como en el metafórico.

La adolescencia tiene su propio programa del terror, y por eso tiene sentido que la bruja aparezca en tantas alegorías sobre la juventud. Casi de la noche a la mañana nuestros grupos sociales se estratifican, nuestras identidades devienen taxonómicas y descubrimos que estamos en el dominio tirano de la gente del pueblo y los perdedores. La popularidad se convierte en un nuevo estándar de medida. A algunos de nosotros nos desean, otros carecemos de valor y a la mayoría nos preocupa el lugar que ocupamos en el orden jerárquico.

Estamos viviendo una época en que empezamos a sentirnos escindidos por dentro y deseamos individualizarnos, pero a la vez queremos pertenecer a un grupo. Intentamos afirmarnos como individuos, y empezamos a soportar el peso de las opiniones que los demás tienen de nosotros. Nos dejamos consumir por los amoríos y la lujuria, y sufrimos por encontrar reciprocidad. Las exigencias de nuestras responsabilidades familiares comienzan a entrar en conflicto con nuestras lealtades platónicas o románticas. Y, por encima de todo, hay mucha presión para que saquemos buenas notas y cuidemos la imagen. Para la mayoría, ser adolescente es ser literalmente un marginado. No encajas en la comunidad correcta ni llevas la ropa adecuada. No te sientes cómodo en tu propia piel.

La pubertad es, probablemente, la etapa de la vida en la que experimentamos los cambios físicos más espantosos que tenemos que vivir. Caemos presa de la extrañeza del cuerpo, de sus hirvientes deseos, sus repentinas traiciones. El cuerpo adolescente se muestra abiertamente en unos momentos en que muchos preferiríamos quedar fuera de la vista de los demás. Nos importuna, nos avergüenza. Nos convierte en objeto de juicio y de deseo. Es una entidad liminal estancada entre la niñez y la edad adulta que, de repente, quiere que lo adornen y lo adoren. Cambia de tamaño, de forma y de funciones, y nada puede hacerse para detener eso: es toda una transformación en tiempo real.

A pesar de que queda fuera de toda duda que los años de adolescencia son una etapa muy difícil para la mayoría de personas de todos los sexos, el cuerpo pubescente femenino tiene sus propios rasgos distintivos y específicos, como son unos pechos nuevos y sangre nueva. Nos avisan, nos informan de lo que nos pasará, y de que será algo que nos sucederá repentinamente, y tendremos que adquirir ciertos artículos especiales que puedan acomodar nuestras nuevas formas. Nos enseñan a moldear nuestros pechos de una manera apropiada que nos prepare para que puedan ser vistos, pero también nos dicen que la menstruación tiene que permanecer oculta, y que hace daño. Y si iniciamos nuestra actividad sexual, hay muchas probabilidades de que precipitemos el momento o que tardemos más de lo suficiente, y nos dicen que el sexo nos va a doler muchísimo, y que posiblemente sentiremos una rasgadura y sangraremos. Nos cuentan historias de otras chicas, mayores que nosotras, que fueron humilladas o les hicieron daño. Nos acercamos las unas a las otras y escuchamos: nos contamos historias de fantasmas sentadas a la mesa de una cafetería. Y susurramos tres veces contemplándonos en el espejo del baño.

La adolescente se vuelve consciente de que atrae las miradas de los demás. Es una rareza, un espectáculo. Y por eso se forma en el arte de la atracción, en el arte de la defensa, en el arte de la transformación. Adoptar el glamur del hada poniéndose sombra de ojos y «perfilador» puede disimular sus infinitas inseguridades y sus turbios deseos. La adolescente aprende que la atención que recibe su cuerpo se convertirá en un arma, que tiene poder, y que puede hacer uso de ese poder.

La combinación de los cambios físicos, el subidón de hormonas y el laberinto de los tabúes sociales que empieza a vislumbrarse a menudo provoca sentimientos de indefensión, la noción de sentirse acosada o de ser medio humana. No es de sorprender, por lo tanto, que las mujeres jóvenes se reúnan para contarse historias de brujas. Estas narraciones dan cuenta de esta tensión, que parece más romántica gracias al relumbrón que le da la magia. Estos personajes que están cambiando de forma se convierten en una potente metáfora de las rápidas fluctuaciones propias de las adolescentes, así como de sus fantasías sobre cómo hacerse con el control en una época en la que, si carecen de algo, es precisamente de control.

Mi familia se mudó a un precioso pueblo llamado Morganville porque había «buenas escuelas». Desde el jardín de infancia hasta primero de bachillerato recibí una educación impecable en ese pueblo, y sí, sé que es algo poco común y muy valioso crecer en un lugar que cuenta con tan buenos recursos y es relativamente seguro. Pero una de las consecuencias lamentables de un pueblo en el que la población solo pernocta y que además tiene buenas escuelas es el clasismo que impregna el tejido social. Había chicos en mi curso que vivían en mansiones y a los que les ofrecían comprarles un BMW o regalarles una rinoplastia para su decimoséptimo cumpleaños. Los chicos vestían con la ropa «precisa», y su estilo variaba año tras año, pasando por los pantalones cortos Umbro, las zapatillas deportivas Samba o las camisetas Hypercolor y los pantalones de Z. Cavaricci, que sabías que eran auténticos porque llevaban una etiqueta blanca en la bragueta. Y para las chicas, los estilos de peinado iban desde lucir unos enormes flequillos (que durante años yo controlé con una diadema tumefacta) hasta estirarse los mechones con una plancha caliente y darles forma de relucientes *fettucini*.

Yo empecé a tener éxito en el primer curso de secundaria, e incluso me aceptaron durante un tiempo los chicos y chicas más populares del instituto. Pero mi interés por el arte y por mantener conversaciones «profundas» hizo que nuestros caminos se separaran. Mis aparatos para los dientes, el pelo encrespado y el poco pecho que tenía se encargaron de hacer el resto. Me fui moviendo por distintos círculos, sin que llegara a encajar bien en ninguno de ellos, porque era demasiado sensible para los porreros y demasiado rara para los que sacaban sobresalientes. Me sentía desarraigada, y muy sola.

A medida que fui apartándome de la gente popular, empecé a llevar ropa más oscura y holgada. Me ahumaba los ojos con un perfilador negro y llevaba talismanes colgados del cuello: una llave, una luna creciente o el casquillo de una bala de latón con el poema de Nicole Blackman «Daughter» enrollado en su interior, al estilo mezuzá. Mi guardarropa destacaba entre la de los demás, y a la vez me sumía entre las sombras.

Me estaba convirtiendo en alguien diferente.

Salí como flotando del núcleo social del instituto y me retiré a la interioridad de un mundo de mi propia invención.

A diferencia de Sabrina, no me uní a un aquelarre ni pasé por una sofisticada iniciación. Mis primeros experimentos de adolescente que practica su propia magia se basaban en todo lo que caía entre mis manos y encontraba en mi barrio residencial. «La bruja del centro comercial» es una frase que hoy en día se cita con escarnio, pero así es como empecé yo. En el condado de Monmouth, en Nueva Jersey, los proveedores más próximos de material relacionado con la brujería eran las secciones de ocultismo que había en las pequeñas cadenas de librerías situadas en centros comerciales como B. Dalton y Waldenbooks. A veces, si tenía suerte, conseguía que mis padres me llevaran en coche más lejos, a tiendas como Red Bank's Magical Rocks o Mount Holly's Ram III Metaphysical Books (que es de donde saqué la idea de que quería ser «metafísica» de mayor, tal y como salía en los juegos de MASH que había descubierto no hacía mucho en un viejo cuaderno de notas). En ciertas ocasiones especiales, conseguía ir a la meca de la brujería, que era New Hope, en Pensilvania, donde solía comprar libros como el de Raymond Buckland, *Rituales prácticos con velas*, y donde conseguí mi primer juego de cartas del tarot, la baraja del tarot de la rosa sagrada, concebido por Johanna Gargiulo-Sherman, con unos dibujos que parecían vidrieras medievales.

Mis padres me apoyaban con cierta prudencia. Eran artistas, estimulaban mi individualidad y estaban felices de ver que perseguía mis intereses, siempre y cuando la comunicación entre nosotros fuera muy fluida. Pero en la escuela, mi interés por la magia no dejó de ser una actividad solitaria que yo mantenía oculta en mi ámbito privado. No porque me avergonzara exactamente, sino porque mi discreción surgía de la necesidad imperiosa de proteger una de las pocas cosas valiosas que consideraba tan solo mía. Cuando eres una niña rara, aprendes a preservar todo aquello que amas. Lo conservas y lo ocultas en lo más hondo de tu corazón, no vaya a ser que alguien intente arrebatártelas, burlarse de ellas o quitártelas por pura crueldad o simple torpeza.

Pasaba gran parte de mi tiempo libre escribiendo poesía, leyendo y pintando dibujos en los que pegaba las rarezas que compraba en tiendas de manualidades y recortes de libros de ciencia antiguos. Teníamos dos reproductores de vídeo en casa, y los combinaba entre sí para poder hacer mezclas con los vídeos musicales que más me gustaban o copiar escenas de películas en las que la luna se veía espectacular.

Ahora bien, cuando no me dedicaba al arte, hacía magia.

La mayoría de mis primeros hechizos se centraron en los chicos de los que me enamoré, porque esperaba desesperadamente que alguien me quisiera. Asimismo empecé a hacer encantamientos de una manera ocasional para esas amigas de confianza que se sentían atraídas por personas que quizá no sentían lo mismo que ellas.

Por ejemplo, hice un hechizo para Rebecca, mi amiga del alma, que, un día, durante una fiesta que organizamos en casa, se quedó escondida en mi dormitorio después de contarme que deseaba a un «chico monísimo» que estaba abajo, con los demás. Encendí unas velas, hice unos hechizos, la rocié con «polvo de amor» que había comprado en una tienda *new age* y la envié de vuelta al piso de abajo. Esa misma noche él le pidió para salir.

Luego hice otro encantamiento tras pasarme varias horas buscando el cristal perfecto en East Meets West, una tienda de productos místicos que había en el centro comercial de Montmouth. Cuando regresé a casa, lo cargué de magia amorosa, y luego se lo regalé a Keith, un chico de cara rubicunda al que le habían dado el papel del rey en la producción de la escuela *Once Upon a Mattress*. No tuve éxito en mi empresa, porque el chico me ignoró durante todo el curso.

No todos mis encantamientos salían bien.

En el segundo curso de secundaria había una chica en clase a la que no soportaba. Era una niña rica e imbécil llamada Tiffany que representaba todo lo que yo más odiaba. Además, por si fuera poco, era insulsa y arrogante; y lo que era peor, salía con Marc Fleishman, un chico del que yo estaba perdidamente enamorada. Tenía que hacer algo. Contaba con un libro de magia medieval en el que se describía la manera de hacer unos trabajos más oscuros de los que yo conocía. Daba una lista de ingredientes entre los que había patas de rana, huevos negros y cuero recién curtido. Iba a tener que improvisar.

Encontré un hechizo titulado «Para vengarte de tu enemigo». Se necesitaba una vejiga de pollo, que no tenía, pero sí que tenía una bolsa de las que se cierran con cremallera. Tampoco tenía azúcar moreno, pero sí unas bolsitas de sacarina. Seguí el encantamiento paso a paso y como pude en la cocina, una noche en que salieron mis padres. Puse a hervir los ingredientes, añadí canela, ajo en polvo, pimienta negra y una foto de Tiffany que saqué del anuario. Agregé un trozo de polipiel que había recortado de un bolso viejo mío y lo pinché nueve veces con una aguja, siguiendo las instrucciones del libro. Luego escupí en el pote. Imaginé que la desgracia se cernía sobre ella. Y pronuncié su nombre.

A la mañana siguiente, Tiffany apareció en la escuela cubierta de forúnculos. Se había puesto a tomar el sol el día anterior y se había quedado dormida, toda untada con aceite bronceador, «lista para hornear»». Tenía la piel llagada por el sol, y se había puesto un ungüento grasiento por encima, con lo que su aspecto resultaba todavía más grotesco. Parecía una criatura marina llena de costras, una especie de pescado de roca moteado. Estaba horrenda, y era consciente de ello. Además, estaba muy enfadada; iba por ahí tapándose la cara con el pelo. El hechizo había funcionado.

Al principio me sentí eufórica, una chica peligrosa embargada por un honesto sentido de la justicia. Pero a medida que fue transcurriendo el día, un profundo y callado temor se apoderó de mí. Pero ¿qué había hecho? La culpa y el remordimiento se apoderaron de mí. Por mucho que me hubiera encantado la eficacia del hechizo, odiaba la idea de haber sido la causante del sufrimiento de Tiffany, y me inquietaban las fuerzas oscuras que podía haber desatado.

Esa noche, acostada en mi cama, no podía dormir acuciada por la visión de su rostro triste e hinchado. Decidí que nunca más volvería a hacer algo así contra nadie. Las maldiciones eran maldiciones. Se acabaron los hechizos.

Invariablemente, cuando hablamos de círculos de brujas adolescentes pensamos en la película de 1996 *Jóvenes y brujas,* que provocó la creación de miles de grupos de brujas. Yo tenía quince años cuando la estrenaron, y ni siquiera se me ocurrió que el film terminaría convirtiéndose en un clásico de culto. En la actualidad se considera una de las películas más influyentes que se han rodado sobre las brujas, y salen cosas fantásticas en ella. Sus admiradoras siempre mencionan ese vestuario de los noventa, que es maravilloso (gargantillas, llamativas camisetas de mangas recortadas y faldas campesinas con botas), y la representación fabulosa y sin límites de unas adolescentes vengativas. Muchas mujeres negras comentaron que para ellas fue muy importante que una de las cuatro brujas de la película fuera negra, algo que entonces, igual que aún ahora, era algo excepcional, porque las brujas arquetípicas suelen ser blancas. Y, por último, hay que decir que *Jóvenes y brujas* tiene un aire de autenticidad del que carecen la mayoría de películas de brujas. La sacerdotisa wiccana Pat Devin trabajó de asesora para asegurarse de que la mayoría de rituales y decorados se parecieran a los de su propia práctica. Y dos de las estrellas de la película, Fairuza Balk y Rachel True, tenían un gran interés por el ocultismo cuando les dieron los papeles, interés que permanece vivo en ellas. Balk llegó a ser la propietaria de una tienda de ocultismo en Los Ángeles durante varios años a la que llamó Panpipes, y en la actualidad hace obras de arte cargadas de magia que vende en línea. True tiene un próspero negocio de lecturas de tarot llamado True Heart Tarot. (Circulan historias que dicen que durante la filmación del ritual, que se hizo en la cima de una colina junto al mar, unos murciélagos de verdad se posaron en el interior del círculo «mágico», las olas rompieron con inusitada fuerza y el equipo de rodaje se quedó sin electricidad durante el cántico final de Balk. Pero me estoy alejando del tema que nos ocupa.) Muchas brujas practicantes de aproximadamente mi edad suelen hablar de esta película como de una gran fuente de inspiración para explorar en la brujería, y que su realismo fue lo que más les llamó la atención.

Sin embargo, hay muchas cosas sobre *Jóvenes y brujas* que plantean problemas.

Al principio de la película nos presentan a la protagonista, Sarah, una estudiante transferida desde otro centro con un intento de suicidio a sus espaldas a la que le suceden las cosas más raras e insólitas. El primer día que pasa en su nueva escuela conoce a Nancy, Boonie y Rochelle, un grupo de chicas de estilo gótico que están buscando a una cuarta miembro para completar su grupo de brujas. Después de que Rochelle ve a Sarah moviendo un lápiz con su magia durante una clase de francés, se convence de que es la persona que estaban esperando.

Al principio parece que Sarah por fin ha encontrado un refugio seguro con sus marginadas amigas del alma. Juntas pueden posicionarse en las cuatro direcciones (algo que las brujas practicantes hacen en la vida real, aunque con ciertas variantes). Con sus poderes recargados, cada una de ellas se propone hacer realidad sus propios deseos personales. Sarah obra un hechizo de amor en Chris, el chico que le gusta, a pesar de que el joven habla mal de ella desde que se negó a acostarse con él en su primera cita. («Ya sé que es patético», dice Sarah en uno de los torpes intentos de la película por racionalizar que se esté enamorando tanto de un joven cruel y depravado.) Bonnie usa la brujería para sanar unas cicatrices que le desfiguran la espalda y ser más hermosa. Rochelle, el único personaje negro de la película, lanza un hechizo de venganza que provoca que a una acosadora racista se le caiga el pelo. Y Nancy, la cabecilla, usa la magia para invocar a la diosa (ficticia) Manon, que termina provocando que su maltratador padrastro muera de un repentino ataque de corazón. El suceso logra que tanto ella como su madre cobren una considerable suma de una póliza de seguros que les permite mudarse y abandonar la caravana con goteras donde viven para instalarse en un edificio de apartamentos muy bonito de Los Ángeles.

Es comprensible que las chicas terminen embriagadas al descubrir sus nuevas capacidades. Recurren a la magia para cambiarse el color del pelo y hacer que cambie la luz de los semáforos, y para forjar una conexión más profunda con el espíritu de Manon. Además, exudan una mayor sexualidad a medida que su magia crece, tanto en su comportamiento como en su estilo personal. Como me dijo Rachel True, la actriz que interpetó a Rochelle: «Cuanto mayores eran nuestros poderes, más cortas eran nuestras faldas». El sexo y los hechizos empezaron a combinarse entre sí. Durante un tiempo estas adolescentes pasearon en autos robados, emancipadas de los lazos del victimismo adolescente, y fueron atrayendo los resultados deseados.

Sin embargo, pronto pierden el control sobre sus poderes mágicos y Sarah no puede dejar de usar la magia de esta manera. Chris, el chico que ahora la «ama», se convierte en un acosador; Bonnie, que ahora es más hermosa, se vuelve narcisista; la acosadora racista de Rochelle aparece en la ducha del gimnasio llorando porque se le está cayendo tanto el pelo que se está convirtiendo en el Gollum del instituto. Nancy desea tener más poder, y tras invocar a las fuerzas oscuras, su propia magia consigue unos resultados letales. Las tensiones alcanzan el clímax cuando la obsesión inducida por la brujería que Sarah ha practicado en Chris culmina en un intento de violación (un mensaje muy bestia según los parámetros de hoy en día, que pueden llegar a suponer que Sarah atrajo hacia sí esa violencia). Sin embargo, la muchacha logra zafarse y corre a refugiarse en su grupo de amigas, trémula, desaliñada y cubierta de barro. Cuando Nancy se entera de lo que ha sucedido, se queda lívida. Va a la fiesta donde sabe que encontrará a Chris e intenta seducirlo. Cuando el muchacho se resiste, ella consigue adoptar el rostro de Sarah, y entonces se enfrenta a él por tratar a las mujeres como si fueran putas. «¡La puta eres tú!», le grita, y recurre a la magia para que Chris se lance por la ventana y muera del impacto.

Sarah, plenamente convencida de que Nancy es una mala persona, intenta detenerla hechizándola con un amarre que no funciona. Y a continuación somos testigos de un violento enfrentamiento entre ella y Nancy. Sarah, que recurre a la bondad y al poder de su madre fallecida (que también era bruja, por cierto), finalmente vence a Nancy arrojándola contra un espejo del que se desprende una lluvia de cristales rotos. Al final de la película, las otras dos brujas intentan hacer las paces con Sarah. Le cuentan que han perdido la magia, y se preguntan si ella todavía la conserva. Sarah les responde haciendo un conjuro, y un rayo trunca una rama de árbol que cae a sus pies, señal de que no deben volver a acercarse a ella nunca más. En la escena final de la película, vemos a Nancy en un manicomio atada a la cama y balbuceando histérica frases inconexas sobre Manon, presumiblemente retorciéndose de sufrimiento hasta el fin de sus días.

La primera vez que vi la película era una adolescente, y terminé con sentimientos encontrados. Me quedé descorazonada al ver que los rituales de esas adolescentes se parecían a muchos de los que yo hacía. ¿Era ese el camino que estaba tomando? ¿Iban a castigarme los siniestros destinos? Al mismo tiempo, la película también vende algo interesante, que a mí me pareció difícil de resistir: las brujas son chicas rebeldes que visten con chaqueta de cuero, llevan los labios pintados de negro y collares de vueltas con los talismanes de moda. Hacen sus encantamientos con música de fondo de un rock alternativo de los años noventa y con la música deprimente, entre sintética y oriental, de Graeme Revell. «¡Cuidado con los raritos!», les dice a las chicas el conductor del autocar en una de las escenas más icónicas de la película. «Mire, señor: las raritas somos nosotras», contesta Nancy bajándose sus oscuras gafas de sol antes de lanzarle una sonrisa al estilo del gato de Alicia. Estas chicas se contoneaban de una manera sobrenatural, y eso era lo que yo quería.

Al final, sin embargo, el tono de la película me sorprendió por lo paternalista que era, y la mala uva que tenía. La lección que se desprendía parecía ser: no te metas en las malas artes, jovencita, si no quieres saber lo que es bueno. No seas demasiado poderosa, demasiado fuerte, demasiado… todo. *Jóvenes y brujas* abunda en la idea de que las adolescentes carecen de autocontrol o de autorreflexión; dice que si desatan su pleno potencial están invitando al caos y a la destrucción. En un momento dado, la propietaria de una librería de ocultismo que las chicas frecuentan les dice que la magia no es ni negra ni blanca. Lo único bueno o malo está en el corazón de la bruja. Creo que Sarah al final resulta ser una bruja buena…, pero ¿no usa la magia para hacer daño a Nancy y a las demás? Se nos invita a que admiremos el modo en que estas chicas se niegan a aparecer como víctimas, pero también terminan siendo arrastradas por otros…, como sucede siempre con las chicas. Quizá sea mejor aguantar con una sonrisa que adentrarse en cosas que quedan fuera de nuestra comprensión «limitada». Una revisión personal para evitar la destrucción personal.

No diré que no me sintiera identificada de alguna forma. Mis primeros experimentos con la magia se inspiraban en gran parte en esos mismos impulsos: quería amor, venganza, control... Me dejaba arrastrar por el deseo de vivir la vida como yo la concebía, y, al igual que le sucedía a Sarah, había aprendido de primera mano que era terrible hacer daño voluntariamente a los demás (aunque la cosa terminara con muchos menos heridos). Sin embargo, me enfurecía la idea que sugería la película de que para la mayoría de jóvenes su interés por la magia inevitablemente distorsionaría su sentido del bien y del mal.

He vuelto a ver la película de adulta, y tampoco es que me sienta mucho más cómoda ahora. No se nos cuentan las historias personales de las brujas, y no se nos pide que simpaticemos con sus traumas personales hasta que llevamos un buen rato viendo el film, así sus personajes terminan siendo burdas caricaturas. Me habría gustado que nos hubieran dejado preocuparnos más por Sarah y sus amigas, pero la película, en cambio, termina siendo un cuento que quiere advertirnos sobre lo que sucede cuando las chicas no tienen a nadie que las vigile. *Jóvenes y brujas* es como una versión ocultista de *Escuela de jóvenes asesinos*, otra película sobre un instituto en el que las venganzas van demasiado lejos. Es como si tuviéramos que identificarnos con estos desamparados y sentirnos satisfechos cuando sus planes de venganza funcionan. Pero resulta que entonces terminamos sintiéndonos mal cuando sus víctimas sufren y las chicas se ven arrastradas por sus delirios de grandeza. La película te dice primero «choca esos cinco», y luego va y te retuerce la muñeca.

Sin embargo, eso no es lo que menos me gusta de *Jóvenes y brujas*. Lo que me deja un regusto amargo en la boca es la representación que hace la película de la amistad femenina. Las chicas no son precisamente unos ángeles las unas con las otras, incluso antes de que todo se vaya al garete. Unen sus fuerzas por necesidad, no por una amistad verdadera, y al final Sarah se queda sola. Me habría encantado ver a las brujas en una auténtica alianza basada en el cuidado mutuo y en la preocupación de las unas por las otras. Pero la película abunda en el viejo estereotipo de las chicas que se apuñalan por la espalda. Aunque tuvieran que aprender duras lecciones o luchar contra las fuerzas del mal, su vínculo podría haberlas ayudado a ser más feroces y fantásticas.

Esta película es de terror, y también es fantástica; es un film en el que aparecen serpientes de la nada y las brujas levitan a varios palmos del suelo. Sin embargo, quizá para los productores de la película, la idea de que un grupo de jóvenes se mantuvieran unidas no resultaba plausible.

Quien me salvó durante mi etapa de adolescente fue Molly, mi mejor amiga. Era más bajita incluso que yo, y destacaba mucho por el hecho de que llevaba el pelo tan largo que casi le llegaba a las rodillas. Compartíamos gustos musicales similares y nos encantaban las películas raras. En la escuela nos pasábamos notitas y nos regalábamos viejas cajas de puros que llenábamos con dijes, juguetes viejos, piedras, conchas y fotos que arrancábamos de la revista *Sassy*. Decorábamos mi sótano como si fuera una instalación de arte, poniendo cabezas de muñecas colgadas del techo y atadas con una cinta púrpura, anuncios de Kate Moss e ilustraciones de libros infantiles, páginas del cómic *Sandman* fotocopiadas e instantáneas de películas de dibujos animados de Disney. Pasábamos horas disfrazándonos y haciendo sesiones de fotografía «artísticas», y procurábamos emular las imágenes que veíamos de fotógrafos como David LaChapelle y Floria Sigismondi, y del artista del maquillaje Kevyn

Aucoin. Hacíamos unos santuarios en *collage* para nuestros héroes y nos burlábamos de los posturitas y los cretinos que veíamos por televisión y en el instituto. Nos hartábamos de ver el programa de animación *Liquid Television,* y nos peleábamos para ver cuál de las dos era Daria y cuál Jane.

Soñábamos con dirigir películas, o con trabajar para la MTV, o quizá con formar parte de una banda. Queríamos hacer algo, lo que fuera. Y sobre todo queríamos hacer algo importante con nuestras vidas, aunque no supiéramos exactamente qué ni cómo hacerlo. Pero lo que sí sabíamos con toda seguridad era que teníamos ganas de salir. Nos moríamos de ganas de escapar de nuestro pueblo, lleno de gente esnob, cortada por el mismo patrón, escenario de un aburrimiento mortal.

Durante el tercer curso de secundaria, Molly y yo nos unimos alegremente a un grupo de chicos, en su mayor parte varones, a los que les encantaba Marilyn Manson y ver películas de monstruos. Éramos inseparables; nos reuníamos cada fin de semana en casa de unos hermanos cuyos padres tenían la reputación de ser muy permisivos, lo cual no dejaba de tener una cierta ironía, porque el padre era policía. A pesar de vivir en un complejo residencial, tenían un cerdo de mascota que se llamaba *Hammy.* Esa criatura se cernía sobre nosotros, espantosa, e iba por la casa como un alma en pena, dándonos la sensación de que estaba a punto de lanzarse al ataque.

Éramos unos ocho en total, y pasábamos muchas horas juntos, bebiendo cerveza, escuchando música y viendo a escondidas escabrosas películas para mayores de dieciocho años como *Seven* y *El cuervo: ciudad de ángeles.* Nos grabábamos los unos a los otros en vídeo y jugábamos al «¿Qué preferirías ser?»: ¿Preferirías tener alas o aletas? ¿Preferirías ser invisible o tener el poder de teletransportarte? Dormíamos todos juntos, aunque no revueltos, adormecidos los unos sobre los otros en el sofá ante los episodios de *Misterio en el espacio*; discutíamos hasta el aburrimiento mientras tomábamos unos Chex Mix y bebíamos Budweisers. Molly y yo por fin habíamos encontrado a nuestra tribu. Eran los niños perdidos del cuento, y nosotras éramos las Wendys.

Al final terminamos por salir con un par de ellos, Ryan y Tom, que además eran amigos íntimos. La primera vez que Ryan me pidió para salir fue en su casa, mientras veíamos *Los niños del maíz* en el reproductor de vídeo. La mejor escena de amor.

Una noche Molly fue a casa de Tom sola, por primera vez. Estaba muy nerviosa, y yo también me sentía nerviosa por ella. Tom y ella eran dos personas muy tímidas, y por eso nadie podía adivinar quién sería el primero en dar el paso; si es que lo daban, claro.

Hice un encantamiento.

Empecé intentando enviar a Molly un mensaje telepático de valentía, y visualicé que ella y Tom se besaban. Recuerdo que recorrí el pasillo de la planta baja de casa deteniéndome frente a las puertas de espejo de los armarios, y que iba arriba y abajo, arriba y abajo, sin parar, entonando cánticos, haciendo acopio de energía y sintiendo una oleada de electricidad en los brazos. Arriba y abajo, caminaba arriba y abajo, absorbiendo energía, cada vez más energía, hasta que, curiosamente, oí el retumbo de un rayo seguido de un trueno.

No me lo podía creer. ¿Era una coincidencia? ¿O lo había invocado yo? Pues a decir verdad, todavía no lo sé.

La llamada de Molly que recibí esa misma noche confirmó lo que imaginé que debía de haber pasado: sí, se besaron. Compartimos notas sobre el número de veces, y sí, vimos que todo coincidía. El hechizo había funcionado.

Al año siguiente todo cambió. Dos chicas más jóvenes nos habían sustituido: unas modelos más espabiladas que nosotras llamadas Nicki y Angie, que fumaban sin parar y cuyo mejor truco era masturbarse metiéndose la mano en los tejanos mientras todos las miraban. La relación que teníamos con Ryan y Tom había terminado desde hacía tiempo. Y nuestro clan se metió de lleno en las drogas. Vimos cómo nuestros amigos iban cayendo en barrena y terminaban sumidos en un agotamiento total, más interesados ya en contar historias sobre cómo colocar a sus perros que en hablar de películas raras. A mí no me iba la marihuana. La primera vez que fumé se me cerró la garganta y se me disparó el corazón. Pensé que iba a morir. Y después de eso, cogí miedo y ya no probé nada más.

Así fue como salimos de nuestro grupo de marginados, y Molly y yo nos encontramos perdidas en el ancho y vasto mar de nuestra existencia. De todos modos, conservamos nuestra relación, asidas a una cuerda dorada que nos unía e impedía que nos ahogáramos por completo. Grabábamos mezclas que nos regalábamos, dormíamos una en casa de la otra, y seguíamos vistiendo a la vanguardia de Nueva Jersey. Empezamos a ir a conciertos en directo, y terminamos haciendo peregrinajes a Manhattan para ver tocar a nuestros músicos favoritos: a Björk en el Hammerstein, a Tori Amos en el teatro Beacon, a Rasputina en la sala de fiestas Bowery, a P.J. Harvey, a Prince, a Bowie, a Portishead. Esos artistas nos sacaban de la tristeza y nos metían de lleno en un mundo donde reinaba lo fantástico y lo cinematográfico, y donde lo mejor era pensar que nos encontrábamos en otra parte.

Una noche Molly y yo hicimos un ritual en el bosque que hay detrás de casa. Decidimos ponernos «un traje ceremonial» Para ello reunimos lo mejor que teníamos, que era un par de camisones de rebajas de la tienda de Victoria's Secret, de esos que liquidan porque son los últimos que quedan en los percheros y nos los pusimos debajo de unas prendas que encontramos en el armario de mi madre: una bata color vino y uno de los vestidos antiguos que se había puesto para la ceremonia de su graduación. El plan era bailar bajo la luna como si hiciéramos una ofrenda, aunque, aparte de eso, carecíamos de cualquier otro objetivo.

Cavamos un agujero profundo y lo llenamos de ramitas, pero no conseguimos prenderle fuego. A una de nosotras se le ocurrió la idea de arrugar papel de periódico para hacer unas bolas y rociarlas con laca para el pelo. Y funcionó. Fumamos unos cigarrillos de clavo de olor y entramos en trance mirando las llamas. Levantamos las manos al aire y empezamos a balancearnos, hasta que sentimos que una ola de energía se apoderaba de nosotras. No sabíamos lo que era todo aquello, pero fue como si algo divino se hubiera posado sobre nuestros hombros. Se levantó el viento, y las llamas crecieron, más y más, hasta que amenazaron con propagarse. Nos entró el pánico y no tardamos en apagar la hoguera, pero la excitación nos duró mucho más que esos treinta y tantos minutos que habíamos estado ofrendando. No nos importaba que esas fuerzas que habíamos desatado fueran consecuencia de la química o de una quimera. Lo que habíamos conjurado era una conexión, que se había dado entre las dos, y que también se había dado con algo que parecía ser más grande que nosotras mismas.

La primera vez que vimos a Louise Miller en la película de 1989 *Una disparatada bruja en la universidad* era una chica rarita que vestía con un jersey ancho y solo tenía una amiga. Miller pasaba el tiempo libre en el departamento de teatro de su instituto, sin sospechar que su destino era nada más y nada menos que languidecer en la última fila del escalafón social. Un día encuentra por casualidad un extraño amuleto en su taquilla. Al principio no le da importancia, pero luego conoce a Madame Serena, la médium del barrio, que le dice que ella, de hecho, es una bruja reencarnada. Serena le explica que el amuleto que Louise ha encontrado es una especie de batería donde está contenida su magia, y que será capaz de acceder a esos poderes cuando cumpla... (pues sí, lo has adivinado), cuando cumpla dieciséis años.

Cuando llega el cumpleaños de Louise y se despiertan sus capacidades, se siente muy satisfecha de sus poderes y los utiliza en beneficio propio. Realiza un conjuro para volverse popular, y entonces se transforma: deja de ser el patito feo, y se convierte en un cisne vestido de tela tejana y tul. Sintiendo una repentina confianza, seduce al chico más guapo del instituto y logra apartarlo de su novia, que es animadora (y eso que se resiste a la imperiosa necesidad de hechizarlo con un conjuro de amor.) En otras circunstancias, no se reprime tanto con la magia y convierte a su molesto hermano pequeño en un perro, y toma represalias contra un desagradable profesor haciendo que se quite la ropa delante de toda la clase. Todo resulta ser muy divertido, hasta que las cosas inevitablemente se tuercen. Su vida social le exige tanto que Louise llega a sentirse desbordada y termina enemistándose con su mejor amiga: la única que llegó a sentir un aprecio verdadero por ella antes de que se convirtiera en bruja (y que además también es una de las raperas más atractivas de la historia del cine, aunque será mejor que lo compruebes por ti misma). Louise tampoco es capaz de adivinar si el cachas de la escuela siente un interés genuino por ella o solo le atrae la popularidad lograda a través de su magia. Una vez más, nuestra bruja adolescente sufre una crisis de identidad: ¿dónde quedan sus lealtades?

La película termina con Louise tirando el amuleto al suelo y aplastándolo después de decidir que renunciará a la magia en favor del amor verdadero. (Aunque, de todos modos, decide conservar su sensacional vestuario.) ¿La moraleja? La moraleja es que la brujería es un atajo, un código engañoso en el juego de la vida. Y que es mejor no usarlo, porque si lo haces nunca tendrás la sensación de haber ganado las cosas por derecho propio. Y eso también puede interpretarse como una analogía que explicaría otras formas de ilusión. Si confías demasiado en mantener las apariencias, nunca sabrás si en realidad gustas a los demás por quien tú eres.

Como sucede en el decimosexto aniversario de Louise y de Sabrina, que son momentos catalizadores, es común en las historias de brujas adolescentes que los poderes de la protagonista se activen al alcanzar la edad adulta, clara metáfora de la pubertad y la espada de doble filo de la sexualidad. A veces su brujería es una amenaza, y a veces es un valor añadido. En algunos casos, ella hereda su magia, pero en otros aprende por sí misma o traspasa sus conocimientos a otra persona. Sin embargo, a menudo sus nuevas capacidades son algo que debe aprender a perfeccionar con la práctica y el comedimiento si no quiere renunciar completamente a ellas. Debe tomar serias decisiones, y elegir la clase de bruja que desea ser.

En el libro *Adorables criaturas* (y, para que conste, hay una película realizada en 2013 muy infravalorada), Lena Duchannes viene de un linaje de conjuradores de hechizos. Tal y como está reflejado en su sabia tradición familiar, el día que cumpla dieciséis años será el día que la reclamen como conjuradora de la Luz o conjuradora de la Oscuridad; y a ella le aterra la oscuridad. ¿Su destino será ser buena o mala? ¿Quién es ella en realidad? Su inminente metamorfosis la tiene aterrada.

En *La chica que se bebió la luna*, la bruja Xan derrama por accidente luz lunar sobre un bebé huérfano llamado Luna, al que dota de una magia que la criatura es demasiado joven para controlar. Xan hace un conjuro sobre la niña para que contenga sus poderes. Cuando Luna cumple trece años, la magia que tenía adormecida empieza a manifestarse en ella y a provocar toda suerte de confusiones. Y la chica tiene que aprender a usar bien esas nuevas habilidades si no quiere causar daños.

Sunny, la protagonista americana de origen nigeriano del libro de Nnedi Okorafor *Akata Witch*, tiene su primera visión a los doce años. La historia empieza con una chica que está contemplando una vela después de que se haya ido la electricidad de todo el pueblo. De repente, esa chica, Sunny, ve dibujarse una imagen de «ardientes llamas, mares en ebullición, rascacielos cubiertos y personas muertas y moribundas». Entonces se aproxima tanto a la llama que su larga melena prende fuego, y su madre tiene que cortarle casi el 70% del cabello. Sunny se siente desbordada con tantos dones, hasta el momento en que varias amigas y sus maestros de hechizos deciden convertirse en sus guías.

Por otro lado, en la serie de cómic *Black Magick* de Greg Rucka y Nicola Scott, se nos muestra en un *flashback* el momento en que la bruja y detective de homicidios Rowan Black adquiere sus poderes. Tras la fiesta que da para celebrar que cumple trece años, la vemos en un coche con su madre, que va al volante, y su abuela. «Es muy duro no poder contárselo a nadie», dice Rowan. Su madre le contesta: «No lo entenderían, Ro». Lo que vemos a continuación es que las tres llegan a un bosque para reunirse con otras brujas. El grupo somete a Rowan a un ritual que incluye sumergirla en un estanque mágico que le muestra todas sus vidas anteriores destellando ante ella como un espejismo de burbujas líquidas. Rowan ha sido iniciada, o «ha despertado», como dicen las brujas. Durante los tres meses siguientes, Rowan entra en una profunda depresión. Empieza portándose mal en la escuela, llora desconsoladamente cuando está en casa y experimenta con la magia negra. Y entonces comprendemos que verse a sí misma torturada y perseguida vida tras vida le resulta muy duro de soportar, y que no puede con el dolor que representa comprender quién es en realidad. Todo termina con la muerte de su madre en un accidente de automóvil del que parece haber sido responsable una entidad maligna. A pesar de que no se deduce que Rowan fuera precisamente la causante de la muerte, queda claro que está atrapada en una especie de batalla oculta. Tanto si le gusta como si no, se ve obligada a sacar fuerzas de flaqueza para crecer y luchar en el bando de los buenos, fiel a su papel de bruja y también al de agente de la ley.

Las brujas adolescentes tienen que aprender a controlarse y a discernir, de la misma manera que tienen que hacerlo las adolescentes con su efervescente sexualidad y su proteico sentido del yo. Estas historias consideran la magia como si fuera una doble bendición: fuente de un inmenso potencial y mecanismo de una posible destrucción. La bruja adolescente es la llave que puede lograr que arranque el motor, la cerilla que promete encenderse.

A los quince años me vi sujeta a diversas fuerzas invisibles.

En noviembre de 1996 me llamaron al despacho del director. La abuela Trudy había venido a buscarme. Subimos al coche y entonces me dijo que mi hermana había sufrido una especie de crisis nerviosa en la universidad, y que mi madre había cogido un vuelo a Savannah para reunirse con ella. Me llevó en coche al centro comercial y me compró una camiseta de terciopelo color borgoña de The Limited; así es como comprendí que aquello era serio, porque Trudy nunca pagaba el precio estipulado por los artículos que compraba. Yo estaba estudiando segundo de bachillerato, y mi hermana estaba haciendo el primer curso en la Universidad Emory. Aquello marcó el comienzo del peor año de nuestras vidas, tanto para mi hermana como para mí.

Emily se vino a casa, y la vi completamente cambiada. La dulce y amorosa hermana que conocía se había convertido en una persona diferente. A mis ojos, porque yo era muy joven, parecía poseída, y veía que cada día libraba una batalla en su interior, no sabiendo si exorcizar al demonio o entregarse a él por completo. Atacaba verbalmente a las personas de su entorno y arremetía contra ellas, transformada por la rabia. Blandía con ira los puños, tanto para insultar como para usarlos físicamente. Unas veces estaba animadísima y otras se hundía en profundidades abismales, sin que existiera ninguna lógica aparente. Se quedaba paralizada o se echaba a gritar sentada en el suelo; y la mayoría de las veces era muy difícil de tratar. Chocaba cuando llevaba el coche, tomaba demasiadas pastillas, oía voces... Se reía como una loca o se obsesionaba dándole vueltas al mismo pensamiento. Un día se escapó descalza, con un teléfono inalámbrico en la mano.

Sin embargo, su comportamiento más habitual era abandonarse al llanto. Incesantes ríos de lágrimas corrían por sus mejillas. El sufrimiento de Emily era insondable, y nadie podía satisfacer sus necesidades. Mi hermana era como un ancho y vasto mar, como un tifón humano.

Cualquiera que intentase consolarla era blanco de sus ataques. Odiaba a todos los que la querían. Odiaba cómo se sentía. Odiaba lo que nos estaba haciendo a nosotros, y nos odiaba por intentar terminar con la situación. Estaba convencida de que todos estábamos en contra de ella, y que su tratamiento médico era una especie de castigo. La sala de psiquiatría era una cárcel, y nosotros sus carceleros. Al final tuvieron que ingresarla. Durante los siguientes meses la vi entrar y salir de instituciones mentales mientras los médicos intentaban ajustarle la medicación y enseñarle estrategias de gestión para mantenerla sana y salva. Al final, le diagnosticaron un trastorno maníaco-depresivo, que es un término que ya no está de moda; ahora lo llaman trastorno bipolar, pero describe muy bien sus alucinantes cambios de humor y su impredecible y extrema conducta.

Cuando estaba ingresada en el hospital, se nos rompía el corazón solo con verla, pero cuando estaba en casa, era como un cataclismo. Era una catástrofe natural que padecíamos a diario, era como seguir un patrón errático del tiempo cuyos vientos huracanados amenazaban con llevársenos en volandas. Mis padres y yo colaboramos en equipo para salvar las crisis, y nos inventamos estrategias para ayudarla y para ayudarnos a nosotros mismos. Sabíamos que no era culpa de ella, y que ella era la que sufría más, pero nosotros tres teníamos que encontrar la manera de sobrevivir. Como un equipo de la selección, empezamos a trabajar por turnos. Cuando mis padres estaban demasiado cansados o ya no podían más, era yo quien me ocupaba de ella.

Deseaba ser una de esas brujas adolescentes con capacidades mediúmnicas que, de repente, hacían que cambiaran las cosas. Si lo hubiera conseguido, habría visto el futuro, un futuro en el que mi hermana mayor no solo se estabilizaba gracias a la combinación de una medicación adecuada, una sólida terapia y una práctica regular y comprometida de meditación budista. Sin embargo, en esa época yo no tenía modo alguno de saber que terminaría por volver a ser ella misma, y por inspirar a miles de personas (incluso a mí misma) explicando la historia de su recuperación.

Sucedió todo lo contrario; el poder que había descubierto en mí fue una bendición y una carga a la vez. Por alguna extraña razón, cuando estábamos en plena vorágine, yo era la única persona a la que Emily parecía escuchar.

Mi hermana gritaba y se quejaba, cayendo en bucles de lamentaciones, y yo solía escucharla y consolarla durante horas. Cuando empezaba a delirar, yo lograba mantenerla con los pies en la tierra. Podía bajarla de la parra a la que se hubiera subido con palabras. Fui yo quien la convenció de que se sometiera a un tratamiento, una y otra vez. Fui yo quien parecía ser la única capaz de calmar a la bestia, de mantener el demonio a raya. Fui su ángel guardián. Su cuidadora. Su maga sabia. Mi hermana necesitaba una atención constante, y yo sentía que dársela era la única elección que me quedaba. Me consideraba su salvadora, la persona que le evitaría la muerte. A veces incluso ella misma parecía creerlo.

Fue un don que yo nunca pedí, y que terminaría mortificándome, porque la vida útil de ese don era muy corta. Al término de nuestras conversaciones transformadoras, de todas y cada una de las misiones cumplidas o exorcismos realizados con éxito, mi hermana seguía abandonándose a un festival de gritos, y yo volvía a convertirme en su adversaria. Escribía poemas sobre ella, y nos comparaba con Orfeo y Eurídice; era yo quien descendía al reino de las sombras para ir a buscarla y rescatarla de las manos de Hades intentando desesperadamente no volver la vista atrás para no perderla para siempre.

Nuestro hogar era zona catastrófica en el aspecto emocional, repleta de un entramado de cables-trampa. Cuando había gritos, aquello era un horror, pero cuando todo quedaba en silencio, todavía era peor. En un momento dado, por cualquier cosa, o cualquier persona, podía estallar la guerra.

Mi habitación se convirtió en mi refugio. Mi santuario en un barrio residencial repleto de iconos sagrados. Decoraba las paredes con imágenes de mis mitos favoritos y con retratos de mis músicos, artistas, escritores y actores preferidos: santas matronas que me daban esperanzas para creer que el mundo de los adultos era un lugar entretejido con brillantes filamentos de imaginación. Siempre tenía el pegamento a mano, y hacía bolitas de esa goma untuosa con los dedos para pegarlas en las cuatro esquinas de postales y carteles, de recortes y páginas impresas, de papeles y poemas que mantenían la promesa de que me vigilarían hasta que pudiera escapar de allí. Puse estrellas en el techo de esas que brillan en la oscuridad, y chales con unos estampados celestiales encima de la silla y en el suelo. Y metí dentro tantas velas que lo sorprendente fue que no se declarara un incendio en casa. Ese era mi refugio personal, mi caldero. Una choza mágica que construí en plena naturaleza salvaje, un lugar seguro iluminado desde el interior.

Una de las brujas adolescentes más queridas de todos los tiempos es Willow, de *Buffy, cazavampiros*. La primera vez que sale es la mejor amiga de Buffy y miembro de lo que las dos chicas denominan la banda de Scooby: un grupo de amigos (más el despampanante bibliotecario de la escuela, llamado Giles) que combate a los vampiros y resuelve misterios metafísicos. Estudiosa, fiable y toda un hacha en informática, Willow pasa incansables horas estudiando en la biblioteca del instituto para encontrar la manera de que Buffy pueda acabar con los distintos espíritus malignos que se han apoderado de la bonita ciudad de Sunnydale. Willow descubre que puede hacer magia, y sus hechizos se convierten en una de las armas primordiales del arsenal de Buffy y toda su tropa.

A medida que la serie avanza y los chicos terminan el instituto y entran en la universidad (que, convenientemente, es la misma para todos, la más próxima a la ciudad que les ha visto crecer), Willow se dedica por entero a la brujería, desempolva libros antiguos y al final termina por incorporar a un estudiante wiccano al grupo. En la universidad conoce a una bruja llamada Tara, y su relación centra el tema de uno de los movimientos pioneros de gays y lesbianas: se convierte en la primera historia de amor lesbiana narrada de manera explícita en toda la historia de la televisión americana. Las dos jóvenes descubren que estar juntas potencia sus poderes: una hermosa metáfora para salir del armario, subirse a la escoba o como se diga. El primer beso la hace levitar del suelo literalmente.

Sin embargo, la euforia dura muy poco. Willow se vuelve adicta a la brujería, y cada vez busca alcanzar cotas más altas poniendo en peligro su vida y las de sus amigos en el proceso. Cuando Tara muere a causa de una bala perdida, el dolor que siente Willow es tan insoportable que sus poderes se vuelven malignos. Los ojos y el pelo se le vuelven negros, y se traslucen sus venas a través de la piel. Quiere venganza, quiere justicia, quiere que le devuelvan a Tara. Y, en su búsqueda, actúa con tanta violencia que casi destruye el mundo.

Un día está realizando un conjuro para traer a la Tierra el apocalipsis, y lo digo en sentido literal, cuando su mejor amigo, Xander, interviene mostrándole su amor y perdonándola de todo corazón. Giles se la lleva a la campiña inglesa para entrenarla en una nueva forma de magia basada en la naturaleza y en la luz.

La magia de Willow es como el representante de los extremismos emocionales. Exterioriza los sentimientos colosales de la juventud que amenazan con apoderarse de nosotros. Con la distancia que otorga el tiempo, veo que el argumento de Willow es como una metáfora de las adicciones o de las enfermedades mentales. Nos dice que, cuando alguien sufre, puede destruirse no solo a sí mismo, sino a todos los que le rodean. Pero también nos ofrece la esperanza de pensar que, con el tratamiento adecuado y el apoyo justo, la recuperación es posible para todos los implicados.

A inicios de la primavera de 1997, lo estaba pasando fatal. En casa me sentía como un barómetro de la escala de Richter ambulante, con una hipersensibilidad especial ante los cambios de humor de mi hermana, que más bien parecían seísmos.

Odiaba a la mayor parte de los chicos y las chicas del instituto, y salía con un compañero gótico que se llamaba Anthony, de tendencias artísticas y melancólico, como está mandado. Paseábamos en su coche escuchando a Tricky y a Nine Inch Nails, y luego íbamos a las galerías comerciales para acicalarnos con un montón de maquillaje, prendas con volantes y unas obligadas Doc Martens. Anthony tenía un par de años más que yo, y ambos sabíamos que no tardaría en marcharse a la universidad, idea que pendía sobre mí como una sombra desde hacía meses. Mis únicos amigos eran él y Molly, y ninguno de los dos estaba contento con la situación. Mis notas empezaron a dejar mucho que desear, y mi estado de ánimo se volvió taciturno. Mis dibujos eran lamentables: pintaba retratos de chicas ensangrentadas y de rostros con astillas clavadas en la piel. Cuando no estaba consolando a mi hermana, pasaba la mayor parte de mi tiempo libre en casa, a puerta cerrada, con la música a todo volumen; y me quedaba levantada hasta muy tarde escribiendo poemas y realizando encantamientos hasta quedarme dormida. Al día siguiente me despertaba bien entrada la mañana, agotada y con los ojos vidriosos.

A medida que los episodios de Emily fueron empeorando y mis poderes de consolación empezaron a disminuir, intenté marcar distancias entre las dos. Descubrí que podía acceder al tejado desde la ventana del baño del piso de arriba, y me escurría por allí cada vez que a ella le daba por ponerse a insultar. Me ponía los cascos y subía el volumen de mi *walkman* al máximo para ahogar los sonidos que venían de abajo. Alzando los brazos al cielo, rezaba pidiendo protección: «Ayúdame, Artemisa. Ayúdame, Nuit. Por favor, Gran Diosa de la Noche, escucha mi llamada en la oscuridad».

En defensa de mis padres, debo decir que, a pesar de estar atados de pies y manos a esa hermana mía que no paraba, supieron darse cuenta de que yo también necesitaba un salvavidas, e hicieron lo imposible para impedir que me lanzara al vacío. Venían a ver cómo me encontraba siempre que podían. Me enviaron a terapia. Y buscaron maneras alternativas de procurarme un apoyo adicional.

Habían oído hablar de un lugar que había sido de gran ayuda a los hijos de unos amigos suyos. Era una escuela privada bastante pequeña, y en absoluto convencional. Los alumnos no llevaban uniforme, y la directora era una poetisa llamada Lois Hirshkowitz, que venía de Manhattan cada día en tren. Tenía el pelo largo y de color gris, y lo llevaba mal recogido en una cola de caballo; tenía los dedos huesudos y llenos de manchas, recubiertos con unos anillos que parecían los engranajes de un reloj. Durante la entrevista que me hizo de admisión, me trató con mucha seriedad, me hizo muchas preguntas y me escuchó poniendo mucha atención y dirigiéndome una mirada resplandeciente y dura como el pedernal. Me gustó su despacho, con una sola mesa, una chimenea y una estantería de libros que llegaba hasta el techo. Y me gustó cómo hizo que me sintiera, como si mis palabras fueran dignas de consideración. Todo aquello iba a ser un gran cambio para mí, sobre todo teniendo en cuenta que solo me quedaban dos años para terminar el instituto. Pero decidí que le daría una oportunidad. Era imposible que el nuevo centro fuera peor que la escuela a la que iba, me dije a mí misma, aunque eso significara viajar en autocar durante dos horas, una de ida y otra de vuelta. Me gustaba la idea de tener a esta mujer de profesora. Me gustó la quietud que sentí cuando estuve con ella. Era una mujer callada, y en su clase también reinaba el silencio, aunque entre ambas las palabras fluían más allá de la superficie. Yo vivía en una casa encantada, y por eso el silencio no me pareció tan mala idea.

La escuela secundaria Lakewood, que era una escuela privada, parecía un híbrido de escuela del profesor X para mutantes y de la Isla de los Juguetes Inadaptados. Y en cuanto a mí, pasé de un curso en el que había quinientos chicos y chicas matriculados a uno en el que solo había doce. Éramos personas muy distintas entre sí, pero cuando estás en una clase tan pequeña, pasas a ser un miembro de esa familia, con todo lo que la palabra implica. Cada uno de nosotros estaba allí por una razón distinta, pero todos compartíamos la necesidad de tener una ayuda adicional que las escuelas públicas no eran capaces de ofrecernos.

Había una escritora con tricotilomanía, que iba con peluca para taparse las calvicies que le provocaba su trastorno. Otra de las chicas había sido adicta a la heroína, sus mascotas eran unos hurones y dibujaba superhéroes con unos ojos gigantescos. Había también un chico divertidísimo que tenía un padre que, de día, era un honrado agente de policía y, de noche, un tipo al que le gustaba dar palizas a los niños. Mi novio de entonces, Eddie, era un músico dulce y con mucho talento con una vida familiar turbulenta, y era muy propenso a tomar cualquier droga que cayera en sus manos.

Y luego estaba yo: una joven poetisa con los párpados sombreados en color púrpura y una hermana superenferma. Una chica obsesionada por el ocultismo.

La señora Hirshkowitz daba dos clases: poesía y novela contemporánea. Nos tomaba muy en serio, porque nos daba el trato de escritores y lectores. Nos encargaba que hiciéramos trabajos sobre Nadine Gordimer, Toni Morrison, Geoff Ryman y Patrick McCabe. Leíamos poesía de Sharon Olds y Molly Peacock, y obras de Tom Stoppard. Todos los días escribíamos. Como profesora, la señora H., como solíamos llamarla, nos daba muchos ánimos, pero nos ponía un listón muy alto. Era bondadosa, pero no era de las que te endulzan la vida si pensaba que podíamos mejorar, tanto en lo que se refería a la escritura como a nuestra conducta en general. Aprendí también que, a pesar de su sutil compostura, tenía un pícaro sentido del humor; y cuando se reía, se le formaban unas arruguitas en la cara, como el azúcar quemado de unas natillas caramelizadas, y los ojos le resplandecían de pura malicia. Me encantaba cómo usaba las palabras, no solo en sus propios poemas, sino también al hablar. Tenía una manera especial de minar toda grandilocuencia con una seca informalidad: «Me parece asombroso», decía cuando le gustaba algo que había escrito yo. Y yo también pensaba que ella era asombrosa.

Como alumna de su clase, sabía que podía escribir prácticamente sobre cualquier cosa, que a ella le parecería bien. Incluso lo valoraría más. Y yo escribía resmas y más resmas de poemas sobre mi hermana. Emily era mi monstruo, y mi musa también. Aunque en casa no pudiera controlar las cosas, al menos podía plasmarlas sobre el papel. Aprendí a canalizar ese caos interno, y a centrarlo de una manera creativa y fresca. Cada poema que escribía plasmaba que en mí había una mayor fuerza interna: palabras mágicas para sanar un corazón herido.

Hermione Granger tiene solo once años cuando aparece por primera vez en la obra, pero pronto se convierte en una adolescente, y así permanece durante la mayor parte de los libros de Harry Potter. Es una joven brillante, justa, dedicada por completo a los estudios. También está un poco marginada. Dado que sus padres carecen de poderes mágicos, y por lo tanto son *muggles*, los estudiantes más crueles de la escuela no dudan en ponerla en ridículo siempre que pueden y llamarla «sangre sucia», insulto que implica que no es tan pura como los que han nacido en familias de brujos. En el Colegio Hogwarts de Magia y Hechicería encuentra buenos amigos y profesores atentos que la ayudan a desarrollar sus artes. Pero también es el lugar donde crece y donde aprende que el mundo puede ser peligroso y estar lleno de castigos.

Algo así podría amargarle el carácter o causar que se decantara por lo maligno, como hacen muchas brujas adolescentes, pero J.K. Rowling hace una elección, y al forjar así a su personaje, nos revela que su opinión sobre las jóvenes poderosas es mucho más optimista. A medida que la historia avanza a través de la serie de novelas, Hermione se convierte en una activista que defiende a los oprimidos. Cuando se entera de que los elfos de la casa no cobran un sueldo por trabajar y no disponen de tiempo libre, funda la Sociedad para la Promoción del Bienestar Élfico (SPBE), para concienciar sobre sus condiciones laborales, y les teje unos calcetines y unos gorros que tienen el poder de liberarlos; y todo eso lo consigue varias décadas antes de que viéramos los gorros de punto rosa en la Marcha Feminista de 2017. Por otro lado, organiza una comunidad, y anima a Harry a que forme el Ejército de Dumbledore, un grupo secreto de estudiantes centrados en realizar hechizos de autodefensa para poder estar preparados ante cualquier posible ataque del malvado

Voldemort. A lo largo de toda la serie de novelas de *Harry Potter*, Hermione es como un cruzado del bien que usa el cerebro y la compasión para luchar por la igualdad y salvar la situación tantas veces como haga falta.

Como les sucedió a otras brujas adolescentes que la precedieron, comete errores y da pasos en falso en su camino por convertirse en una bruja mejor. Pero nunca se deja corromper por el poder, y jamás muestra abiertamente su sexualidad. Y al final, no tiene que renunciar a sus poderes. Al contrario, aprende a pulir su talento natural para aplicarlo a las causas que le importan. Si Hermione es la bruja adolescente de la generación posterior a la mía, diría que el futuro nos depara buenos augurios.

Es fácil trivializar a esta tropa de brujas adolescentes, como también resulta tentador mirar con aire resignado a las adolescentes en general. Esta bruja joven no está a salvo de los desengaños amorosos y los terremotos mentales que suceden a diario en su casa y en la escuela. Quiere besar al chico más guapo, quiere ser un hacha en el examen de mates, quiere que la inviten a la fiesta que el chico más popular del curso celebra en su casa. Quiere sentirse bella, sin duda alguna. Pero también quiere sentirse poderosa. Como si la vida no fuera eso que le está sucediendo, sino más bien algo en lo que puede influir.

Para bien o para mal, las brujas adolescentes sienten debilidad por la justicia. Convierten a las chicas malas en ratones, y a los profesores en sapos. Quieren ver que los que valen mucho obtienen su recompensa, y que los crueles se merecen todo lo malo que les pueda pasar. Y así es como fundan grupos para refugiarse en ellos y celebran reuniones clandestinas. Confabulan todas juntas y dilucidan de qué manera pueden enderezar las cosas.

Con suerte, otros las guiarán por el camino: mentoras o amigas que las arroparán en un círculo y las ayudarán a dar forma a sus encantamientos. Estas aliadas impedirán que incineren a todo el grupo de animadoras, y les entregarán el antídoto para combatir todo el veneno que puedan llegar a ingerir sin darse cuenta.

Ser distinta es peligroso; sobre todo si se es una hembra que está sufriendo cambios constantes. En un momento dado, puedes quedar en ridículo, pueden dejarte fuera, marginarte. La bruja adolescente es un avatar de las desgracias, las inseguridades y las tendencias extrañas que la mayoría tenemos amarradas en nuestro interior mientras nos dedicamos a ir sorteando la vida.

Sin embargo, también nos dice cómo combatir la adversidad. La mejor versión nos enseña que no es necesario que temamos a nuestro poder innato, y que tampoco tenemos por qué limitarlo: solo hay que elegir cuál es la mejor manera de gobernarlo. La bruja adolescente nos ayuda a crecer con una mayor plenitud interior.

3. Compasión por la diablesa

Para que nadie piense que el miedo a la sexualidad femenina se esfuma cuando las adolescentes alcanzan la edad adulta, pido considerar a la bruja satánica. Esta bruja es una mujer tan depravada que preferiría bailar con el diablo bajo la pálida luz de la luna antes que dedicar su vida a un respetable esposo que siempre va a la iglesia. ¡Qué horror!

En películas como *Häxan*, *Los demonios* o *Las brujas de East-wick*, vemos el funcionamiento de esta dinámica. Las brujas malvadas son chicas que se han vuelto salvajes. Nadie es capaz de gobernarlas, y además son profanas. Son personas que te destrozarán la vida.

Las brujas y los demonios llevan mucho tiempo siendo compañeros de cama con regusto a azufre, tal y como nos cuentan las historias de brujería que relatan relaciones diabólicas de todos los colores. En la mayor parte de estas narraciones, la bruja se convierte en la amante de Lucifer, en su fiel servidora o en su alegre emisaria, y se une a una camarilla de brujas y espíritus malignos que están amarrados a él por toda la eternidad. En general, el diablo suele presentarse como un billete de viaje para salir de una vida monótona y aburrida, como un emancipador que le ofrecerá placeres inacabables y omnipotencia. A pesar de que puede ser él quien inicie la relación y se le aparezca expresamente a la bruja para tentarla, convertirse en su consorte a menudo parece ser algo voluntario por parte de ella. La bruja hace un pacto con él o firma en su libro en un acto consensuado y flagrante por parte de ambos, y accede a realizar todo aquello que él le pide a cambio de poder, riquezas y/o polvos perversos que le proporciona con regularidad. En muchas de estas historias la identidad que ella elige como bruja va ligada a sus propios defectos. Es una mujer que carece de fuerza de voluntad o de fe. Aburrida y con un gran apetito sexual. Es una bomba sexual satánica que está esperando a explotar.

Y desde luego que explota. Fornica con demonios. Mata bebés y con su carne prepara ungüentos mágicos para volar. Sus viajes aéreos la llevan a pueblos ignorantes que ella maldice con la desgracia y la muerte. Y cuando regresa junto al diablo, se une a sus otros seguidores para realizar adoraciones perversas que incluyen orgías, degüellos y cabras, ¡válgame Dios!

Pero ¿de dónde procede esta imagen infernal de la bruja?

En el mundo occidental la creencia en los demonios y las brujas se retrotrae a la antigua Mesopotamia, y ambos arquetipos fueron adoptados posteriormente por los persas, los hititas y los hebreos. En sus albores, la literatura griega y romana está plagada de hechiceras seductoras como Circe, Medea, Canidia y Pánfila, mujeres que usaban sus encantos y pociones para conseguir el amor o reclamar venganza, y a menudo en detrimento de los hombres que se cruzaban en sus caminos.

Esta clase de personajes en parte estaban inspirados en la vida real. Los griegos empezaron una clasificación sistémica de los distintos tipos de magos antes del siglo V a.C., que incluía a *goes*, especializados en fantasmas, *pharmakeis* (varones) o *pharmakides* (hembras), que se especializaban en pociones, y magos, al servicio de los demás y que practicaban *mageia*, palabra que terminó por evolucionar y convertirse en la que ahora conocemos por *magia*. Las advertencias contra la magia maligna y las personas que la usaban persisten en todo el mundo antiguo, y hay registros que detallan los castigos que derivaban si a uno se le ocurría mezclarse en esa actividad tan peligrosa. Sin embargo, fueron los romanos los que empezaron a perseguir a los trabajadores de la magia sin descanso. A finales del siglo II d.c. el empleo del *veneficium* (una combinación de magia y veneno) fue prohibido en Roma, y en general las mujeres fueron las principales acusadas.

Ahora bien, la bruja que vuela de noche, esa bruja malvada y vigorosa, es el cruce de diversas fuentes mitológicas.

Uno de los cuentos más famosos que tenemos sobre una mujer que es un monstruo mágico, malvado y sexual es el de Lilith, la antecesora de Eva, la supuesta y auténtica niña de los ojos de Adán. La historia de Lilith como primera esposa de Adán fue muy popular en el siglo VIII d.c. gracias a un texto titulado *Los manuscritos hebreos de Ben Sira: traducción y notas*. En este texto se afirmaba que Dios creó a Lilith y a Adán a partir de la tierra, pero que ella se negó a yacer con él y a mantener relaciones sexuales en la creencia de que los dos eran iguales, dado que estaban hechos de la misma materia. Adán afirmó su superioridad y se negó a tenerla encima. Lilith, furiosa, pronunció el nombre de Dios (un pecado enorme para la tradición judaica) y huyó del Edén. En algunas versiones de esta historia, Lilith copula con Samael, el ángel de la muerte, y da a luz a miles de hijos, con lo cual se gana el apodo de Madre de los Demonios. Dios envía tres ángeles a Lilith, que le dicen que, si no regresa al Edén, matarán a cien de sus hijos cada día. Ella se niega a regresar y empieza a asesinar a bebés como represalia por la muerte de su propia descendencia. Según la tradición judía, se creía que solo un amuleto mágico con los nombres de los tres ángeles podría alejarla y proteger a los recién nacidos humanos de morir a manos de Lilith.

En los planteamientos feministas a partir de la década de los 1960 en adelante, Lilith se convirtió en el símbolo de la independencia femenina, y sigue siendo la favorita entre las brujas de la actualidad. El rechazo a someterse a un hombre y su elección de vivir según sus propios términos les resuenan mucho a las mujeres que no son convencionales, la mayoría de las cuales cree que Lilith fue eliminada de la Biblia debido a la misoginia imperante. *Los manuscritos hebreos de Ben Sira: traducción y notas,* texto en el que se dice por primera vez que ella fue la mujer de Adán, en realidad se escribió al menos quinientos años después del libro del Génesis, pero si esa historia había sido o no transmitida oralmente con anterioridad es algo que solo es producto de las conjeturas.

A pesar de que el personaje de Lilith no aparezca en la Biblia, sus orígenes son muy anteriores. Es muy posible que su nombre derive de *lilith,* una especie de demonio de la tormenta femenino procedente de la mitología mesopotámica. El primer testimonio escrito de Lilith o Lilitu como una deidad individual procede de los antiguos sumerios del año 2000 a.C. Según este mito, ella es la «doncella oscura» que construye su hogar en el interior del árbol *huluppu,* en el jardín de la diosa Inanna. Los otros compañeros de Lilith que habitan en el árbol son un pájaro y, claro está, una serpiente. En esta historia, Lilith, el pájaro y la serpiente se niegan a abandonar el árbol, e Inanna, fuera de sí, llama al dios Gilgamesh, que llega vistiendo su indumentaria guerrera y dispuesto a derrocarlos, y entonces los tres intrusos huyen. Siguiendo la traducción de Diane Wolkstein y Samuel Noah Kramer, «Lilith destruyó su hogar y huyó hacia lugares deshabitados y salvajes».

El Génesis se escribió aproximadamente 1.500 años después de la historia de Inanna y el árbol *huluppu,* y su narración edénica guarda reminiscencias de ella. Y mientras que la historia de Lilith, la exesposa diablesa, no se escribiría hasta cinco siglos después de que se escribiera el Antiguo Testamento, se menciona la palabra *lilith* en Isaías 34,14. Hay diversas traducciones que han interpretado esta palabra dándole el significado de «monstruo de la noche», «criatura de la noche» o «búho que chilla».

También existe la teoría de que la criatura de *lilith* terminó transformándose en el *strix* del cárabo romano, que es un búho nocturno sobrenatural que ataca a los niños mientras duermen. La palabra *strix* terminó por referirse a la mujer que podía transformarse en esta criatura alada y letal. En los pueblos germánicos, se creía también que era una caníbal que se alimentaba de personas de todas las edades, y no solo de jóvenes. *Strix* finalmente evolucionó y se convirtió en la palabra *stria* o *striga*, términos que en las regiones romanas y germánicas llegaron a significar «mujer mágica y maléfica». En último término, *strega* se ha convertido en la palabra italiana que designa a la «bruja», y la asociación de las brujas con los búhos sigue vigente en la actualidad.

La creencia en estos seres femeninos aterradores circuló por toda Europa, y la dama de apetito insaciable que variaba de aspecto adoptó muchas otras formas. Al final se metamorfoseó en la bruja infernal que anda loca por el sexo de nuestra era moderna.

Pero antes de hablar de este personaje, conozcamos a su picarona amante.

El diablo ha reposicionado su marca varias veces con el tiempo (y perdón por la bromita). Hasta la Edad Media era como un jugador de una liga secundaria para la teología cristiana. Satán se menciona muy pocas veces en la Biblia, y tampoco existe una descripción clara de su aspecto. El personaje, tal y como nos lo representamos hoy en día, el tentador de almas que muestra los rasgos característicos de las pezuñas, los cuernos y un tridente, de hecho es el resultado de la fusión de elementos muy distintos, y revisarlos todos sería objeto de un libro completo. Sin embargo, brevemente, en algunas de sus versiones más antiguas se dice que es «el satán» o satanás del Antiguo y del Nuevo Testamento, descrito como el «fiscal celestial» que se envía para poner a prueba y acosar a la humanidad, y ahí tenemos el famoso ejemplo de Job; la serpiente en el Jardín del Edén; el dragón rojo del Libro de las Revelaciones; Lucifer, el ángel caído, cuya imagen está en deuda con *El paraíso perdido* de Milton, de mediados del siglo XVII; con una buena cobertura de deidades paganas (sobre todo el dios de la fertilidad más promiscuo que existe en todo el amplio sentido de la palabra, Pan), y todo ello espolvoreado con mucho sentido del humor.

Hay quien ha sugerido que el renovado interés de la Iglesia por Satanás fue una reacción estratégica ante el repentino influjo que tuvieron ciertos textos griegos y árabes sobre la magia ceremonial que se tradujeron en los siglos XII y XIII. A los líderes de la Iglesia les preocupaba que esas influencias foráneas del ocultismo plantaran sus raíces en su propio jardín divino. A diferencia de las tradiciones populares o de la «magia de bajo nivel» que algunos de los ciudadanos más pobres o simples seguían practicando, esta magia literaria representaba una amenaza para la Iglesia porque resultaba atractiva a una clase más intelectual (incluyendo al clero). ¿Hombres de la Iglesia actuando de hechiceros? Algo había de hacerse. Y así fue como los líderes de la Iglesia católica empezaron a etiquetar esta magia foránea y a llamarla «demoníaca», y a cualquiera de estos hechiceros que practicara esta clase de magia más nueva y de libro se le llamó «adorador del demonio».

En los siglos XIII y XIV, la Iglesia empezó a tomar cartas en el asunto sobre los peligros de la posesión demoníaca, y fue durante este período cuando el uso de la magia se declaró acto de herejía. El papa Juan XXII lo hizo oficial en una bula de 1326, *Super Illius specula*, que afirma lo siguiente:

> Descubrimos con dolor, y el solo pensamiento nos deja el alma acongojada, que hay muchos cristianos que solo lo son de nombre; que muchos dan la espalda a la luz que les iluminó en un principio, y que permiten que sus mentes se nublen tanto con la oscuridad del error como para entrar en alianza con la muerte y firmar un contrato con el infierno. Se ofrecen en sacrificio a los demonios y los adoran, se hacen, o encargan que les hagan, imágenes, anillos, espejos, frascos u objetos en los que, por arte de magia, pueden encerrar a los espíritus malignos. Y de ellos buscan y reciben respuesta, y además piden ayuda para satisfacer sus deseos malignos. ¡Dios misericordioso! Esta enfermedad mortal está aumentando con creces en este mundo y haciendo estragos cada vez mayores en el rebaño de Cristo.

La bula sigue diciendo que todo aquel que enseñe, estudie o practique estos actos malignos o que esté en posesión de libros que contengan esta información será excomulgado y juzgado «ante jueces competentes para que se les inflija todo el castigo merecido al que los heréticos están sujetos por ley...».

De esta manera se plantaron las semillas de Satán, y fue la Iglesia misma quien lo hizo, al empezar una campaña activa para informar a las personas que existía esta nueva amenaza. Los frailes dominicos y franciscanos empezaron a viajar por las ciudades y por los pueblos de alta montaña de la Europa occidental para informar a la gente de que practicar la magia era un acto herético, y que los que lo hicieran serían aliados del diablo.

Podemos citar como ejemplo el pánico original que se tuvo a Satanás.

Y aquí entra la etapa que quedaba por cubrir, la bruja demoníaca.

Los testimonios nos dicen que en la década de los 1420 hubo una serie de acusaciones de brujería satánica, con sus consiguientes ejecuciones, en la Europa occidental, incluidas la región de Valais, en los Alpes, la zona del Languedoc, en Francia, y la ciudad de Roma; y que el primer incidente de que se tiene noticia ocurrió en las montañas del Pirineo, en 1424. Estos incidentes se remontan directamente a esos lugares donde los frailes iban a predicar. La gente del lugar creía o no creía en esas mujeres monstruosas que se asociaban al búho, en las caníbales nocturnas y en las brujas entrometidas del pueblo, pero la visita de los frailes a esos lugares fue la responsable de contribuir a que se formara el concepto de «hechiceros adoradores del diablo», que tenían que ser detenidos a toda costa.

Dos hombres en concreto se arrogaron el crédito de identificar la figura de la bruja con la de las ancianas: un teólogo francés, Jean Gerson, y un fraile italiano, Bernardino de Siena. Sin embargo, con el tiempo, las acusaciones empezaron a recaer en personas de todas las edades y sexos. Baste con decir que los rumores comenzaron a propagarse cada vez más, y decían que las brujas satánicas asolarían Europa en diversas oleadas durante los siguientes trescientos años, con el punto álgido en 1580 y 1630 y el declive en 1750 aproximadamente. Los juicios de brujas en la América colonial de Salem de 1692 fueron de los últimos de una larga sucesión de eventos, y sus fatales repercusiones fueron relativamente insignificantes en comparación con los millares que hubo en Europa. Los detalles específicos sobre los testimonios que daban los que habían visto realizar actos de brujería variaban de región en región, y según la persona. Sin embargo, los motivos que surgían eran parecidos.

El concepto de reuniones de brujas satánicas (el Sabbath de las brujas o *sabbat*, como en ocasiones se les llamó) procede en parte de unos textos de mediados del siglo XV, incluido el *Formicarius* de Johannes Nider, el *Errores gazoriorum*, de autor anónimo, y *Ut magorum et maleficioreum errores* de Claude Tholosan. Son títulos que, al pronunciarlos, a una se le traba la lengua. Estos tratados de brujería resultan sorprendentemente gráficos. Describían el Sabbath de las Brujas como una orgía demoníaca que consistía en banquetes, bailes y coitos sórdidos entre brujas, diablos y el mismo demonio. A veces mencionaban el *osculum infame* o el beso de la vergüenza: un gesto de bienvenida que consistía en que la buja besara el ano del diablo. Otros horrores del Sabbath estaban catalogados en un amplio espectro que iba del canibalismo a la brutalidad, pasando por participar en una misa negra, una perversa inversión de la misa católica en la que decían que a veces corría el semen, la sangre menstrual o la orina. También se menciona con frecuencia que las brujas recurrían a los miembros de bebés para crear ungüentos que se ponían para ir volando a sus reuniones. (Por supuesto, primero había que asesinar al bebé.) Decían que las que participaban en los Sabbaths iban desnudas y eran unas maníacas que estaban fuera de todo control. Eran unas pecadoras impenitentes, que literalmente sentían una predilección infernal por satisfacer sus oscuras necesidades y el deseo de complacer al Señor de la Oscuridad.

Una vez poseídas por él o por uno de sus demonios lacayos, las brujas regresaban a sus pueblos o a sus ciudades para sembrar la desgracia. A menudo las acompañaban algunos miembros de su familia: animales mágicos o duendecillos que las ayudaban en sus fechorías. Se creía que eran capaces de convertirse en animales para poder entrar en los hogares y las granjas de la gente inocente sin que pudieran reconocerlas. Y, fundamentalmente, solían desplazarse de un lugar a otro volando, aunque su medio de transporte variara y abarcara desde palos y escobas hasta horcas o, sencillamente, adoptando la forma de una criatura alada.

Y así fue como nació a finales del siglo XVI la bruja que mata a los niños, fornica con el diablo, se arrastra durante el día y se va de fiesta por la noche.

Un libro predomina por encima de los demás porque influyó mucho en moldear esa imagen de la bruja como un personaje diabólico, y, por supuesto, femenino: el *Malleus Maleficarum* o *Martillo de las brujas* (un buen nombre donde los haya para denominar a un maldito bufete de abogados). Diversos estudios recientes afirman que el nombre de Jakob Sprenger no se añadió a la autoría del libro hasta 1519, más de treinta años después de que se publicara, presumiblemente para darle más credibilidad, porque el hombre era un respetable fraile dominico.

De todos modos, sabemos que el autor original, si no el único, fue Heinrich Kramer, un inquisidor dominico que quería vengarse de las mujeres a toda costa. A pesar de que es cierto que contaba con mucha documentación procedente de siglos de creencias sociales sobre la inferioridad de la mujer, era un maestro de la misoginia y la paranoia por derecho propio.

Como afirma Malcolm Gaskill, «No es darle un sesgo muy histórico decir que Heinrich Kramer era un psicópata supersticioso, pero, de todo el espectro medieval, él se encontraba en ese extremo».

O como se diría en la jerga de la era digital, era «uno de los troles más conocidos de la caza de brujas», según Kristen Sollée.

Yo diría además que era una mala persona, cuyo miedo patológico a las mujeres le llevó a crear uno de los documentos más estúpidos y despreciables de masculinidad tóxica que jamás haya visto el mundo.

Kramer escribió *Martillo de brujas* para educar al lector sobre la manera de identificar a las brujas y su comportamiento, de contrarrestar su magia para luego juzgarlas y sentenciarlas, a menudo a muerte. Nos advierte que las brujas son las personas más peligrosas que existen, porque «rinden tributo al mismo diablo, ofreciéndose en cuerpo y alma». En un apartado titulado «Por el que las brujas merecen el castigo más severo entre todos los delincuentes del mundo», escribe: «Los crímenes de las brujas sobrepasan los pecados del resto de los mortales [...]. Por mucho que algunas se arrepientan y vuelvan a la fe, no deben ser castigadas como los otros herejes a cadena perpetua, sino que deben ser sometidas a la máxima pena».

Narra que las brujas tienen tendencia al infanticidio, al sacrificio de reses, al canibalismo, al control mental, a provocar abortos y a levantar tormentas de vientos huracanados. Otro pasatiempo favorito de las brujas, según Kramer, era volver impotentes a los hombres engañándoles para que pensaran que les habían extirpado el pene: «No cabe duda que las brujas pueden hacer cosas maravillosas en lo que respecta a los órganos masculinos [...]. Pero cuando el desmembramiento lo causan las brujas, solo es por sofisticación; aunque para el que la padece no sea ninguna fantasía». Hablemos claro: las brujas eran capaces de copular con los diablos, cometer asesinatos y provocar cambios de tiempo, pero causar la pérdida real de un miembro tan importante era algo inimaginable para Kramer: *no os preocupéis, chicos, ¡es tan solo una ilusión óptica!* Ni siquiera las todopoderosas brujas eran capaces de violar la santidad de empalmarse.

Kramer describe el pacto que las brujas hacen con el diablo, a veces en una ceremonia grupal solemne, a veces en privado: juran dedicarse por completo a él, renunciar a la fe cristiana y traerle más seguidores. Además deberán preparar ungüentos con los huesos y las extremidades de los bebés muertos, sobre todo de los que han sido bautizados. A cambio, la bruja recibirá prosperidad, larga vida y, presumiblemente, un suministro regular de rabo de diablo cachondo.

Kramer le da contexto afirmando que, de los dos sexos, generalmente son las mujeres las que suelen ser brujas, por un montón de razones de las que da todo lujo de detalle: las mujeres son más crédulas, más impresionables y más indiscretas que los hombres, y además «más débiles de mente y cuerpo». Kramer se explaya sobre el tema en varios párrafos, pone ejemplos históricos y bíblicos y cita a otros escritores (varones, por supuesto) para demostrar su tesis.

Sin embargo, lo más importante es que Kramer recalca que las mujeres son más susceptibles de sentirse atraídas por la brujería a causa de su inexorable libido: «La mujer es más carnal que el hombre, como queda demostrado por sus abominaciones carnales». Y la razón que da es que las mujeres nacieron defectuosas, dado que proceden de la costilla rota de Adán: «Y como por causa de este defecto es un animal imperfecto, siempre anda con engaños».

En efecto, según Kramer, todas las mujeres son putas y mentirosas. Pero no por culpa nuestra, eso sí que no. Chica, es que hemos nacido de esta manera…

La línea más citada del *Malleus* (y posiblemente el tema de la tesis del libro) es: «Toda brujería procede de la lujuria carnal, que en las mujeres es insaciable». Y luego sigue diciendo: «De lo que se desprende que, para satisfacer su lujuria, eligen como consortes incluso a los diablos». No es de extrañar que tengamos que emprender el vuelo para follarnos a los íncubos. Los hombres no están a la altura.

Las ideas de Kramer sobre la emasculación de las brujas fueron muy difundidas: la imprenta de Johannes Gutenberg estaba operativa desde 1450, y la innovación tecnológica de los tipos móviles fue el instrumento que multiplicó y difundió textos e imágenes sobre las brujas a lo largo y a lo ancho de Europa. El *Malleus Maleficarum* fue reeditado unas treinta veces aproximadamente durante los dos siglos siguientes, siglos en los que presumiblemente se situó en segunda posición después de la Biblia, en términos de ventas. Según la introducción de Montague Summers a la edición inglesa de 1948: «El *Malleus* estaba en el púlpito de cada juez, en la mesa de cada magistrado. Era la autoridad última, irrefutable e indiscutible». Como tal, marcó las pautas para definir a las brujas (es decir, mujeres), y establecer la manera de castigarlas (con brutalidad). Por consiguiente, aunque las ideas sobre las promiscuas adoradoras del diablo sin duda ya existían con anterioridad, es justo y necesario decir que el *Malleus Maleficarum* se convirtió en el broche final. No fue solo el modelo de una *femme fatale* lo que Kramer contribuyó a crear, sino el de una *femme infernale*.

Una imagen vale más que mil palabras, y hubo un segundo texto que también sirvió de instrumento para codificar las imágenes que se tenían de las brujas. En 1489, un erudito en leyes de origen alemán llamado Ulrich Molitor escribió *De lamiis et pythonicis mulieribus* (algo así como «lamias y pitonisas») como reacción a *Martillo de brujas*, que en diversos puntos refutaba algunas de sus afirmaciones. Pero lo que quizá es más significativo sobre la obra de Molitor es que viene acompañada de seis grabados realizados por un artista anónimo, posiblemente las primeras ilustraciones de brujas que se reprodujeron extensamente, con títulos como, por ejemplo, «Dos brujas cocinando una tormenta», «Brujas transformadas vuelan por el cielo montadas en una horquilla», y «Bruja y diablo abrazados». Estos seis dibujos cimentaron aún más la imagen de la bruja como una transformista lasciva, con el pelo suelto y las piernas bien abiertas. El libro volvió a publicarse en más de veinte ediciones ilustradas que vieron muchos de los artistas más prominentes de Alemania, que luego plasmarían sus propias representaciones de esas mujeres tentadoras, provocativas y amantes de los hechizos.

Algunos artistas de la época, como Albrecht Durero y su discípulo Hans Baldung Grien, recibieron la influencia de estos textos de brujería y de las imágenes que se editaron, y empezaron a incluir el personaje de la bruja promiscua en su propio «gabinete de arte». Eran obras que adquirían hombres ricos para sus colecciones particulares, y muy privadas, por cierto, que constituían lo que Yvonne Owens llama «pornografía religiosa inspirada en los clásicos». Los grabados de Durero, Baldung y algunos de sus discípulos mostraban a mujeres desnudas de todas las edades haciendo brujería y, por consiguiente, invocando a demonios y a otras fuerzas destructivas. Para ellos esas imágenes eran de una dualidad solapada. Por un lado, servían de alegorías ilustradas sobre la moralidad, que advertían al espectador, tal y como Linda C. Hults expresa, «para que controlara a sus mujeres si no quería que el diablo usurpara su autoridad». Al mismo tiempo, las imágenes eran abiertamente excitantes, para que los coleccionistas sintieran la comezón de la excitación. Como sucede casi siempre cuando se trata de excitar, la vergüenza y los juicios entraban en la ecuación: mira bien, y mira con todo detalle, esta cosa que es terriblemente mala…

Imágenes alarmantes y lascivas anécdotas sobre estas malvadas adoradoras del diablo se convirtieron en virales. Aparecían en libros y en ilustraciones de artistas, en los sermones de los predicadores, en las preguntas fundamentales de los procuradores que actuaban contra la brujería y en los mismos rumores que circulaban entre la ciudadanía. El poder de la sugestión no puede infravalorarse porque son muchos los elementos similares que se muestran repetidamente en las supuestas confesiones de las decenas de millares de personas que fueron acusadas de practicar brujería en Alemania, Francia, Suiza, Italia, España, Dinamarca, Escocia, Irlanda, Inglaterra, Islandia, Hungría, Polonia, Rusia, Luxemburgo y los Países Bajos.

Existen muchos textos sobre la dureza de la vida cotidiana de esos países en la época, con una alta tasa de mortalidad infantil, unas condiciones climáticas extremas, enfermedades de muy diversa índole y dificultades económicas. Estas luchas volvían vulnerables a las personas, que buscaban alguna que otra cabeza de turco para defenderse... o bien algún que otro demonio con pezuñas de cabra y a su amante bruja, en este caso. Los vecinos llegaban a acusarse entre sí de brujería, y se culpaban los unos a los otros de las desgracias que habían caído sobre sus familias.

El resultado fue espantoso. A pesar de que es imposible determinar un número exacto, los historiadores contemporáneos estiman que más de doscientas mil personas en Europa Occidental fueron acusadas de practicar brujería, y aproximadamente la mitad perdió la vida por esa razón. Se celebraron juicios en todo el continente. Y las prácticas para identificar a las brujas eran extremadamente dolorosas, humillantes y a veces letales. Los cazadores de brujas examinaban los cuerpos de las acusadas para ver si llevaban «la marca del diablo», que significaba que habían sellado un pacto infernal con Satán, quien lo habría hecho en persona con un hierro candente o rasgando con sus garras la carne de las brujas. También buscaban «la teta de la bruja», que era un pezón extra que se creía que tenían las brujas para que su familiar o su diablillo lo succionara. Los lunares, las protuberancias, las despigmentaciones o las manchas de nacimiento en la piel de las acusadas eran considerados sospechosos, y eran perforados con una aguja. Y luego se hacía también «la prueba del agua». Ataban la cintura de la sospechosa con una cuerda, y luego la lanzaban a un lago o a un río. Si flotaba, significaba que era culpable, porque el agua «rechazaba» la maldad de la bruja. Si se hundía… ¡Uy, si se hundía! Entonces resultaba que, desgraciadamente, era inocente. A menudo las acusadas eran torturadas hasta que confesaban o morían, una de las dos cosas. En otras ocasiones, las encarcelaban sin esperanza alguna de poder llegar a ser liberadas. Las brujas que habían demostrado serlo eran ejecutadas directamente, en general por cremación o con la horca.

A pesar de que es cierto que acusaron a personas de ambos sexos de brujería, se estima que entre el 75 y el 80% de las que morían asesinadas eran mujeres. Circulan muchas teorías sobre cuál pueda ser la razón, y se citan desde cuestiones socioeconómicas hasta creencias bíblicas. Pero si recordamos la vehemencia del *Malleus Maleficarum*, creo que es más sensato atribuir el libro a una misoginia generalizada de lo más anticuado.

En cualquier caso, queda claro que a partir de finales del siglo xv y durante los siglos posteriores una de las imágenes primordiales de la bruja con que se alimentaba el imaginario de los ciudadanos era la de una hembra satánica y sexualmente pervertida. Queda claro también que prácticamente todos esos relatos fueron encargados por hombres: papas, predicadores, demonólogos, magistrados, artistas, escritores... No hay duda de que los que acusaban a la gente de brujería pertenecían a ambos sexos. Pero incluso en el peor de los casos, ese por el que una mujer señalaba a otra como culpable, terminaba siendo distorsionada por un tío.

Durante el primer año que estudié en el instituto leí *El crisol*, de Arthur Miller, la obra de teatro de 1953 que es la principal responsable de introducir en la conciencia popular del siglo xx la historia de los juicios a las brujas de Salem. Y la historia de uno de los personajes protagonistas, Abigail Williams, la que remueve el caldero de las brujas, es un ejemplo bastante adecuado de cómo el cuelgue sexual de un escritor puede contribuir a dar una nueva forma a la realidad.

Al inicio de la obra de Miller, el reverendo Samuel Paris está muy inquieto porque su hija de diez años, Betty, está acostada en la cama y no puede moverse. La ha visto bailando en el bosque, con su sobrina de diecisiete años, Abigail Williams, su esclava Tituba y unas diez o doce chicas. El público terminará por enterarse de que Abigail y su grupo de hecho están haciendo una especie de ritual mágico que involucra derramamiento de sangre y van desnudas; y que Abigail intenta hacer un maleficio letal sobre Elizabeth Proctor, la esposa de su antiguo jefe y amante, John Proctor, que tiene unos treinta años de edad. A pesar de que el reverendo Parris en realidad no conoce la intención del ritual, teme que la gente del pueblo piense que están haciendo brujería, una conclusión que amenazaría con dar al traste con su sustento y mancharía su buen nombre de cristiano.

Entra John Proctor, y a continuación hay un diálogo con Abigail en el que se nos dice que la despidieron como doncella porque la esposa de Proctor, Elizabeth, descubrió que ambos tenían una aventura amorosa. Abigail lo busca con la lujuria pintada en el rostro, diciéndole con insistencia que si él todavía sigue allí, es porque aún siente algo por ella. Proctor lo niega:

PROCTOR: Abby, eso que dices es una barbaridad...
ABIGAIL: Los bárbaros decimos barbaridades.

Proctor le dice que olvide la aventura que tuvieron, porque ya pasó. Y sus comentarios provocan que la chica estalle con lágrimas en los ojos: «Tú me querías, John Proctor, y aunque sea pecado, ¡no has dejado de quererme!». Pocas personas hay en Salem con más rabia que una obsesa sexual que ha sentido el desprecio de su amante.

Poco después de esta escena, Abigail responde a las preguntas de otro reverendo sobre las actividades que estaba realizando en el bosque. Como no desea que se descubra la maldición que le echaron a Elizabeth Proctor, acusa a Tituba de obligarlas a hacer el ritual. La esclava empieza por negar los hechos: «¡Yo no hago pactos con el diablo!». Pero cuando la amenazan con morir en la horca, Tituba dice que le dijo al diablo que no trabajaría para él. E intentando librarse de toda culpa, dice desesperadamente: «Señor reverendo, creo firmemente que otra persona ha estado embrujando a estas niñas [...]. El Diablo se ha procurado muchas brujas».

Estas brujas podrían ser cualquiera, y estar en cualquier parte. Todos sabemos lo que pasa a continuación.

Como si estuvieran poseídas, Abigail y Betty empiezan a gritar los nombres de varios habitantes del pueblo y a acusarlos de haberlos visto con el diablo.

El juicio de Salem comienza. Nos dicen que las chicas del pueblo se están comportando como si hubieran sido embrujadas, porque gritan, se tiran al suelo y padecen convulsiones. Las acusaciones van en aumento, y terminan metiendo en la cárcel a varios habitantes del lugar.

Un poco más adelante en la obra nos enteramos de que Abigail ha acusado a Elizabeth Proctor de usar un muñeco ritual para apuñalarla en el estómago. John Proctor va a los tribunales a defender a su esposa, pero no tarda en descubrir que su propio alegato es puesto en tela de juicio. Cuando su sirvienta, Mary Warren, testifica y dice que las excentricidades de las chicas son bromas de jovencitas, Abigail la acusa de hacerle un encantamiento y de desencadenar un viento helado. Finalmente grita: «¡Padre celestial, llévate esta sombra!».

Proctor, convencido de que está mintiendo, alza la voz y dice: «¿Cómo te atreves a invocar a los cielos? ¡Puta, no eres más que una puta!».

Finalmente confiesa que tuvo una aventura con Abigail para demostrar que la chica tiene motivos para desear que cuelguen a su esposa.

PROCTOR: ¡Esa cree que bailará conmigo sobre la tumba de mi esposa! Y así habría sido, porque la tenía en muy buen concepto. Que Dios me ayude, porque caí presa de la lujuria, y siempre, en todo lecho, se hace una promesa. Pero esto es la venganza de una prostituta, y así hay que ver las cosas…

Elizabeth, ignorando que su esposo ha admitido los cargos, sube al estrado, y cuando le preguntan si su marido ha tenido una aventura, ella lo niega para salvarle la reputación, pero lo que termina consiguiendo es que lo encarcelen. El juicio se acerca a su fin, y las últimas palabras de John Proctor en escena son: «¡Estáis condenando al cielo y elevando a una puta a los altares!».

En el último acto sabemos que Abigail ha desaparecido después de robar los ahorros del reverendo Parris, y que ha huido en barco con otra de las chicas. John Proctor está a punto de ser ejecutado, y la única manera que tiene de salvarse es «confesar» que estaba en alianza con Satán y citar a otras personas que puedan haber estado «con el diablo». Proctor empieza a hablar, pero no consigue reunir fuerzas para terminar su discurso. Y entonces decide que más vale morir colgado a que cuelguen a otros, y sale escoltado de escena para morir. El reverendo le pide a Elizabeth que le suplique a su esposo que cambie de parecer: «¡Ve con él! ¡Libérale de esta vergüenza!».

Sin embargo, la mujer responde: «Ahora ha encontrado su bondad. ¡Dios no permita que yo se la arrebate!».

Es una historia de un dramatismo absoluto. ¿Quién va a resistirse a las palabras de una Jezabel sexy y hechicera que provoca la caída de su examante e incita a realizar una masacre en el pueblo por el que está de paso? La Abigail Williams de *El crisol* es una destructora de hogares con ínfulas de prostituta, y también una bruja adolescente, cuya rabia y engaños envían a un inocente a la muerte. Es más, termina saliéndose con la suya, y apesadumbrados pensamos en Proctor, condenado, y en su pobre y pura esposa.

Como alegoría también es muy efectiva. Después de todo, el intento primordial de Miller al escribir la obra fue establecer un paralelismo entre la histeria de Salem y el macartismo de su época, durante los años 1950, en que centenares de inocentes fueron investigadas por ser presuntamente comunistas bajo la dirección del senador Josep McCarthy, y obligadas a personarse en audiencias celebradas por el Comité de Actividades Antiamericanas. A los acusados se les animaba a dar los nombres de personas que podrían simpatizar con el comunismo; en caso contrario, corrían el riesgo de perder la posibilidad de ganarse el sustento o ser encarcelados.

Miller quería demostrar que, aunque esos sucesos ocurrieron 250 años antes, ambos fueron ocasionados por la paranoia y por querer echar la culpa al otro, que puede corroer a la sociedad desde dentro. Su obra es una de las razones primordiales por las que usamos el término «caza de brujas» en la actualidad para describir cualquier circunstancia en la que una comunidad intenta con agresividad desarraigar a sus propios transgresores, generalmente bajo falsas acusaciones (de lo que ya hablaremos más adelante). No hay duda de que *El crisol* se ha convertido en una de las grandes obras maestras del teatro de Estados Unidos en toda la historia. Ganó el Tony a la Mejor Obra de Teatro cuando debutó en Broadway en 1953, ha sido objeto de innumerables producciones por todo el mundo y sigue estando presente en los programas de los institutos varias décadas después de ser estrenado. *El crisol* nos enseña lo que fueron los juicios de Salem, y cómo su legado siempre se ha relacionado con la historia de Estados Unidos.

Yo estaba estudiando mi segundo año en la universidad cuando salió la adaptación de la obra al cine, en 1996, y era muy creíble que Daniel-Day Lewis, interpretando a John Proctor, se enamorara de Winona Ryder, que interpretaba a Abigail Williams, con lo guapísima que era. Según el guion cinematográfico (que también escribió Miller), la lujuria inicial que sienten el uno por el otro, y la violenta arremetida de las histéricas acusaciones de Williams cuando él la rechaza, termina siendo la perdición de Proctor.

De todos modos, lo que sucedió fue lo siguiente:

La auténtica Abigail Williams no solo tenía once años durante la celebración de los juicios de Salem, en lugar de diecisiete (y, por supuesto, no tenía veinticuatro, que era la edad de Ryder cuando apareció en la película). Y en cuanto a John Proctor... Pues el hombre tenía sesenta años, no estaba en la treintena, como escribe Miller, edad que tenía Daniel Day-Lewis cuando hizo el papel. No hay pruebas de que existiera una relación sentimental entre Abigail y John como-se-llame, y ni siquiera trabajaba en casa de los Proctor.

De la misma manera, no hay pruebas que demuestren que se celebraban reuniones en los bosques, y, qué duda cabe, que hubiera gente desnuda a la que le sorbieran la sangre.

Como dramaturgo, Miller se arroga una licencia creativa, y además realizó otras elecciones teatrales que contradicen abiertamente los registros públicos. Como afirma en descargo de su responsabilidad al principio del guion: «Esta obra no es historia en el sentido en que usamos la palabra los historiadores académicos». Hay algunos personajes claves en la obra que en realidad son una combinación de distintas personas que existieron, y tanto Cotton Mather como el marido de Tituba, John Indian, no salen para nada. Tituba, la esclava «negra» que practica vudú, de hecho era muy parecida a una india sudamericana (algunos lanzaron la hipótesis de que procedía de un pueblo arawak, que en la actualidad estaría situado en las Guayanas o en Venezuela), y que fue vendida a la plantación de azúcar que la familia de Parris tenía en las Barbados.

Miller tomó algunas de estas decisiones a conciencia, y otras quizá las basara en algunos libros de historia que contenían falacias y que Miller estaba leyendo en su momento. Pero está claro que el hilo conductor primordial del argumento de la obra (una bruja adolescente lasciva que va en busca de venganza) fue un invento total por su parte.

Lo que Williams y sus incontenibles compatriotas hicieron fue terrible, y hay quien diría incluso, imperdonable. Las acusaciones y los testimonios de Williams fueron en gran parte responsables de las ejecuciones reales de diecinueve seres humanos y de las muertes de otras tantas personas. ¿Quién sabe por qué lo haría? Quizá sufría alucinaciones por haber ingerido alcaloides del cornezuelo de centeno, como han sugerido algunos estudiosos. Quizá estaba embrujada de verdad, o padecía un trastorno de conversión, lo que en la actualidad se llama «histeria». Quizá tan solo fuera una adolescente que vivía en una sociedad muy opresiva y necesitaba desesperadamente abrir una válvula de escape para desfogarse: una niña a la que pillan con las manos en la masa haciendo cosas malas con la ayuda de otro y que miente para cubrirse las espaldas, y esas mentiras la arrastran a tener ilusiones fatales. Yo podría hacer de Arthur Miller e inventar una historia de mi puño y letra: decir que una jovencita fue víctima de abusos por parte de un ciudadano mayor y que perdió el control porque todo aquello era demasiado para que pudiera procesarlo. Pero eso serían invenciones, basadas nada más y nada menos que en mis propias imaginaciones calenturientas y sesgadas, e influidas por las conversaciones y acontecimientos de mi propio tiempo y lugar.

No sabemos a ciencia cierta lo que le sucedió a Abigail Williams en realidad tras los juicios de Salem. Según los documentos judiciales, prestó testimonio por última vez el 3 de junio de 1692, y luego desapareció de la vida pública completamente. Sus actividades y paradero siguen siendo un misterio para los historiadores, y el lugar donde yace su tumba es desconocido.

De todos modos, en el epílogo de la obra de Miller, el autor escribe: «La leyenda dice que Abigail se convirtió un tiempo después en una prostituta que trabajaba en Boston».

El crisol presenta a John Proctor como a una especie de mártir, un hombre orgulloso que prefiere enfrentarse a la muerte antes que mentiras diabólicas arruinen su buen nombre. Parece que Miller se vio reflejado en Proctor. Después de todo estaba angustiado cuando el director Elia Kazan, amigo y colaborador recurrente, prestó testimonio en el Comité de Actividades Antiamericanas en 1952, y traicionó a varios colegas dramaturgos y actores cuya tendencia era de izquierdas. Cuando Miller fue citado en persona ante dicho comité, en 1956, se negó a dar nombres de supuestos comunistas, y, por consiguiente, lo pusieron en la lista negra de Hollywood.

Sin embargo, al escribir esta obra, Miller dio al nombre de la joven Abigail un barniz sexual que influiría en las generaciones posteriores.

Miller formaba parte de una selecta tradición, dado que a lo largo del siglo xx las brujas fueron un tema recurrente en todo lo erótico. En la década de los 1920, el fotógrafo de Hollywood William Mortensen inició una serie de fotografías llamada *Compendio pictórico de brujería y demonología*. Contenía imágenes de mujeres desnudas posando con espíritus macabros, brujas desnudas en estado de éxtasis volando en escobas y herejes desnudos atados con cadenas o con estacas de madera clavadas en la piel, y eso añadía un cierto sadismo y masoquismo a las películas de tono erótico. A pesar de que en la época había quien consideraba esas películas de mal gusto (Mortensen se ganó el sobrenombre del Anticristo, que se lo dio Ansel Adams), estos retratos han vuelto a exponerse en galerías y museos, y son notables no solo por la temática sensacional que presentan y por las impresionantes composiciones, sino también por las inventivas técnicas de manipulación de la fotografía que hizo Mortensen.

Las décadas de los 1960 y 1970 fueron testigos del desarrollo y despliegue del género de brujas promiscuas. Las películas que explotaban la figura de la bruja y las ediciones de cómics salieron a escena, con títulos como *Virgin Witch* y *Bitchcraft*, en las que se representaban imágenes de zorrones enzarzadas en actividades depravadas, desnudas y dedicadas al ocultismo. Algunas de estas películas, como el documental *Witchcraft '70* se hicieron con el fin de educar al público sobre lo que era la brujería moderna, incluyendo en ella una gran cantidad de imágenes de sexo perverso y brujeril. Otros llegaban más lejos con su concupiscencia. La película alemana de 1970 *Mark of the Devil* trataba de un cazador de brujas de la Austria del siglo XVIII, y fue muy famosa por unas escenas muy gráficas de unas mujeres hermosas que eran torturadas. Fue «clasificada X por su violencia», según anunciaba el cartel, y se entregaban bolsitas para vomitar con las palabras «Náuseas garantizadas» como material de promoción.

La década de los 1970 también fue testigo de la nueva manera de pensar de los estudiosos, que hacía aumentar la creciente reputación de las brujas. Se contaba ya con mucha documentación sobre el «ungüento de volar» que supuestamente usaban las brujas para ir volando al Sabbath y que ya se sabía que lo más probable era que no estuviera fabricado con miembros de bebés. Hay escritos que se remontan al *Magia Naturalis* de Giambattista della Porta, de 1558, que afirmaba que probablemente se tratara de un ungüento hecho con plantas alucinógenas como la belladona, que provocaba visiones fantasmagóricas y la sensación de que uno estaba volando. De esta manera, las historias de las brujas voladoras, que bailan y se tiran a los demonios resultan ser falsas; solo eran viajes alucinantes, largos y extraños. Sin embargo, fue el antropólogo Michael Harner quien en 1973 escribió el libro *Hallucinogens and Shamanism* y aportó la idea de cómo debían de haberse aplicado el ungüento. Según Harner, las brujas se asociaban a las escobas porque las mujeres usaban los palos como un «aplicador de una planta que contenía atropina y se introducía en las sensitivas membranas de la vagina de la mujer...». En otras palabras, los palos de las escobas debieron de ser unos consoladores psicotrópicos que daban a las mujeres un viaje de los buenos.

Al crecer como judía no me educaron pensando en el demonio, el infierno o incluso el pecado. De todos modos, aprendí de primera mano que el lado oscuro puede ser muy tentador. Antes de la pubertad, tendía a enamoriscarme de chicos con cara infantil: Davy Jones, de los Monkees; Joey McIntyre, de New Kids on the Block; Macaulay Culkin, de *Solo en casa*, aunque sabía que nuestro amor estaba condenado al fracaso porque él era mucho mayor que yo (yo tenía nueve años entonces, y él diez). Eran chicos que parecían querubines, para nada inquietantes, y que hacían que se me disparara el corazón. Pero a medida que fui haciéndome mayor, fueron dos personajes malévolos los que hicieron que prendiera fuego en mí una zona más baja que la cardíaca: Jareth, el rey de los Goblin en *Laberinto*, interpretado con libertino aplomo por David Bowie luciendo bragueta, y Frank N. Furter en *The Rocky Horror Picture Show*, interpretado con un deleite encorsetado por Tim Curry.

Ahora me sorprende que los dos personajes fueran sexualmente ambiguos (u omnívoros, en el caso de Frank), dos tipos que iban maquillados y de los que uno podía pensar que escapaban de los límites de la decencia. Pero al margen de este reto ante los roles sexuales, Jareth y Frank se parecen en otro sentido: son unos traficantes de pecados con clientes ingenuos e inocentes, y los dos están para comérselos en pantalla. Sé que la intención era dar una imagen vil y ruin, pero yo los encontré fascinantes.

La heroína de *Laberinto*, Sarah, interpretada por una joven

Jennifer Connelly, es una morenita de quince años que vive en un barrio residencial y está obsesionada con la magia y las fantasías. Apenada por tener que hacer de canguro de su hermanastro pequeño una noche, entona un cántico hechicero para que Jareth, el rey Goblin, venga y se lleve a su hermanito Toby. A su pesar, su deseo se convierte en realidad y Toby es secuestrado. La joven tiene que deshacer el entuerto e ir a rescatarlo al reino labertíntico de Jareth, quien le pone muchas trampas y recurre a los trucos para desbaratar sus planes, pero es que además tiene otros motivos: quiere seducir a Sarah y conseguir que lo adore durante toda la eternidad.

En una escena que recuerda a Blancanieves y la manzana envenenada, Sarah recibe un melocotón que Jareth ha drogado, y la chica cae en un trance alucinógeno. Sueña que es transportada a un baile de disfraces en el que Jareth aparece portando una máscara con cuernos. Bailan una canción lenta llamada «As the World Falls Down», y Sarah queda como poseída por él y permanece boquiabierta durante tres minutos en pantalla. De repente, un reloj de pared da las horas, y la joven sale de su estupor como si hubiera recibido una sacudida. Cuando se despierta, descubre que está en un contenedor de basura y no recuerda lo que ha ocurrido.

Ahora que soy adulta y he vuelto a pensar en esa escena, veo lo perturbador que resulta la diferencia de edad (Connelly tenía quince años cuando interpretó el papel, y Bowie, casi cuarenta), por no mencionar lo inquietante que resulta ver a una mujer dopada con mercancía fresca. Pero de joven a mí no se me ocurría pensar en la dinámica de géneros ni en que tuviera que pedirse autorización para el sexo. La primera vez que recuerdo que uno de los malos me resultó atractivo fue cuando vi *Laberinto*. Ignoro si estaba bien o si estaba mal, pero lo único que sé es que ese actor me puso bastante.

Y esa era la intención. Jim Henson, el director de la película, quería contratar a una estrella del rock que exudara carisma y *sex appeal*, y David Bowie sin duda alguna cumplía con los dos requisitos (parece ser que Michael Jackson también estaba anotado en la breve lista de Henson). Brian Froud, el artista conceptual de *Laberinto* (y legendario ilustrador por derecho propio), explicó que querían que Jareth fuera una mezcla de los deseos de Sarah. Como contó a la revista *Empire* en 2016: «No buscamos el realismo, nos metemos en la cabeza de esa chica […]. En su vestuario encontramos muchísimas referencias. Vemos el peligro que representa todo chico vestido de cuero, con su cazadora, que también guarda un cierto paralelismo en la armadura de un determinado tipo de caballero alemán; hay referencias a Heathcliff, de *Cumbres borrascosas*; y los pantalones ajustados son un referente de los bailarines clásicos. Es una amalgama de las fantasías interiores de esta chica».

Por supuesto, en realidad todo es una proyección de las fantasías de un hombre sobre lo que cree que desea una adolescente; una fantasía inspirada en otra fantasía, por decirlo de algún modo. Pero en mi caso, al menos, acertaron de pleno, por eso lo pasaré por alto.

Al final de la película, Jareth y Sarah se enfrentan por última vez. Ella procura activar el encantamiento mágico que derrotará al rey Goblin y la liberará, tanto a ella como a su hermano, pero no logra recordar el final. De repente, le viene a la mente. Le mira directamente a los ojos y le dice: «Tú no tienes ningún poder sobre mí».

Las palabras rompen el pacto original que la muchacha hizo con Jareth (por no hablar de que recuerda, y concuerdan, con las palabras que Glinda dice a la Bruja Malvada del Oeste en *El mago de Oz*: «Aquí no tienes ningún poder. ¡Fuera de aquí!»). Y lo que sucede a continuación es que Sarah regresa a su casa, y que su hermano pequeño ya está sano y salvo en su cuna.

Adoro los trajes opulentos de *Laberinto*, la magia de las marionetas de Henson y Froud, la irresistible banda sonora (sigo considerando «Underground» una de las mejores canciones de Bowie, y te desafío a que me digas lo contrario). Creo que su mensaje feminista sobre la joven que usa su ingenio para rescatar a un muchacho y para rechazar a un hombre que quiere abusar de ella consigue compensar los defectos. La búsqueda de Sarah es uno de los primeros ejemplos del viaje del héroe campbeliano que recuerdo haber visto con una fémina en su papel central.

Si queremos ser objetivos, el rey Goblin es un manipulador que quiere convertir a una menor en su presa y representarse a sí mismo como la víctima. Las últimas palabras que le dirige Sarah son un mantra de victoria, que sigue poniéndome la piel de gallina cuando lo oigo. Es la afirmación máxima que puede hacer toda mujer, o cualquiera, en realidad, que al final reconoce sus propias fuerzas y se libera. Es algo que conozco, y que sé mentalmente. Y también es algo que conozco y sé de corazón.

De todos modos… Sigo diciendo que los pantalones de Bowie son lo más.

El personaje de Frank N. Furter de Tim Curry incluso es más gótico y transgresivo que el rey Goblin de Bowie. *The Rocky Horror Picture Show* se estrenó en 1975, once años antes de *Laberinto*, pero me vino a la conciencia después. Era una adolescente cuando la alquilé en el Blockbuster de mi barrio. Unos labios cubiertos de sangre roja en la tapa del VHS y la cara *gore* que se veía en ella me infundieron mucho respeto, y me dije a mí misma que podría parar la película en cualquier momento si me daba mucho miedo. El hecho de que fuera una comedia fue una de las primeras sorpresas que me llevé con esa obra.

Frank N. Furter no se parecía en nada a lo que yo había visto anteriormente: era un hombre que medía un metro ochenta y tres centímetros de altura, llevaba unas medias hasta el muslo, unos zapatos de plataforma de cuero de ley y un corsé de lentejuelas, y además lucía unos bíceps protuberantes. Es un tanto siniestro, pero muy seductor; un hombre que se deja llevar por una lujuria inacabable. A mitad de camino entre el doctor Frankenstein y Drácula, crea un esclavo sexual llamado Rocky en su laboratorio. Además se acuesta con una pareja que va a verlo, Janet y Brad (interpretados por Susan Sarandon y Barry Bostwick, respectivamente), en uno de los más tempranos ejemplos que ha dado el cine de bisexualidad. Janet en concreto se transforma y pasa de ser una señora correcta y más bien puritana a convertirse en un endemoniado ser sexual que va a por todas y corretea por el castillo en bragas y sujetador, se acuesta con Rocky rompiendo su compromiso matrimonial con Brad traicionando al mismo tiempo a su anfitrión. A lo largo de la película, a Frank lo acompaña un séquito de tipos raros y libertinos, y el ambiente que se respira en la casa compartida termina siendo como el que impera en una bacanal. En un número musical que alcanza el clímax, canta la siguiente letra:

> Entrégate al placer absoluto,
> nada por las cálidas aguas de los pecados de la carne.

Al final queda claro que Frank también es un tirano y un asesino, y sus seguidores terminan por dar un golpe de estado que le conduce a la muerte. Nuestros diablos deben ser vencidos, sobre todo los que de entrada parecen muy atractivos. Pero, oh..., cómo lamenté su pérdida. El mundo me pareció mucho menos interesante sin la delirante falta de moderación de Frank.

Jareth y Franklin son vencidos con razón y por sentido de la justicia, porque los dos son unos auténticos malvados, a pesar de las despampanantes ingles que muestran.

Ahora bien, confieso que estas películas me dejaban con un regusto a azufre, y deseaba que el diablo nunca recibiera su merecido, y que la chica se corriera de lo lindo.

El historiador Jules Michelet comprendió la atracción que inspiraba el Príncipe de las Tinieblas cuando escribió el ya mencionado y compasivo libro sobre las brujas *La Sorcière* en 1862. Sentía que no podía culparse a las mujeres de la Edad Media por convertirse al satanismo. En su opinión, eran mujeres que sufrían abusos, se las menospreciaba y se les decía que eran sucias, y que por eso buscaron una alternativa que les diera más poder. En sus propias palabras: «El diablo solo, aliado de las mujeres desde muy antiguo y su confidente en el Jardín del Edén, y la bruja, la criatura perversa que lo vuelve todo del revés y lo pone todo patas arriba, entra en contradicción directa con el mundo de la religión, del que nunca se creyó que fuera responsable de la infelicidad de las mujeres, que nunca se atrevió a pisotear las costumbres y a cuidar de su salud a pesar de sus propios prejuicios».

La maravillosa novela *Lolly Willowes* de Sylvia Townsend Warner abunda en esta línea de pensamiento. Empieza presentándonos a Laura Willowes justo después del fallecimiento de su amado padre, que la deja sin ataduras domésticas. Corre el año 1902 y Laura, una solterona que ya ha alcanzado esa madurez que comportan los veintiocho años, se ve presionada a mudarse a la residencia londinense de su hermano y a vivir con la esposa de él y sus dos hijas, que la llaman tía Lolly (nombre que ella no puede soportar). Laura acusa mucho la pérdida de la época en que se dedicaba a la botánica, a preparar infusiones y a retozar por los campos, actividades que le resultaban muy queridas, y encuentra la vida de Londres terriblemente aburrida, con sus rutinas, sus remilgos y sus interminables obligaciones, sobre todo porque termina desempeñando el papel de niñera de sus dos aburridas sobrinas. Nunca tiene tiempo de callejear a solas, porque «ella les resultaba tan útil que no podían permitirse el lujo de dejar que se fuera por ahí». Al cabo de veinte años de dedicarse a sus deberes familiares, y tras el advenimiento y el término de una guerra, Laura siente desesperadamente que necesita un cambio.

Cada otoño empieza a sentir el oscuro impulso de escapar: «Se devanaba los sesos por algo que eludía su experiencia, algo sombrío y amenazador, y que, sin embargo, resultaba en cierta manera agradable». Con el tiempo termina acostumbrándose a esta «fiebre otoñal recurrente», y se la trata dando largos paseos bajo la luz crepuscular y cogiendo ramos de flores raras hasta que la estación da paso a la siguiente.

Un día se tropieza con un tendero cargado con productos del campo. Y Laura se encuentra soñando despierta entre ciruelas, nabos y mermeladas caseras, imaginando su idílico punto de origen. Compra un ramo de crisantemos, y el florista le añade un ramillete de hojas de haya. El conjunto despierta en Laura un sentimiento de anhelo: «Huele a bosque, a los bosques umbríos y crepitantes como aquel a cuyo lindero acudía ella tantas veces en el campo de sus fantasías otoñales».

Y, de pronto, Laura, que ya tiene cuarenta y siete años, decide que se mudará al campo y vivirá sola. Responderá por fin a esa tenebrosa llamada.

A pesar de las protestas de su hermano, se traslada a vivir a una casa de la aldea de Great Mop y alquila unos aposentos a la casera, una señora llamada Leak. Laura no tarda en enamorarse de su nuevo hogar y se da cuenta de los profundos sentimientos que le inspira ese entorno natural y su floreciente independencia.

Sin embargo, las cosas se truncan cuando su sobrino, Titus, se va a vivir con ella. La presencia de ese joven gregario la perturba, y vuelve a adoptar el papel de la tía sumisa. Laura se desespera porque desea recuperar esa vida privada que llevaba en los bosques. Un día, dando uno de los raros paseos que hacía en soledad, grita a la tierra desolada: «Ay, ¿es que nadie puede ayudarme?». Siente entonces que algo cambia en el ambiente, y se da cuenta de que alguna cosa, o alguien, la ha oído. Cuando regresa a su casita del campo, ve que ha aparecido un gatito blanco como por arte de magia. Cuando Laura se acerca a acariciarlo, él la araña y le hace sangre, y luego se aovilla para echarse a dormir. De inmediato la mujer cae en la cuenta: «Laura Willowes, en Inglaterra, en el año 1922, acaba de hacer un pacto con el diablo». Este gatito es ahora familia suya, y ella se ha convertido en una bruja.

En la tercera y última parte del libro vemos que asiste al Sabbath de las brujas, donde se entera de que la señora Leak y la mayoría de los habitantes del pueblo de Great Mop en realidad son brujas. Durante los días siguientes, su sobrino vive una serie de acontecimientos desagradables: se le corta la leche en el vaso y le pica una avispa; y al final se enamora y se marcha del pueblo con su nueva prometida. Laura se queda al fin sola gozando de su nueva identidad de bruja. Se da cuenta de que había sido el objetivo de Satán desde que se fue a vivir a Londres, y que fue él quien la sedujo para que adoptara esta nueva vida de libertad. Ella lo llama «el amante cazador» (que también es el subtítulo del libro), porque aunque se haya convertido en su presa, la ha capturado con infinita gracia, y ese acto ha provocado que Laura alcance la auténtica felicidad.

Al final del libro, se reúne con el diablo, y ella le dice que la ha salvado:

> Creo que sois como un caballero negro que va galopando en auxilio de las damas en decadencia. [...] Por eso nos convertimos en brujas: para mostrar nuestro desprecio ante los que fingen que la vida es algo seguro, para satisfacer nuestra pasión por la aventura. [...] Una no se convierte en bruja para corretear por ahí con la intención de hacer daño, y tampoco para ir por ahí brindando su ayuda, como una inspectora de distrito que va montada en una escoba. Lo hace para escapar de todo eso; para tener una vida propia.

Lolly Willowes fue un éxito de ventas desde el mismo año de su publicación, pero luego cayó en un relativo olvido hasta que el *New York Review of Books* volvió a editarla setenta y tres años después, en 1999. Yo no la conocí hasta 2011. Tenía ya treinta años, y la obra pasó a formar parte de mi propio panteón literario. Me conmovió esta historia de una mujer que rechazó las expectativas que la sociedad le impuso y se atrevió a dar rienda suelta a una llamada más poderosa. Su amante cazador no era malvado. Al contrario, la rescató de la maldad de las convenciones patriarcales. Esa mujer vivía asfixiada, y él le dio cancha para que actuara dando rienda suelta a su máximo potencial.

Eso me recuerda a otra mujer que escribió al mismo tiempo que

Warner. En el libro de conferencias que Virgina Woolf publicó en 1929, *Una habitación propia*, la autora escribió: «Ahora bien, cuando leemos que han sumergido a una bruja, que una mujer ha sido poseída por el diablo, o que una mujer sabia ha estado vendiendo hierbas, o incluso vemos que se cita a la madre de un hombre venerable, pienso que estamos tras la pista de una novelista perdida, una poetisa eliminada, una Jane Austen muda e ignominiosa, una Emily Brontë que se devana los sesos paseando por los páramos o limpiando y desbrozando los caminos y que termina perdiendo el juicio por la tortura que su don le había infligido. Me aventuraría a sugerir, sin ningún género de dudas, que Anon, que escribió muchos poemas sin firmar, era una mujer».

No sé lo que *Lolly Willowes* estará dispuesta a hacer tras su encuentro con su diabólico redentor. Quizá escribirá poesías o libros, o sencillamente pasará el día paseando sin rumbo fijo por los bosques. Pero me alegro de que finalmente se haya decidido.

Una última historia de liberación de infortunios: una película de terror independiente que se estrenó en 2015. *La bruja*, de Robert Eggers, ocupa un espacio en parte folklórico y en parte histórico (su subtítulo es *Un cuento de Nueva Inglaterra*), que lo convierte en el vehículo ideal para examinar este oscuro arquetipo. La película discurre en la Nueva Inglaterra colonial de 1630 y se centra en Thomasin, una puritana adolescente de piel untada con crema Noxzema y dorados cabellos que oculta bajo varias capas de una indumentaria muy sencilla, como ese corderito de Dios que en realidad es. La película empieza cuando a su padre lo expulsan del pueblo debido a sus peculiares creencias religiosas. El hombre se marcha de allí llevándose a su esposa y a sus cinco hijos para fundar un nuevo hogar, determinado a vivir una vida humilde siguiendo al Señor. Se instalan en una granja pequeña y aislada, sin nada alrededor, salvo un terreno yermo, un riachuelo y unos bosques absolutamente amenazadores. La única compañía con que cuentan, aparte de la de los mismos miembros de la familia, es un perro, un caballo, dos cabras blancas y una cabra negra a la que los niños le ponen el nombre de *Black Phillip*. Las jornadas son agotadoras, repletas de fervientes plegarias y lecturas de la Biblia, montañas de leña que cortar y maíz podrido que recolectar. Y quien parece trabajar más que nadie es Thomasin, a la que sus padres le encomiendan todas las tareas imaginables, desde ordeñar a los animales a lavar la ropa o cuidar de sus cuatro precoces hermanos, incluido el recién nacido Samuel. Un día Thomasin está jugando a «Cucú, ¿dónde estás?» con Samuel junto al agua, en el lindero del bosque, y al cabo de unas cuantas rondas de hacerle reír de alegría, se destapa los ojos y se queda horrorizada al ver que el bebé ha desaparecido. La siguiente toma muestra a una vieja bruja vestida con una capa roja que se interna en el bosque con el bebé en brazos en dirección a la cabaña donde vive. Y entonces le sigue una serie de escenas horripilantes: primero vemos al bebé iluminado por la luz de la chimenea y luego a la bruja preparando una especie de poción sangrienta con la que se embadurna todo el cuerpo y después unta la escoba. Finalmente, la vemos volar por el cielo nocturno, hacia la luna llena. Nos queda claro que la bruja ha usado al pequeño como ingrediente principal para preparar su ungüento para volar. Samuel ha quedado hecho papilla.

Mientras tanto, la familia de Thomasin empieza a desestructurarse. El dolor por la pérdida del hijo, las condiciones rigurosas de la vida rural y el extremado fervor religioso de los padres forman una nube opresiva que amenaza con ahogarlos a todos. La maduración sexual de Thomasin, además, es una fuerza desbocada de la naturaleza: su hermano Caleb empieza a mirarle el escote y su madre a culparla por todos los errores que comete. Finalmente decide enviarla a trabajar de sirvienta a otra casa. Pero antes de que eso ocurra, Thomasin y Caleb se van al bosque montados a lomos del caballo, determinados a encontrar una solución alternativa. Descubren una liebre muerta que ha caído en una trampa que hizo su padre, y se ponen muy contentos porque saben que ese alimento adicional será una bendición para la familia. De camino a casa se cruza otra liebre en su camino (presumiblemente, un familiar de la bruja o la misma bruja disfrazada de animal) que espanta al caballo y al perro. Los hermanos se separan: Thomasin cae de la montura y, del golpe, queda inconsciente, mientras que Caleb es desviado de otra manera. Va a parar a la cabaña de los bosques, y una hermosa y rolliza morena le abre la puerta y lo besa apasionadamente. Pero a continuación vemos su brazo arrugado que lo agarra por detrás. Es la bruja, que en esta ocasión se ha disfrazado de mujer glamurosa, y entonces comprendemos que Caleb está en apuros, y que su pecado de lujuria lo ha conducido por una oscura senda. Cuando regresa a la granja, aparece desnudo y sumido como en una especie de trance. Mantiene la boca cerrada, como si se la hubieran sellado, y sus padres le sacan una manzana entera de dentro. Tras varias horas de plegaria, de ver a Caleb sangrando y farfullando vocablos religiosos sumido en el delirio, el joven termina muriendo y dejando a su madre desamparada y furiosa. La mujer cree que todo es culpa de la brujería, y la familia no tarda en acusar a Thomasin de ser la bruja en cuestión. La joven niega los cargos, y a su vez acusa a sus hermanos mellizos, al chico y a la chica, diciendo que hablan con *Black Phillip*, la cabra.

Su padre, que ya no puede más, los encierra a los tres bajo llave (a Thomasin y a los hermanos gemelos) en el establo de las cabras, y entierra el cuerpo de Caleb. A partir de ahí las cosas van a peor: la bruja se aparece en el establo cerrado con llave con la boca llena de sangre de cabra. A la mañana siguiente el padre encuentra la puerta abierta del establo y a Thomasin echada en el suelo y aturdida. Las dos cabras blancas están muertas, los gemelos han desaparecido y *Black Phillip* anda suelta. En un violento *crescendo* de horror, los padres encuentran la muerte: el padre es embestido en el estómago por *Black Phillip* y le cae encima un montón de leña. La madre hace el intento de estrangular a Thomasin, pero la joven se defiende y le propina un golpe en la cabeza con un hacha.

Con la familia muerta o desaparecida, Thomasin se queda completamente sola. Mira hacia el bosque, regresa al establo de cabras, se quita algunas prendas manchadas de sangre y cae rendida de sueño con ese mismo atuendo. Cuando se despierta, es de noche. Se acerca a *Black Phillip* con una antorcha encendida y el pelo suelto.

THOMASIN: *Black Phillip*, te conjuro y te ordeno que hables conmigo.

BLACK PHILLIP [en tono seductor]: ¿Qué es lo que deseáis?

THOMASIN: ¿Qué puedes darme?

BLACK PHILLIP: ¿Os apetece saborear y degustar mantequilla? ¿O bien preferís un hermoso vestido?

Y entonces, en la frase más citada de la película, la cabra dice:

BLACK PHILLIP: ¿Querríais vivir deliciosamente?

Él le pregunta si ve el libro que tiene delante y le pide que se quite la ropa. Vemos que ese ser (la cabra ha adoptado forma humana) pone sus manos alrededor de los hombros desnudos de Thomasin. Ella dice que no sabe firmar con su nombre, y él le dice que será él quien guíe su mano.

Tras ese diálogo, Thomasin se adentra en el bosque. Ve un círculo de mujeres desnudas que bailan con frenesí alrededor de una hoguera. Las brujas empiezan a levitar. La cámara se centra en el rostro de la joven, que ríe a carcajadas y se estremece de éxtasis, mientras la luz del fuego ilumina su carne desnuda y cubierta de sangre. Se eleva hacia lo alto, hasta alcanzar las copas de los árboles, abriendo los brazos como si fueran alas.

El final de la película ha sido objeto de diversas interpretaciones. Algunos espectadores lo han interpretado como si de una tragedia se tratara: toda la familia de Thomasin se vuelve contra ella antes de caer víctima de un ser malévolo y sobrenatural. Y la joven termina por sucumbir al diablo, demostrando que las sospechas de su familia eran ciertas. Se queda huérfana y no tiene a nadie a quien recurrir, salvo a Satán, y por eso se entrega a él por completo. En su estructura superficial, *La bruja* nos ofrece el relato de la caída de una joven, una vez que su Iglesia y toda su comunidad le han fallado. Cuando se queda abandonada a su suerte, se refugia en los brazos del diablo. Quizá es un cuento moral, o al menos una fantasía perversa sobre lo que sucede cuando el poder femenino se queda sin supervisión.

Sin embargo, pienso que el análisis hace un flaco favor al personaje de Thomasin y al guion de Egger. A lo largo de su vida, Thomasin ha sido víctima de abusos y ha caído en diversas trampas. A lo largo de la película, sus padres la tratan con brutalidad y la culpan de todas sus desventuras. Su seguridad se ve amenazada, y la tratan como a un burro de carga que venden a otra casa cuando en la suya propia se la considera demasiado peligrosa. La sexualidad de la familia está reprimida debido a una práctica religiosa muy severa, y sus miembros pasan hambre en toda la extensión de la palabra: de comida, de placeres y de cualquier otra clase de catarsis. El orgullo y las estrictas creencias de su padre es lo que los ha alejado de su comunidad. Es él quien encadenó con los grilletes de la literalidad y el fanatismo bíblicos a esa familia, y es por su culpa que todos se ven obligados a vivir en circunstancias inhumanas. El hecho de que Thomasin se convierta en una mujer caída es una astuta alegoría del modo en que la opresión patriarcal y religiosa ha castigado a menudo a las mujeres por culpa de las fechorías de los hombres. Thomasin ya está viviendo en el infierno. Después de todo lo que ha visto, el ofrecimiento que *Black Phillip* le hace de placeres y de lujos parece un intercambio justo por el alma eterna. Si añadimos la posibilidad de llevar una vida de delicias, tú también firmarías.

La bruja del bosque es la brillante mezcla que hace Egger de las múltiples creencias que tenemos sobre las brujas: esa mujer a veces es una horrible y vieja bruja, una tentadora, una señora de la noche, una asesina, una sirvienta del diablo y, en último término, una joven independiente y sexualmente despierta. Podría ser la antagonista de la película, pero, por los dioses, parece que es quien más se divierte de todos ellos, y de lejos. Cuando Thomasin se convierte en bruja, quizá eso pueda interpretarse como una caída. Pero al menos, si cae, lo hace de pie.

En la imagen final de la película, adopta una postura cruciforme. Pero la otra vertiente de la crucifixión es la resurrección. Thomasin sonríe; está volando y es más libre de lo que lo ha sido jamás. Y al verla, yo también tuve una sensación de alivio.

Cuando todo ya está dado por terminado, estas narraciones mefisto-félicas plantean una cuestión: ¿De cuántas maneras se representa en realidad a estas brujas? ¿No han cambiado una prisión patriarcal por otra? Después de todo, el diablo, qué duda cabe, es un tío, y ahora es su maestro y su guardián. ¿Acaso el falocentrismo debe existir incluso en el infierno? Sin embargo, para mí eso sería simplificar demasiado las cosas. Creo que estos relatos sobre demonios y brujas representan algo más, porque son comentarios sobre la falacia de que las mujeres son seres deficientes. Ofrecen una clase distinta de fantasía: una visión de un mundo en que las mujeres pueden vivir sin ataduras y sin avergonzarse de nada. En estas historias, la bruja es iluminada finalmente: no porque la estén quemando en la hoguera, sino más bien por el resplandor que emite su propio fuego interior.

4. Los monstruos del cuerpo

A principios de la exposición que hizo la artista mundialmente aclamada Tracey Emin en 2012 de unos autorretratos hirientes en los que se mostraba desnuda, esta autora decía: «Mi obra no trata del deseo de tener un hijo. En la sociedad, si no quieres tener hijos, las personas piensan que eres bruja». Y tiene razón. *Las mujeres que no tienen hijos son personas incómodas¿Le pasa algo a su cuerpo? ¿Le pasa algo a su mente? ¿Tiene envidia de mi familia? ¿Desea que nos pase algo malo?* Como mínimo, una mujer en edad reproductiva, o si ya la ha superado, despierta curiosidad si no ha tenido hijos. En el peor de los casos, es como si hubiera violado el orden natural.

Conozco de primera mano el tabú de no haber tenido hijos, porque soy una mujer que está en la treintena y ha elegido no ser madre. Tras años de discusión con mi marido, mis amigos, mi terapeuta, mis deidades y conmigo misma, he terminado pensando que la razón de que no haya tenido hijos es muy complicada, por un lado, y, por otro, es lo más sencillo del mundo. Se reduce a lo siguiente: mi deseo de tenerlos no supera mi deseo de no tenerlos. Las no-mamás como yo van aumentando de número. Según un estudio que Pew Research hizo en 2017, una de cada cinco americanas en edad de tener hijos no quiere tenerlos, mientras que en la década de los 1970 era una de cada diez. Sin embargo, a las que no tenemos hijos se nos considera anormales. Vivimos en un promontorio especial de feminidad que puede ser espléndido por su soledad, pero también es proclive a sufrir repentinas ráfagas de enfrentamientos. A lo largo de todos estos años me he visto obligada a mantener conversaciones que no deseaba, conversaciones íntimas, con familiares preocupados, a soportar las bromitas entrometidas de los compañeros de trabajo, a tener conversaciones vergonzosas con extraños que, de repente, palidecen y salen en desbandada porque lo que consideraban que iba a ser un hablar por hablar inofensivo, en plan «¿Cuántos años tienen tus hijos?», se convierte en una madeja de frases que lo que intentan es cambiar de tema, algunas para reconfortarte y otras producto del pánico. Y luego están esos conocidos que se ponen tercamente a la defensiva en lo que respecta a sus propias elecciones y me dicen que a ellos les encanta ser padres, y que eso es lo más valioso y más válido que han hecho jamás. Y luego también están los que proponen con melancolía que a lo mejor cambiaré de idea, como si la «experiencia de lo más valioso y lo más válido» no se me hubiera ocurrido a mí también cuando hacía la lista de «Progenie: lista de pros/contras». Me tratan como cuando reaccionamos a un problema técnico en el software. O peor aún: les doy pena.

Pienso en las brujas con las que crecí, las moradoras de los bosques y las pitonisas que habitaban en los cuentos de hadas que tanto me gustaban de jovencita. Había Milady Gothel, la bruja que encierra a Rapunzel en una torre porque su padre roba verduras del huerto. Luego está la bruja de *Hansel y Gretel*, que seduce a los niños para que entren en su cabaña de caramelo y poder asarlos y comérselos; supongo que tiene preferencia por lo salado en lugar de por lo dulce. Y luego está la bruja (el hada mala, si nos ponemos técnicos) de *La bella durmiente*, a la que luego Disney llamó Maléfica en su película de dibujos animados de 1959 y que, tras sufrir el desaire de no ser invitada al bautizo real, maldice a la infanta augurando que un día se pinchará el dedo en una rueca de hilar y morirá. También tenemos a la Bruja Altísima del libro que Roald Dahl escribió en 1983, *Las brujas* (interpretada por Anjelica Huston en la adaptación que para el cine hizo Nicolas Roegs en 1990), que desvela un plan maestro para convertir a los niños ingleses en ratones y que así, sus maestros, ignorantes de lo que sucede, los aniquilen.

Todos estos personajes de brujas tienen una cosa en común: no forman parte de una unidad familiar, por así decirlo, y no tienen hijos propios. El hecho de que ataquen, y que su objetivo sea secuestrar, asesinar o zamparse a los retoños ajenos sin duda es una reminiscencia de esa bruja que volaba montada en una escoba y mataba a los niños durante la Edad Media. Esa paranoia parece que surgió en parte debido a la alta mortalidad infantil que hubo en esos tiempos y al desconocimiento de las causas que la provocaron. Las mujeres que no habían tenido hijos y tenían poderes malignos eran los chivos expiatorios más propicios. La especialista de Salem Marilynne K. Roach escribió que estar casada y no tener un número determinado de hijos ya era razón suficiente para que acusaran a una mujer de brujería en 1692. Y John Demos, en su libro *The Enemy Within: A Short History of Witch-Hunting*, escribe que para acusar a una mujer de bruja bastaba con «tener en su haber familiar un número de hijos inferior a la media, o ninguno». Se creía que los celos que sentían las brujas por las familias numerosas las inducían a maldecirlas o a castigarlas por tener lo que creían que ella deseaba. Y ahora, aunque los cuidados natales y los conocimientos médicos sobre el tema han avanzado significativamente desde entonces, la imagen de la antimadre monstruosa sigue perviviendo entre nosotros. Incluso hoy en día, en estos tiempos de revisión personal en que «una se hace a sí misma», la elección de no intentar siquiera tener hijos es motivo de sospecha. *Egoísta, tarada, retrasada, demasiado centrada en su profesión…* Sea cual sea la manera de describirla, lo que la frase implica es que la mujer que no quiere tener hijos de alguna manera tiene una tara y, por lo tanto, es destructiva.

En Estados Unidos sobre todo, la presión para que una mujer procree se encuentra manifiesta en todos los ámbitos de la vida. Se origina ya en un gobierno que restringe el acceso de la mujer al control de natalidad y que debate de una manera constante si debería ser capaz de tomar decisiones sobre su propio cuerpo. (Y todo ello sin que exista un gran apoyo a las madres, por cierto. Estados Unidos es el único país del mundo desarrollado que no tiene baja por maternidad obligatoria, y entre las rémoras que acompañan a eso tenemos el índice más alto de mortalidad de las madres.) El cristianismo, la religión dominante de América, defiende la imagen de una madre, que además es virgen, como el ideal más elevado de una mujer. Y luego está el mensaje incansable con que nos bombardean los medios de comunicación, por no hablar de los círculos sociales y familiares de cada uno, que afirma que las mujeres adultas siempre acaban teniendo hijos.

Cuanto mayor voy haciéndome, más veces me recuerdan que no tengo hijos: cuando estoy con mis amigos y sus familias; cuando paseo por el barrio, que está invadido por los cochecitos de bebé; cuando veo prácticamente cualquier película o programa de televisión sobre una mujer en la treintena que lucha por equilibrar familia y profesión, o se esfuerza por tener un bebé antes de que los ovarios se le deshinchen, o bien supera todas las adversidades y se convierte en el modelo que dice a sus hijos que «mamá es una heroína». Todos estos argumentos pueden ser muy nobles e intrigantes, sin duda, y a veces me encanta dejarme arrastrar por ellos. Pero también valoro otros modelos alternativos de feminidad, y a la bruja que me los ofrece también. Los propósitos de vida de las brujas raramente se centran en el deseo de ser madres. Esa clase de mujer está demasiado ocupada haciendo otras cosas.

No es que yo carezca de instinto maternal, ni hablar, no es eso. El amor que siento por los hijos de mis amigas me deja incluso sin aliento, y hay que decir que sus padres son unas personas magníficas y muy abiertas de mente. Valoran lo que yo puedo darles a sus hijos: la promesa de que, en algún lugar del mundo, incluso en el mundo adulto, puede haber encantamientos. Las niñas en concreto parecen sentirse muy atraídas por mis maneras brujeriles, y cuando vienen a nuestro piso, les gusta jugar con mis cristales y mis libros de hechizos (por no mencionar la colección que tiene mi marido de muñecos de *Star Wars*). Hace unas semanas mi amiguita Emma, que tiene ocho años, le dijo a su papá: «Cuando estoy con Pam, creo en la magia». Ella también me ayuda a mí en creer en la magia.

Algunas de mis brujas preferidas de ficción del siglo pasado no tienen hijos, pero siguen desempeñando un gran papel educativo con los jóvenes. Como le sucede a Juniper, el personaje de mi amada serie *Wise Child*, estas mujeres se convierten en figuras maternales en el contexto de «una familia encontrada»: son tías o guardianas que descubren una nueva especie de magia tomando a los hijos de otros bajo sus extrañas alas. *Maléfica*, la nueva versión de Disney de 2014 sobre *La bella durmiente* tiene de protagonista a la irresistible y teatral Angelina, y la voy a tomar a modo de ejemplo. Maléfica empieza siendo mala y vengativa, pero al final termina convirtiéndose en la protectora de la princesa, la misma niña a la que ha maldecido. Es su beso de amor verdadero, y no el de un príncipe, el que rompe el hechizo de ensueño y libera a la princesa Aurora.

La niñera mágica Mary Poppins es otra semimadre, con una historia mucho más de brujas de lo que podamos imaginar. Su creadora, P.L. Travers, que en todos los sentidos fue una mujer muy poco o nada convencional, era seguidora de maestros del misticismo como G.I. Gurdjieff, y fue amiga de poetas que inventaron mitos como William Butler Yeats y George William Russell (más conocido como A.E.). Según la biógrafa de Travers, que es Valerie Lawson, «[Travers] escribió a A.E. diciéndole que tenía unas historias increíbles para contar sobre una bruja cuya escoba podía volar tanto al dictado de la magia blanca como de la magia negra». A.E. la animó diciéndole que debía escribir un libro que aunara sus múltiples intereses espirituales, y le propuso titularlo *Las aventuras de una bruja*. Travers ya había escrito varias historias fantásticas para niños, incluyendo la que en 1926 tituló *Mary Poppins and the Match-Man*, sobre una niñera que acudía a una cita mágica con Bert, vendedor de cerillas y artista callejero. En la historia, los personajes viajan al interior de uno de sus dibujos. Cuando Mary Poppins regresa a casa para cuidar de los niños que tiene a cargo, le preguntan dónde ha estado, y ella contesta: «He estado en el país de las hadas». Cuando la pinchan para saber todos los detalles, le dicen que eso no tiene nada que ver con los cuentos de hadas que suelen leer. «Pues yo espero –dice Mary Poppins– que cada cual encuentre un país de las hadas propio.»

Varios años después, en 1934, Travers decidió volver a retomar el personaje de Mary Poppins, esta vez revisando el personaje a través de unas lentes más centradas en la brujería de A.E. A requerimiento suyo, recurrió más a la mitología y a los objetos mágicos. Y a diferencia de la encantadora protagonista de su relato de 1926, y de la gorjeante Julie Andrews de la película de Disney que Travers tanto odiaba, esa otra Mary Poppins de más largo alcance es adusta, temperamental y vanidosa, a pesar de su aspecto severo. En el libro original sopla sobre el número 17 de la calle Cherry Tree Lane, y desata un viento racheado que procede del este (y el este es la dirección que toman los nuevos comienzos, como cualquier adicto a la magia sabe). Junto a los niños que cuida, Jane y Michael, emprende toda clase de aventuras milagrosas, como ir a tomar el té para terminar levitando todos, hablar de vacas encantadas y ver a una niña-estrella que resplandece (y que es una de las Pléyades que ha venido a la Tierra para hacer unas compras de Navidad.)

En mi capítulo preferido, el cumpleaños de Mary Poppins cae en luna llena, y para celebrarlo, lleva a los niños al zoo de noche. Allí conocen a unos animales que hablan y tratan a Mary como a una invitada de honor. La hamadríada (la cobra rey) la llama Prima, y le regala una piel de serpiente. Los animales forman un círculo alrededor de Mary y se balancean mientras la hamadríada sisea: «Pájaro, bestia, piedra y estrella... Todos somos uno, todos somos uno... Niño y serpiente, estrella y piedra; todos somos uno». Los niños también se balancean como la serpiente, atrapados en el ritual, hasta que se duermen sumidos en un trance. Cuando a la mañana siguiente se despiertan, Jane y Michael le preguntan a Mary sobre los extraños acontecimientos que tuvieron lugar la noche anterior. Haciéndoles luz de gas, ella les contesta que no sabe de qué le están hablando, y que deberían apresurarse y comer sus cereales de avena. Los niños piensan que debe de haber sido un sueño, hasta que ven que Mary lleva una piel de serpiente dorada anudada a la cintura. Es una escena que tiene un tono descaradamente pagano, desde el significado que tiene la luna llena hasta la danza en círculo y los cánticos de animales, pasando por las raíces que tiene Mary y que la vinculan con el mundo de las serpientes. Cuando deja a los niños y el libro está a punto de terminar, el paraguas con el que se va volando bien podría ser una escoba.

Es esta versión de 1934 de Mary Poppins la que me atrae, más que la película de 1964. Esa mujer es complicada y hechizante, y cuida de los niños sin perder la noción de sí misma, porque sabe cuándo llega el momento en que tiene que marcharse. Ellos la quieren, y han cambiado por ella; y saben que algún día volverán a verla (y con siete libros y dos películas más de Mary Poppins, no hay duda de que tienen razón). Aspiro a parecerme a ella cuando me relaciono con los niños que conozco. Quiero entrar en sus vidas, darles toda la magia posible y toda mi devoción, pero sin dejar de sentirme libre de poder dejarlos cuando el viento cambie. Tengo la suerte de encontrarme en la situación de poder hacer esa elección.

Si todo fuera tan simple... Mi cuerpo es mío, por eso debería ser capaz de decidir lo que hacer con él y la manera de usarlo. Sin embargo, el tema de si una mujer tiene la capacidad de convertirse en madre, de elegir el momento y la manera, todavía es curiosamente controvertido. Y en parte eso es debido a que el cuerpo de la mujer se ha considerado tradicionalmente misterioso y "ajeno", un terreno de cavernas penumbrosas y lagunas inexplicables. Ser considerada hembra es convertirse en una aberración inmediata, según las normas masculinas imperantes.

Y los que se especializan en la salud de la mujer son sospechosos por asociación, sobre todo si son mujeres. Ayudar a otra mujer a que cuide de su cuerpo perturbador es razón más que suficiente para ser considerada una bruja.

En el influyente tratado de Barbara Ehrenreich y Deirdre English de 1973 *Brujas, comadronas y enfermeras: historia de las sanado-*

ras, se describe el cambio histórico que pasa de proporcionar unos cuidados naturales que daban las mujeres a un sistema médico institucionalizado que gobiernan los hombres. Y en el libro escriben lo siguiente: «Las cazas de brujas dejaron un efecto que perduró con el tiempo: un aspecto de lo femenino se ha asociado desde entonces con la bruja, dejando un aura de contaminación sobre ellas, sobre todo en lo que respecta a la comadrona y a otras sanadoras». El hilo narrativo sigue diciéndonos que las comadronas conocían las hierbas más adecuadas que suministrar para aliviar las complicaciones del embarazo, agilizar y facilitar el parto y estimular la producción de la leche materna. Estaban entrenadas asimismo para usar las plantas en el tratamiento de temas ginecológicos, así como para impedir embarazos o inducir el aborto. Dado que «las cosas de mujeres» sucedían de puertas adentro, y como las comadronas y las sanadoras eran poseedoras de unos conocimientos «secretos», eso las hacía poderosas y poco fiables.

Casi al principio del *Malleus Maleficarum*, ese sexista obsesionado con Satán que tan bien nos cae, Heinrich Kramer, afirma que en el libro dará todo lujo de detalles, «específicamente en relación con las comadronas, que sobrepasan a todas las demás en maldad». Y mantiene su promesa difamando a la vocación durante toda la obra, que incluye un apartado titulado «De las brujas que son comadronas y de cuántas y variadas maneras matan al hijo concebido en el seno materno y facilitan abortos; o, en caso contrario, ofrecen a los recién nacidos a los diablos». A diferencia de las otras brujas de Kramer, las comadronas eran consideradas una amenaza no solo debido a su carnalidad *per se* (por mucho que, de entrada, la lujuria desempeñara un papel relevante en las pacientes preñadas para empezar), sino porque eran maestras en fisiología femenina. Se les atribuía el poder de controlar sus flujos y ayudar a crear la vida, o bien, y sí, es cierto, a arrasarla completamente con medidas preventivas o abortivas.

Es fácil ver que las comadronas fueron las principales sospechosas de practicar la brujería. Si un niño moría durante el parto o poco después debido a una enfermedad, ¿a quién mejor que a la mujer encargada de traer a ese niño al mundo para echarle la culpa? Si alguien perdía la vida a causa de alguna enfermedad, ¿no sería que la sanadora a la que acudieron les había hecho un maleficio? El saber popular sobre las enfermedades físicas y las dolencias era muy limitado, y la creencia en las brujas era real. Era muy plausible entonces asumir que existían fuerzas sobrenaturales (y la bruja que hacía de comadrona sabía cómo invocarlas) que eran las responsables de esas trágicas pérdidas.

Después de todo lo dicho, hay estudios recientes que revelan que no hay pruebas de que persiguieran a las comadronas durante la caza de brujas. Es cierto que terminaban por verse eclipsadas por los médicos varones que tenían un título, pero eso tiene mucho más que ver con el auge de las instituciones gubernamentales y académicas que eran dirigidas de una manera patriarcal. Y tiene sentido: los conocimientos de las comadronas han pasado de una mujer a otra. Cuando los hombres tomaron la dirección de las universidades y los hospitales, las mujeres quedaron excluidas de la industria (y probablemente esa sea la razón de que el clítoris no fuera reconocido del todo hasta 1998; que, por cierto, fue… ¡gracias a una doctora: Helen O'Conell!). El número de comadronas no disminuyó porque terminaran quemadas en la hoguera; sencillamente disminuyó porque a esas mujeres las apartaban y las excluían.

Sin embargo, lo que sí es cierto es que la idea de que las comadronas eran brujas ha persistido hasta la actualidad. Esta manera de pensar puede que se basara en la falta de información o en ideas traspasadas de romanticismo, pero los sentimientos siguen siendo relevantes. En la actualidad, las mujeres que buscan controlar su propio cuerpo o que ayudan a otras a hacerlo continúan poniendo los pelos de punta a las personas más conservadoras.

Escribo este libro en unos momentos en que el control de natalidad y la planificación familiar se han visto sometidos a incansables ataques por parte de la administración Trump de muy diversas maneras, hasta el punto de que Cecile Richards, que entonces era presidenta de la Paternidad Planificada, llegó a decir en la CNN en mayo de 2018 que «esta administración es lo peor que ha podido pasarle a la mujer desde que tengo ojos en la cara». Y Trump no solo parece apoyar la promesa del vicepresidente de que «Veremos que el caso de Roe contra Wade termina relegado al montón de cenizas que ha generado la historia, lugar al que pertenece», sino que además es el primer presidente electo en dar una ponencia inaugural en la Campaña para la Vida Gala que celebra anualmente el grupo antiabortista La Lista de Susan B. Anthony. Los candidatos elegidos para formar parte de la Corte Suprema también son defensores manifiestos de la vida.

A pesar de todas sus quejas contra el aborto, los miembros del Partido Republicano no es que sean unos fervientes partidarios del fomento a la prevención fiable del embarazo. El acceso a la contracepción femenina en general se ha visto amenazado en Estados Unidos gracias a la presión de la derecha religiosa. En noviembre de 2018, la administración Trump promulgó dos leyes para permitir a cualquier empresario, universidad o mutua médica suspender la cobertura sanitaria respecto al control de natalidad basándose en objeciones morales o religiosas.

Y anteriormente, durante ese mismo año, el Departamento de la Salud y Servicios Humanos de Estados Unidos lanzó el anuncio de que los programas que promovieran que la abstinencia era el mejor método de prevenir los embarazos adolescentes tendrían muchas más probabilidades de recibir ayudas económicas, a pesar de que varios estudios demostraban la ineficacia de esta táctica, sobre todo si se comparaba con el uso de los anticonceptivos.

Dejando a un lado la legislación, es bastante escandaloso el hecho de que son varios los personajes políticos que han hecho declaraciones para revelar que ha existido una auténtica falta de entendimiento en lo que respecta al funcionamiento de la fisiología femenina, o que han presentado objeciones sobre la sexualidad de la mujer en general. Cuando Todd Akin, representante por Missouri, fue entrevistado por una cadena de televisión de San Luis en 2012 y tuvo que responder si el aborto estaba justificado en caso de violación, su ya tristemente conocida respuesta fue flagrante: «Si se trata de una violación legítima, el cuerpo femenino tiene formas de evitar un embarazo no deseado». Foster Friess, un importante patrocinador del Partido Republicano, dijo las siguientes palabras: «Pues mire usted, en mis tiempos se usaba aspirina Bayer como anticonceptivo. Las chicas se la ponían entre las rodillas… ¡y resultaba mucho más barato!». Y ese mismo año, Sandra Fluke, estudiante de Derecho de la Universidad de Georgetown, acaparó todos los titulares cuando dio un discurso ante el Comité de Política y Dirección Democráticas de esa institución en el que afirmó que las estudiantes deberían poder acceder a una cobertura sanitaria por parte de la universidad católica que les garantizara el acceso a los anticonceptivos. Rush Limbaugh, presentador y anfitrión de un programa de tertulias, reaccionó diciendo una sarta de sandeces misóginas que plasmo a continuación: «¿Qué dice de esta mujer, Susan Fluke [*sic*], estudiante de una universidad mixta, el hecho de que se plante ante un comité del congreso para decir en esencia que tiene que cobrar para tener relaciones sexuales? ¿Qué nos está diciendo eso de ella? Pues nos está diciendo que es una guarra. Eso la convierte en una prostituta. Susan Fluke quiere cobrar para tener relaciones sexuales. Y practica tanto el sexo que no le da para comprarse anticonceptivos. Quiere que usted y yo, y que todos los contribuyentes, paguemos para que ella pueda tener relaciones sexuales. ¿En qué nos convierte eso a nosotros? Eso nos convierte en sus chulos».

Ya hemos hablado de la faceta del impulso sexual que siente la mujer como si de una fuerza satánica se tratara en el capítulo anterior, por eso no voy a volver a abrir la caja de Belcebú. Sin embargo, existe otra implicación insidiosa en el argumento del control de la natalidad que nos devuelve al punto en el que empezamos: una mujer solo tiene valor si cría; por lo tanto, fornicar por placer y sin la intención de procurarse una descendencia es un comportamiento antinatural o vergonzoso. Como muchas escritoras feministas han destacado, este pensamiento no solo es racional desde el punto de vista de la moral religiosa, sino también desde el «pragmatismo» económico. En el libro de Silvia Federici, de 2004, *Calibán y la bruja: mujeres, cuerpo y acumulación originaria*, se afirma que la caza de brujas en parte fue el medio de castigar a toda mujer que no contribuyera a proporcionar mano de obra para el efervescente capitalismo reproduciéndose. Dice también que el asunto urgía en la Europa del siglo XVII, porque la población empezó a disminuir: «Y en este contexto, parece plausible decir que la caza de brujas fue, al menos en parte, un intento de criminalizar el control de natalidad y poner el cuerpo femenino, el útero, al servicio de un aumento de la población y de la producción y la acumulación de mano de obra».

Llámese pecado o sencillamente egoísmo, pero el hecho es que las mujeres tienen relaciones sexuales por un gran número de razones al margen de querer tener bebés, y que tener la capacidad de hacerlo sin quedarse embarazada es importante para ellas. En julio de 2018, el Instituto Guttmacher publicó una estadística que demostraba que «más del 99% de las mujeres de entre los quince y los cuarenta y cuatro años que han tenido relaciones sexuales han usado al menos un método anticonceptivo»; y, para que conste, eso incluye, sin lugar a dudas, a las mujeres que quizá ya tienen hijos o que algún día querrán tenerlos. Negar el control de la natalidad a las mujeres es impedirles que puedan elegir si quieren ser madres y cuándo, y esta decisión influye en todos los aspectos de su vida, tanto en su economía como en su bienestar físico y mental. Las mujeres han hecho un largo recorrido desde que tenían que pedirles a las comadronas que les explicaran cómo era su aparato reproductor, y hacerlo a la chita callando. Sin embargo, más de quinientos años después de que Heinrich Kramer declarara que las comadronas eran la peor clase de brujas que existían, vemos que tanto consumidoras como proveedores de la sanidad especializada en los temas de la mujer siguen siendo denigrados y atacados. Hay quien todavía continúa creyendo que las mujeres no deberían ser capaces de decidir lo que deben hacer con su propio cuerpo y con su vida. Y que en ese punto es donde radicaría la maldad que le es propia.

Cuando hablamos de la bruja y de los tabúes del cuerpo femenino, tenemos que sacar el tema de lo repulsivo. Muchos de los ingredientes que dicen que usa la bruja son tóxicos o, como mínimo, terriblemente inquietantes, desde miembros de bebé, de los que ya hemos hablado antes, hasta partes de animales, plantas venenosas y sustancias biológicas de seres humanos adultos, incluidos uñas, cabello, orina, lágrimas y sangre. Los fluidos corporales han sido considerados históricamente como dotados de un gran poder mágico y, por lo tanto, son unos elementos que constituyen una gran amenaza. La antropóloga Mary Douglas escribió en su libro de 1966 *Purity and Danger: An Analysis of Concepts of Pollution and Taboo*: «Todos los extremos son peligrosos [...]. Hay que entender que los orificios del cuerpo simbolizan esos puntos en que este es más vulnerable. La materia que expelen es un tema secundario y de lo más obvio».

De todos los líquidos y restos que producen los cuerpos, quizá el más temido o despreciado sea la sangre menstrual. Sea porque es el signo de que una mujer no está embarazada (¡y eso es trágico!) o porque sencillamente es algo que no se entiende y se considera una sustancia poco sana, los tabúes sobre la menstruación han pervivido a lo largo de distintas culturas durante siglos, y la creencia de que la mujer que tiene el período es impura o inestable sigue presente en nuestros tiempos. En la Biblia, en el Levítico 15, 19-30, se detalla con todo lujo de detalles que cuando una mujer tiene el período cualquier persona o cosa que toque se considerará sucia; y en el Quran Surah Al-Baqarah 2, 222 se dice que los hombres no deben tocar a una mujer durante esos días del mes hasta que se haya «limpiado».

Sin embargo, fue el naturalista y escritor romano Plinio el Viejo quien popularizó la idea de que las mujeres que menstruaban entraban en contacto con la magia negra. A finales del siglo i d.C. escribió las siguientes palabras en el volumen trigésimo séptimo de su obra *Naturalis Historia* o *Historia natural*.

El contacto con el flujo mensual de las mujeres convierte el vino de añada en vino agrio, marchita las cosechas, mata los injertos, seca las semillas de los huertos, hace que caigan los frutos de los árboles, hace palidecer la brillante superficie de los espejos, ablanda el filo del acero y empaña el brillo del marfil, mata a las abejas, oxida el hierro y el bronce y desata un aire fétido en el ambiente. Los perros que prueban la sangre se vuelven locos, y su mordisco es tan nocivo como si tuvieran la rabia. En el mar Muerto, tan denso en sales, nada puede hundirse, salvo un hilo empapado en el fluido venenoso de la sangre menstrual. Con un hilo de un vestido infectado basta. El lino, si entra en contacto con una mujer mientras esta lo hierve y lava sumergido en agua, se vuelve blanco. Es tan mágico el poder que tienen las mujeres durante sus períodos mensuales que dicen que las granizadas y los remolinos de viento se desvían si se expone fluido menstrual a la luz de los relámpagos.

No debería sorprendernos entonces que las modernas representaciones sobre la brujería aún sigan girando en torno a la sangre menstrual. La novela *Carrie,* que Stephen King escribió en 1974, fue el primer libro que publicó el autor, y el que marcó el despegue de su trayectoria literaria. La historia trata de una joven a la que se le revelan poderes telequinésicos tras ser torturada por unas mezquinas compañeras de instituto cuando le viene la regla por primera vez en los vestuarios del gimnasio. «¡Tápalo, tápalo!» le gritan tirándole tampones y compresas. Carrie empieza a trabajar sus poderes sobrenaturales en secreto. Su madre, una mujer ultrarreligiosa y maltratadora, cree que está practicando alguna especie de brujería, fenómeno que aparece en su familia cada tres generaciones: «Primero viene el flujo de sangre y las fantasías repugnantes que el Diablo envía. Y luego llega este poder infernal que solo lo da el Diablo». Entre el estrés que Carrie vive en la escuela y el que padece en casa, la tensión va en aumento, hasta que la joven termina por explotar cuando la coronan reina de la fiesta, gracias a una votación amañada, y le tiran por encima un cubo de sangre de cerdo: otra alusión a su vergonzosa menarquia. Los que ya conocen la novela, las películas posteriores y la obra de teatro de Broadway saben que eso la convierte en el instrumento de la venganza que sabe usar sus poderes para traer la destrucción a todo un pueblo.

La película de 2016 de Anna Biller *La bruja del amor*, por otro lado, pone cabeza abajo el tropo menstruación-como-infracción. La historia se centra en una bruja llamada Elaine que quiere encontrar el amor y, en cambio, termina dejando un reguero de amantes muertos a su paso. En una escena crucial, el personaje principal, tras asesinar a su última conquista, prepara una «botella de brujas» para ponerla en su tumba y así lograr que una parte de ella permanezca siempre con él. Vemos que rellena la botella con su propia orina y con un tampón empapado de sangre. «La mayoría de hombres nunca han visto un tampón usado», nos cuenta, afirmación que es una constatación de hecho y un gesto político por parte de la directora de la película. Después de todo, en los filmes no salen tampones usados, ni siquiera a pesar de que millones de personas que menstrúan vean los suyos propios entre dos y siete días al mes. La inclusión de la sangre menstrual en la película que hace Biller tiene sentido por varias razones. Es un ingrediente narrativo que demuestra el poder que tiene su protagonista, y un hechizo que se hace en la vida real y que aquí se presenta en pantalla lenticular: con esta escena, un tampón usado se transforma y pasa de ser un secreto femenino vergonzante a convertirse en un símbolo cultural visible y poderoso.

Una dama que sangra es espantosa, pero una mujer postmenopáusica es la que se lleva a casa el trofeo dedicado a la Más Horrenda del Mundo.

El cuerpo que envejece produce pavor; sobre todo el cuerpo de la mujer que ya no es fértil. Cuando vemos sus arrugas y las carnes que le cuelgan, retrocedemos. Porque nos recuerda a la muerte. Nos enseñan a pensar que ese cuerpo es decrépito y profundamente asexual. Una y otra vez, apartamos de nosotros el físico de la anciana, o se muestra como si fuera algo malo. A pesar de que podemos verla representada en cualquier edad y en todos los estadios de la vida, como ya hemos dicho, la bruja quizá acumula más representaciones en forma de esta versión vieja y pútrida. Ya conocemos el estereotipo: una mujer horrible, con el pelo grisáceo y la nariz como el pico de un córvido. Es la bruja que vemos en los cuentos de hadas, como la anciana Baba Yaga del folklore eslavo, que dicen que vive en una cabaña hecha con patas de gallina. Es la mala de las películas de terror, como *Arrástrame al infierno*, de Sylvia Ganush, con sus dientes amarillentos y puntiagudos y un ojo opaco. La mera idea de «una anciana que no toca con los pies en el suelo» que aparece en la película *La bruja de Blair* ya te deja trastornada, y ni siquiera hay que verla para saber que es ella quien poblará nuestras pesadillas.

Si en la chica/mujer/bruja o en la doncella/madre/anciana sabia del arquetipo de la diosa triple, popularizado por escritores como Robert Graves y Starhawk, la anciana es el aspecto que a menudo se soslaya e infravalora en una cultura obsesionada con la juventud, las doncellas y las madres son celebradas por su belleza, su amor incondicional y los frutos que dan sus cuerpos. Por su potencial. Pero la mujer a la que ya le ha pasado su buena época en general es aborrecida. Así como las doncellas y las madres maduran, la anciana se pudre. A menudo las brujas de ficción tienen miedo de su mortalidad, desde la Bruja Malvada de *Blancanieves* y las hermanas Sanderson de *Hocus Pocus* hasta Lamia, de *Stardust*, película de Neil Gaiman. Como tales, gozan de un doble vínculo: la sociedad las castiga por envejecer, y luego las vilipendia por esforzarse hasta el extremo en un intento de seguir siendo bellas y jóvenes. ¡Impida el cielo que un cuerpo anciano continúe sintiendo lujuria o actúe en función del deseo! Esta presunta incongruencia ha sido temida durante siglos. En *Juego de Tronos*, Melisandra, la Mujer Roja, es una hermosa bruja practicante de una magia negra de tono sexual. Cuando descubrimos que en realidad es una anciana horrenda que se ha disfrazado, nos quedamos muy sorprendidos, no solo porque es quien no sospechábamos que era en realidad, sino porque recordamos que, cuando hizo un encantamiento sexual por el que llegó a moverse una mesa, en realidad quien estaba actuando era un anciano saco de huesos.

Una de las representaciones más famosas de la bruja es un grabado de Albrecht Durero de 1500, aproximadamente, conocido con el título de *Bruja montada en una cabra*. Vemos en él a una bruja con los pechos colgando al descubierto y la piel flácida cabalgando a lomos de una cabra, criatura que se usó repetidamente como representación de lo carnal y diabólico, tal y como vemos que sucede con *Black Phillip*, esa cabra que bala y arremete de la película *La bruja*. La bruja lleva una escoba entre las piernas, signo fálico y, tal y como se nos da a entender, es horrible. La combinación de ir cabalgando del revés, el querubín que vemos en el plano del fondo sobre su cabeza y el monograma invertido de Durero fue la causa de que los estudiosos interpretaran esta obra como una advertencia contra el pecado y la perversión, y como una alegoría también sobre lo que sucede cuando se contradice el orden natural de las cosas. Al entender de las feministas modernas, esa mujer se lo está pasando en grande. Sin embargo, la intención era crear una imagen perturbadora, cuando no absolutamente peligrosa. Un cuerpo anciano viejo y expuesto a las miradas sin avergonzarse de ello es algo que no deberíamos ver, según Durero y sus espectadores. La anciana lujuriosa, al fin y al cabo, es la consorte del diablo en persona.

Aun así, la anciana bruja es objeto de asociaciones positivas. Una de las ancianas más amadas de la mitología es Hécate, la diosa griega de la brujería y la nigromancia. Esta diosa es muy poderosa, y a menudo se la asocia con la luna menguante o con la luna nueva. Debemos precisar que la diosa no empezó siendo una anciana, y que tradicionalmente se la representaba llevando una falda midi como las doncellas. Posteriormente se transformó en una triple diosa, a la que se representaba a veces con las cabezas de un perro, una serpiente y un caballo. Esta forma tripartita se metamorfoseó y dio lugar a la diosa romana Trivia, que vigilaba los cruces de caminos. Fueran cuales fuesen sus propios términos, se dice que Hécate vigilaba las fronteras, los portales y las entradas. Los lugares de tránsito. La tierra de la liminalidad.

Con el auge del movimiento wiccano moderno, Hécate terminó confundiéndose con la anciana en el paradigma de la triple diosa; por eso la vemos vestida como si fuese una vieja. En la actualidad vemos que corren muchas imágenes de ella vestida con una capa y luciendo una larga melena blanca que le sobresale de la capucha. Suelen acompañarla varios sabuesos, y se la ve sosteniendo las llaves del misterio divino. Ha asumido el papel de la mujer sabia, rica en conocimientos de antiguos secretos que solo revelará a los elegidos.

Algo que permanece invariable en Hécate es que a menudo se la representa portando una antorcha. Fue ella quien guió a Deméter para que a través del inframundo fuera a buscar a Perséfone para traerla de vuelta a la superficie de la Tierra. También se dice que las palabras EN EREBOS PHOS estaban inscritas sobre la entrada principal que conducía al interior de su templo en la antigua Grecia. Estas palabras podrían traducirse como «En la oscuridad, la luz», un mantra muy útil en nuestros tiempos, si no el que más.

Como le sucede a Hécate, las ancianas sabias a menudo son quienes ayudan a los demás en los cuentos. Suelen ser las que se le aparecen al héroe durante su búsqueda para darle consejos, hechizarlo y formarlo. En *El héroe de las mil caras: psicoanálisis del mito*, Joseph Campbell escribió: «Para los que no se han negado a atender la llamada, el primer encuentro del viaje del héroe es con un personaje protector (a menudo una ancianita o un anciano) que le da unos amuletos al aventurero para que combata y supere a las fuerzas del dragón». Algunos de estos guías sabios de ficción que más me gustan son: la señora Whatsit, la señora Who y la señora Which, de *Una arruga en el tiempo*; Aughra, la astróloga de *Cristal oscuro*, y Joan Clayton, conocida también como la Alcahueta de la serie televisiva *Penny Dreadful*, que es una vieja bruja que practica abortos. Cada una de ellas ofrece ayuda o acompañamiento al héroe en su búsqueda, o a la heroína, si es el caso, y suele hacerlo en momentos de crisis y de inseguridad personal. Abundan menos los casos en que la protagonista del cuento es la bruja misma.

A medida que me voy haciendo mayor, me doy cuenta de que sorbo todas las representaciones positivas del hecho de envejecer más sedienta que una rosa de Jericó. Uno de los placeres que me hace sentir menos culpable es ver películas que tienen como protagonistas a mujeres mayores a las que se les brinda una segunda oportunidad en la vida: *Harold y Maude*, *Bajo el sol de la Toscana*, *El exótico Hotel Marigold* o *Museum Hours*. Quiero saber que puedo contar con la posibilidad de tomar un camino alternativo, que no me limitaré a secarme y a desaparecer, por mucho que eso sea lo que la cultura visual se empeña en hacerme creer. Quiero saber que tener vitalidad y poder sobre una misma es algo posible en cualquier etapa de la vida.

Quizá mi heroína preferida de todos los tiempos, y me refiero a las mujeres mayores, sea Marian Leatherby, la protagonista sorda, desdentada y de noventa y dos años de *La trompeta acústica*, novela escrita por la lumbrera surrealista Leonora Carrington. Marian luce una barbita grisácea que le parece que es «muy de caballero» y tiene una amiga íntima y geriátrica llamada Carmella que afirma: «Las personas con menos de setenta años y más de siete no son de fiar, a menos que sean gatos». Gracias a una combinación de brujería y de una rica imaginación, Marian se embarca en una misión increíble para escapar de la residencia para personas mayores a la que su familia quiere enviarla. A lo largo de toda la narración, Marina es una persona mágica, llena de recursos y, en último término, poderosamente individual (a diferencia de la persona en quien Carrington llegó a convertirse, como ya veremos).

Estas ancianas contemporáneas me recuerdan que siempre es buena idea volcarnos hacia nuestro interior y conectar con lo que quiero ser en lugar de pensar en la imagen que me gustaría tener. Por otro lado, me animan a considerar el proceso del envejecimiento como algo dotado de una magia propia y majestuosa, porque una está más ducha en experiencias, y en lecciones aprendidas, y puede impartir su sabiduría a las generaciones futuras.

La bruja es algo que el cuerpo de la mujer lleva escrito encima, y por eso debemos considerar cómo nos ponemos a esa bruja.

Según la Federación Nacional de Vendedores al por Menor, la

bruja es el disfraz de Halloween que encabeza la lista de los disfraces más vendidos para adultos durante los catorce años que se estuvo llevando a cabo un estudio de mercado, y yo me atrevería a decir que ocupa el puesto número uno desde hace mucho más tiempo. El diseñador de moda Adrian consolidó la idea que tenemos de cómo viste una bruja a partir del diseño que realizó para la Bruja Malvada del Oeste en la película de MGM *El mago de Oz*, pero en realidad se inspiró en una iconografía muy anterior. Existen fotografías antiguas en las que se ve a mujeres disfrazadas de brujas varias décadas antes de que se realizara la película, y el disfraz de bruja ha sido un clásico recurrente en todas las fiestas, tanto en Halloween como en cualquier otra fiesta, al menos desde la época victoriana.

El libro de Ardern Holt *Fancy Dresses Described; or, What To Wear at Fancy Balls* se hizo tan famoso en la década de los 1880 que se editó seis veces. Era un compendio alfabetizado de disfraces para damas victorianas adineradas, y este es un extracto:

> De bruja, con ropajes sueltos, de madre: la madre Bunch, la madre Shipton, Nance Redfern, la dama Trot, la hechicera, la bruja y el hada madrina visten de una manera muy parecida [...]. La dama Trot lleva un sombrero puntiagudo no muy alto. Nance Redfern, la madre Shipton y la Anciana que Volaba por el Cielo, al ser brujas, llevan una escoba, y en la falda, sapos, gatos, serpientes, zarapitos, ranas, murciélagos y lagartos de terciopelo negro; una serpiente enrollada en la base del sombrero, un búho en la parte delantera y un gato negro en el hombro. A veces llevan una capa escarlata cosida sobre los hombros, y visten un cuerpo de terciopelo alto con las mangas colgantes.

Las ilustraciones de los libros infantiles sin lugar a dudas tuvieron una gran influencia en el imaginario popular eduardiano y victoriano, sobre todo las pertenecientes a los cuentos de hadas y a las nanas de los cuentos de Mamá Oca. Las obras de los artistas a menudo la representan con un sombrero puntiagudo; y es curioso, porque hay escritos que sugieren que su pariente aviario indica que, de hecho, podría ser una versión más amable de la diosa-bruja del invierno de origen germánico Holda.

Los primeros cuentos de la Madre Oca se publicaron en 1697. El autor, que escribía cuentos de hadas en francés, Charles Perrault, publicó *Historias o cuentos de tiempos pasados, con su moraleja*, y con el subtítulo de *Cuentos de Mamá Oca*. Y, por supuesto, estos cuentos y subsiguientes nanas han estado circulando desde entonces, con la imagen de la Madre Oca versionada tantas veces como los mismos cuentos. A finales del siglo XIX las ediciones inglesas de Mamá Oca publicadas por McLoughlin Brothers y Henry Altemus Company la mostraban con un sombrero negro y puntiagudo y a menudo sosteniendo una vara o una escoba, y las ilustraciones de Arthur Rackham para el libro de 1913 *Mother Goose: The Old Nursery Rhymes* cristalizaron su imagen como una anciana vestida con un sombrero negro de bruja cabalgando sobre un ganso y con una capa volando al viento.

Sin embargo, todo esto consigue que nos planeteemos la pregunta siguiente: ¿cuál es el origen del sombrero puntiagudo?

He leído varias versiones sobre el tema. Algunos creen que es la repetición tardía del Judenhut o sombrero de los judíos, que los judíos se vieron obligados a llevar durante la Edad Media. Otros han escrito que en esa época los maestros cerveceros solían ser mujeres, y que llevaban unos sombreros altos y cónicos para destacarse en los mercados. (Por cierto, hay teorías que sostienen que el caldero y el gato de la bruja proceden de la fermentación de la cerveza que hacían esas mujeres; el primero servía para fermentar la cerveza y el segundo para espantar a los ratones que había en la cocina.) También he leído que ese tocado puntiagudo sencillamente estaba de moda entre la élite medieval. La sacerdotisa wiccana Doreen Valiente escribió que procede del *copataine* o sombrero de montura francés. Erica Jong escribió que era el sombrero que se asociaba con los herejes en la Edad Media, y que entre las décadas de 1440 y 1480 el sombrero puntiagudo de las francesas que seguían la moda fue considerado demoníaco para el clero.

La respuesta quizá sea mucho más simple (y mucho más reciente también) que todo lo que llevamos contado hasta ahora: según los historiadores Ronald Hutton y John Callow, el disfraz de bruja, con sombrero incluido, tiene su origen en el atuendo que llevaban para viajar principalmente las británicas de clase obrera durante los siglos XVII y XVIII. Hutton también destaca que el traje nacional galés que se adoptó en la década de 1820 incluía un sombrero alto. (Hay pruebas que dicen que algunas británicas de clase alta llevaban también este tocado, a modo y semejanza del *Retrato de la señora Salesbury con sus nietos Edward y Elizabeth Bagot*, retrato que, sin pretenderlo, tiene unas reminiscencias irresistibles a brujería y que pintó John Michael Wright en 1675.) Este estilo de indumentaria lo usaron los artistas posteriormente para plasmar a la mujer anticuada, símbolo de tradiciones caseras y sistemas arcaicos de pensamiento (y en el caso subsiguiente de Mamá Oca, y de personajes relacionados con él como la madre Punch y la Madre Hubbard. En fin, ¡la misma historia de siempre!)

Esta bruja de las ilustraciones era una parodia de la viejecita o la curandera. Una vieja payasa que podía ser cualquier cosa, desde una tonta hasta un ser espeluznante, en función del contexto. Y su indumentaria se codificó más tarde gracias a los dibujos populares del siglo xviii, después de que se hubiera puesto fin a la caza de brujas. Una de las representaciones más icónicas de una bruja aparece en un grabado de William Hogarth de 1762 titulado *Credulidad, superstición y fanatismo*. Es una obra que satiriza la fe ciega de la religión, sobre todo el movimiento metodista. La obra muestra a un predicador dando un sermón a su congregación sobre el mal mientras sostiene una marioneta del diablo en una mano y en la otra la de una bruja con un sombrero puntiagudo y montada en una escoba que está chupando un íncubo felino. Esta imagen causó un gran impacto en la cultura visual de la época, aunque la bruja en sí fuera relativamente diminuta. Quizá fue esa imagen la que creó el modelo de esa bruja que todavía vemos representada en los dibujos animados, los libros y los disfraces de hoy en día.

Esta bruja también ha seguido influyendo en la moda, sobre todo durante los últimos años. Son varios los diseñadores que han tomado prestadas sus prendas deliberadamente sacándolas del armario de las escobas. La colección de primavera de 2013 de Heidi Slimane para Yves Saint Laurent presentaba unos sombreros negros de ala ancha, vestidos de *chiffon* negro transparente y accesorios de cuero negro con tachuelas, y tenía una onda bohemia y oscura con reminiscencias a lo Bruja Malvada de la Costa Oeste. La colección *prêt-à-porter* para la primavera de 2015 de Gareth Pugh incorporó pentagramas de lentejuelas, muñecos paganos y máscaras de cráneos de animales cornudos. La línea de Alexander McQueen siempre ha estado haciendo guiños de complicidad a la brujería y a los cuentos de hadas desde sus comienzos, y su diseñadora en jefe, Sarah Burton, ha seguido ese mismo espíritu. Su colección de invierno 2017-2018 se inspiró en las tradiciones de Cornualles, e incluía gruesas cintas cosidas como las que se ataban a los árboles de los deseos y unos vestidos folklóricos largos de color negro, así como trajes de chaqueta con filigranas de plata que reproducían la imaginería del tarot. Valentino, Rodarte, Elie Saab, Rick Owens, Marc Jacobs, Yohji Yamamoto, Iris van Herpen y Ann Demeulemeester son varios entre muchos diseñadores de ropa cuya línea está inspirada en los vestidos, los tocados y las prácticas brujeriles de la última década.

Resulta alentador ver que las mujeres mayores salen en las campañas de moda más recientes, a menudo representadas con un estilo glamuroso y místico, desde la estupenda mujer sabia YSL de Joni Mitchell de 2015 a la ultrachic pitonisa vestida de Gucci que encarnó Tippi Hedren en 2018. La anciana sabia ya ha llegado al mundo de la alta costura.

La bruja es una musa para los iconoclastas contemporáneos porque rompe las reglas de lo que resulta apropiado. No le interesa demasiado agradar a la mirada del varón, y a menudo le encanta rebelarse contra eso. Como dijo Hayley Phelan, editora en jefe de Fashionista.com cuando fue entrevistada por *The New York Times* sobre la moda de las brujas: «Los vestidos maxi y las capas en realidad no dejan ver las carnes [...]. [Estos diseñadores] están celebrando una clase de belleza que quizá atraiga más a otras mujeres que a los mismos hombres». La bruja de la moda es poderosa, porque cambia drásticamente las expectativas de la representación femenina en general. Puede que sea atractiva, pero no resulta *tentadora*. La ropa de bruja por suerte no es bien recibida. Es como decir: «No vayas a hacerme enfadar», o como Carmen María Machado escribió en un artículo de *Harper's Bazaar* de 2018, la moda de las brujas es «El lujo combinado con la sensación de que estás siendo tú misma, y combinado con la idea de "jódete"». Al llevar una ropa que desafía el contrato social de que hay que vestir para impresionar, filtramos y descartamos a todos esos espectadores que encuentran poco atractiva esa apariencia exterior que en absoluto resulta solar. Es la antítesis de la rubia sonriente que va en bikini. Las brujas se arreglan para verse fuertes y complejas, no para dar una imagen de fáciles y complacientes. Su estética evoca el misterio, e incluso el caos, porque trastoca muchas de las cosas que nos dicen que tiene que tener una mujer atractiva: ser pasiva, estar bien dispuesta y convertirse en un imán para las miradas escudriñadoras.

A pesar de que el armario de las brujas puede ser sexy a veces, no tiende a priorizar la conciencia corporal. A menudo, la moda inspirada en las brujas tiene más que ver con llevar varias capas de ropa suelta para disimular las formas o con telas que llevan a modo de capa para cubrirse. Esconde más que revela. Crea un escudo, aunque sea blasonado de lentejuelas y símbolos a modo de talismán. Por eso, quien viste así se autorregula y se autoprotege; es un hechizo textil andante. Si nos deja asombrados, es porque quiere. Esta bruja es perturbadora porque le da la gana.

A las mujeres se les ha dicho toda la vida que sus cuerpos son malos e impropios, y que pertenecen a otras personas. La bruja que está de moda es dueña de sí misma en primer lugar, y sobre todo. Controla lo que quiere mostrar y también lo que quiere compartir.

Si los demás consideran su anatomía una monstruosidad, o creen que tiene una cierta majestuosidad, poco importa. Ella sabe que su cuerpo le pertenece.

Y ese es el verdadero poder.

5. Las hermanas con un don y las damas de las sombras

Mi peluquera también me lee las cartas del tarot, y lo eficaz que resulta satisface hasta extremos inconmensurables a la bruja pragmática que hay en mí. Cada tres meses más o menos voy a su apartamento decorado estilo *art nouveau* de Amber King y me siento a su mesa de madera, donde nos ponemos al día sobre las cosas de la vida y nos tomamos un bebedizo de hierbas calentito que ha preparado. Hablamos de lo que he sido, de todos los esfuerzos que estoy haciendo y de lo que espero conseguir. Y luego empieza el ritual en sí: me lee las cartas de un mazo en las que se representan las pinturas doradas de Klimt, que es el que siempre usa, y me da mensajes sobre el momento de mi vida espiritual y sobre cuáles son los pasos que he de dar o las cosas que he de tener en cuenta. Luego me lava el pelo en una especie de barreño que tiene en la cocina, y que ya viene empotrado en muchos pisos antiguos de Manhattan, antes de sentarme frente a su tocador con espejo. Allí me corta el pelo y, como me dijo ya la primera vez, «me echa bendiciones» como parte integrante de la lectura que hace de mí. Todo eso lleva alrededor de un par de horas y cuesta el mismo precio que te cobran por un servicio cualquiera de peluquería. Y lo que es más importante, siempre salgo mejor que cuando entré. Más liviana porque me he desprendido de unos cuantos mechones demasiado crecidos, eso sin duda, pero también mejor recalibrada.

La lectura y el corte de pelo son las dos caras de un trabajo mágico y holístico. Uno alinea mi interior y el otro mi exterior, y se aseguran de que me sienta equilibrada a todos los niveles. Ir a casa de Amber es cuidarse de una misma y tener un encuentro metafísico. Ella reorienta mi brújula interior, y luego recorta todo aquello que ya no me sirve despejando el camino para seguir adelante. El corte siempre es precioso, pero lo que más valoro es la visión interior que me da, porque literalmente desenreda los nudos de mi cabeza. He llegado a pensar que ella es como un oráculo folicular.

Si los miedos y las fantasías sobre el cuerpo de la mujer se han visto vinculados a la brujería, puede decirse lo mismo de la mente femenina.

A las mujeres se las ha asociado con el hecho de poseer capacidades sobrenaturales, desde misteriosos poderes con los que accede al conocimiento hasta poseer percepciones extrasensoriales y una fuerte conexión con el mundo espiritual. Incluso fuera del contexto místico, la idea persistente de una «intuición femenina» implica que las mujeres tienen un sentido innato de conciencia del que carecen los hombres. Personalmente, no creo que eso sea cierto. Aunque las mujeres parezcan tener una mayor sensibilidad ante las fuerzas invisibles o señales sutilmente emocionales, eso seguramente se debe tanto a la socialización como a la biología. Quizá haya personas de todos los sexos con el mismo potencial de ser intuitivas, pero muchos hombres han tenido que aprender a eliminar eso, porque la sensibilidad se ha visto vinculada históricamente a la feminidad y a la debilidad.

En cualquier caso, la noción de que las mujeres están más programadas para las actividades paranormales sigue existiendo, y la esfera esotérica actual parece reforzar esta generalización. La inmensa mayoría de «consultores espirituales» que he conocido a lo largo de mi vida (videntes, astrólogos, trabajadores de energías y pitonisos de toda condición) han sido mujeres. En Lily Dale, la comunidad que se encuentra en el norte del estado de Nueva York a la que las personas acuden para oír mensajes de los fallecidos desde 1879, cuarenta de los cincuenta y un médiums registrados que se pueden consultar son mujeres (un 80%). De los treinta y un videntes representados en bestamericanpsychics.com, veintitrés de ellos (o un 74%) son mujeres, y entre los videntes, lectores de tarot y médiums que conté en bestpsychicdirectory.com, noventa y nueve son mujeres (un 80%). Realizar un estudio más extenso sobre el género de los intuitivos profesionales queda fuera del alcance de este libro, pero apostaría lo que fuera a que las estadísticas seguirían guardando la misma proporción.

A pesar de que sin duda alguna no todas estas personas pueden identificarse como brujas, se solapa lo que hacen con lo que se dice que hacían las brujas desde tiempos inmemoriales. Todos ellos parece que tienen acceso al gran desconocido, y que pueden proporcionar directrices sobre la etapa que vivimos desde el mundo espiritual. Tanto si lo llamamos un segundo punto de vista, un tercer ojo o un sexto sentido, en general son las mujeres las que dicen poseer capacidades especiales para saber lo que puede predecirse, para informar o para iluminar.

Y no importa que las llamen brujas, sibilas, oráculos o adivinas, porque estas mujeres a veces han sido reverenciadas, pero la mayoría de ocasiones son denostadas. La idea de que su extraño don pueda darles ventaja sobre los demás o capacitarlas para dominar el futuro siempre ha resultado, como mínimo, inquietante.

«¿Qué hacen las brujas?», pregunta la estudiante de ballet Suzy Bannion a su profesor de danza en la película de terror de Dario Argento de 1977 *Suspiria*. Y él le dice: «Pueden cambiar el curso de los acontecimientos, y la vida de las personas, pero solo para hacer el mal [...]. Pueden causar sufrimientos, enfermedades e incluso la muerte de los que, por cualquier razón, las hayan ofendido».

Las brujas de la Academia de Baile Tanz cumplen sobradamente con las expectativas, y nuestra Suzy debe destruir a la cabecilla, Helena Markos, a menos que quiera morir asesinada. En el *remake* de 2018 de *Suspiria*, las brujas que dirigen la academia de danza tienen unas capacidades mentales espeluznantes. Pueden sentir cuándo sus alumnos están preparados para ejecutar rituales de danza que forman parte del mundo del ocultismo, y acosan a las chicas con pesadillas. Su aquelarre está dedicado a una deidad maligna llamada Suspiriorum o Madre de los Suspiros y sacrifica las vidas de las bailarinas para mantenerla viva. A pesar de que estas brujas tienen un cierto carisma y son seductoras (Tilda Swinton representó a una de las líderes, Madame Blanc, y eso sin duda alguna aumentó su cociente de glamur), están metidas en asuntos de magia negra y sus poderes clarividentes son un componente clave de sus planes malignos.

El miedo a las mujeres con habilidades paranormales está arraigado en nosotros desde hace siglos. La Biblia no escatima en palabras cuando se trata de hablar de la brujería. La observación más notoria que se hace sobre el tema es cuando Dios le dice a Moisés durante el dictado de sus mandamientos: «No dejarás con vida a una hechicera». (Éxodo 22, 17, según la versión de la Conferencia Episcopal Española).

O como se dice en el Levítico 20, 27, «El hombre o la mujer que practique el espiritismo o la adivinación será castigado con la muerte; será apedreado. Caiga su sangre sobre ellos».

O en el Deuteronomio 18, 10, «No haya entre los tuyos quien haga pasar a su hijo o a su hija por el fuego, ni vaticinadores, ni astrólogos, ni agoreros, ni hechiceros».

En este punto es donde las cosas se vuelven lingüísticamente blandas, porque hay otras versiones de la Biblia en inglés en que se mencionan los términos «hechicera» o «mujer que practica la magia», en lugar de decir «bruja». De la misma manera, a la persona que «tiene un espíritu en su familia» también se la llama médium o nigromante, porque se creía que estos familiares la ayudaban a comunicarse con los muertos.

Baste todo eso para decir, según el Antiguo Testamento al menos, que ser alguien con poderes especiales era truncar las normas del Gran Señor de los Cielos (a menos que fuera Él quien concediera esos poderes, que era lo que solía hacer con hombres como Moisés). Eso significaba que, si practicabas el ocultismo, los servidores del Señor se asegurarían de que pagaras por ello con tu vida.

Sin embargo, en el libro de Samuel, una chica que susurra a los fantasmas se muestra bajo una luz mucho más amable. La historia del personaje que es conocido como la Bruja de Endor empieza con Saúl, el rey israelita. Sin saber lo que hacer cuando sus tropas están rodeadas por los filisteos, implora a Dios para que lo guíe. Dios no le responde, y el rey Saúl decide tomar cartas en el asunto: parte con dos de sus hombres para consultar con una médium con la esperanza de que tendrá más suerte con ella y podrá contactar con el mundo de los espíritus. El único problema es que Saúl ha prohibido la práctica a las médiums y la brujería en todo el reino. Por si no tuviera ya mala prensa el tema… En fin, Saúl se procura un disfraz y va a ver a una mujer que sigue practicando la nigromancia a escondidas.

Al principio ella se niega a atenderlo porque piensa que quieren tenderle una trampa. La mujer le recuerda que el rey ha prohibido trabajar con los espíritus y dice a su visitante: «Bien sabes lo que ha hecho Saúl, que ha suprimido del país a los nigromantes y adivinos.

¿Por qué quieres tenderme una trampa para enviarme a la muerte?».
Saúl le jura por el Señor que no le sobrevendrá ninguna culpa por eso.
Y la mujer pregunta: «¿A quién he de evocar?». Al profeta Samuel,
le contesta él, y ella accede a su petición. Es entonces cuando ella se
da cuenta de que su visitante en realidad es el rey Saúl. Le dice que
ve un espectro que surge de la tierra, como si fuera un dios, con el
aspecto de un hombre anciano que sube envuelto en un manto. Saúl
reconoce la descripción que le hace la mujer y se da cuenta de que
la invocación ha surtido efecto.

Por desgracia, el espíritu de Samuel es portador de malas noticias.
Primero riñe a Saúl por haberlo invocado, y le dice que si Dios no
le ha prestado su ayuda, ¿por qué diantre va a tener que hacerlo él?
Es entonces cuando le dice a su hermano que los filisteos invadirán
Israel y que Saúl y sus hijos morirán al día siguiente. O sea que…
¡hasta luego, Lucas!

Saúl cae postrado al suelo por el impacto de la noticia, y también
por tener pocas fuerzas, porque no había probado bocado en todo
el día. La médium insiste en darle de comer, mata un ternero bien
cebado, toma harina de amasar y cuece unos panes sin levadura que
sirve tanto a él como a sus hombres.

Es lo último que se nos dice de la mujer, y por eso podemos asumir que seguirá practicando la nigromancia alegremente. Por otro
lado, su reputación queda intacta: no solo hace una sesión secreta
de primera, sino que se luce mostrándoles sus dotes de anfitriona. A
Saúl no le va tan bien, porque la profecía del fantasma termina resultando cierta. Al día siguiente, los tres hijos de Saúl mueren en el
campo de batalla y él, tras recibir varias heridas de flecha, se lanza
sobre su propia espada. Los filisteos ocupan Israel.

Es una historia curiosa en un sentido moral, sin duda, que refleja nuestra continua ambivalencia en lo que respecta a las consultas que les hacemos a los que están conectados con el plano etéreo. Por otro lado, no puedo evitar sentirme cabreada con todas las de la ley ante la hipocresía de Saúl. Como les sucede a muchos legisladores (por ejemplo, a los congresistas que se declararon contrarios al caso Roe contra Wade y que, sin embargo, costearon los abortos de sus amantes), ese rey demanda en secreto los mismos servicios contra los que legisla. Por no mencionar que agarra del cuello a nuestra bruja sumiéndola en la dinámica del poder. La mujer no tiene elección, salvo atender el ruego de llamar al espíritu de Samuel, aunque sabe que con ello pone en peligro su vida. Recuerdo que cuando leía esta historia pensaba que aquello fue un acto de misericordia por parte de Saúl, y de bondad por parte de la bruja. Y ahora me parece más bien un relato sobre los privilegios masculinos, y que trata de un hombre que tiene el poder de cambiar sus propias reglas cuando le conviene, independientemente de que eso pueda afectar a personas vulnerables. Me gusta pensar que, cuando nuestra endoriana se enteró de su muerte, organizó una cena para celebrarlo obsequiándose a sí misma con otro ternero.

Si analizamos con mayor detenimiento el personaje de la bruja de Endor, resulta interesante desde otro punto de vista, porque en realidad nunca se habla de ella como si fuera una bruja en la Biblia. La descripción original en hebreo que se hace de ella es *ba'alat ob*, que se traduce aproximadamente como «señora del *ob*». ¿Y qué es un *ob*? Las interpretaciones varían, pero lo más probable es que fuera una especie de vasija u hoyo que contenía a un familiar o a alguna otra entidad fantasmagórica. Tiene sentido.

Parece que a nuestra dama de las sombras no se le dio el califi-cativo de Bruja de Endor hasta cientos de años después de que se escribiera su historia por primera vez. En la Biblia llamada la Vulgata, que Jerónimo tradujo en el siglo IV de nuestra era, se habla de este personaje diciendo que es «*mulierem habentem pythonem*». Este término deriva de pitia o pitonisa, una alta sacerdotisa de la antigua Grecia conocida con el famoso nombre del Oráculo de Delfos. Fue una mujer quien desempeñó ese papel a partir del siglo XVIII y hasta el siglo IV a.C. en la ciudad de Pitos (llamado así en honor a la serpiente mítica Pitón, asesinada por el dios Apolo). Una de las funciones principales de Pitia era entrar en trance y canalizar palabras y profecías de Apolo para los que buscaban su consejo. Debido a algunas malinterpretaciones de ciertas traducciones, los términos «pitonisa» y «bruja» en Inglaterra terminaron fusionándose para referirse a aquellas mujeres que tenían poderes insólitos, a pesar de que en la Inglaterra del siglo XVI todavía fueran un factor diferencial. La aparición más temprana de la frase «bruja de Endor» se encuentra en el libro sobre brujería del escéptico Reginald Scot, de 1584, *Brujería desvelada*. El autor las denomina también pitonisas en el libro, a pesar de que su objetivo es demostrar que todo aquello era un fraude en el que se hacía una especie de ventriloquismo muy sofisticado para engañar a Saúl; es decir, que ella no era ni una bruja ni un oráculo. En 1597, el rey Jaime I refuta esta teoría en su propio tratado sobre la brujería *Demonología*, en el que afirma que las brujas son absolutamente reales, y toda una amenaza, aunque la amiga de Endor fuera más una pitonisa que una bruja. A pesar de que la aclamada pintura de Salvator Rosa *Saúl y la Bruja de Endor* fuera titulada por el Louvre, donde se exhibe en la actualidad, como *L'ombre de Samuel apparaissant à Saül chez la phythonisse d'Endor*, lo más probable es que Rosa no le hubiera puesto título en italiano, porque poner títulos a las obras de arte no era una práctica frecuente en la época. Sin embargo, en una carta fechada el 15 de septiembre de 1668, el pintor describe al personaje de su obra como la *pitonessa*, y por eso podemos afirmar que retratar a una pitonisa, y no a una *strega*, o bruja, fue su intención original.

Baste con decir que, aunque quizá la palabra «pitonisa» pueda haber tenido un significado muy preciso, actualmente ha caído en desuso. Imagino que «bruja» ahora suena mejor, y el hecho de que este azote bíblico recibiera tal nombre es testimonio de los modos en que las diversas categorías de magia (adivinación, nigromancia, hechizos, canalizaciones, etcétera) hayan ido desapareciendo con el tiempo y se hayan visto metidas en un mismo saco al que se le ha puesto la etiqueta de «brujería».

La profecía y los misterios de la mortalidad son elementos importantes en otra legendaria historia de brujas: *Macbeth*, de Shakespeare. Las tres hermanas fatídicas quizá sean el trío más famoso de brujas de la historia, y los catalizadores de la sangrienta búsqueda de la corona por parte de Macbeth. Como sucede con la bruja de Endor, también son personajes moralmente turbios que ponen muy nervioso al protagonista, pero a las que consulta de todos modos. Y, al igual que la de Endor, nunca se autodenominan «brujas», a pesar de que Shakespeare sí les da ese nombre al presentar el elenco de personajes.

Es más, en la edición original de la obra, Shakespeare no se refería a ellas como «fatídicas», sino más bien como «caprichosas». Sin embargo, el autor sacó la historia de Macbeth directamente de una colección de libros de historia titulados *Holinshed's Chronicles of England, Scotland, and Ireland*, que sin duda se refieren a estos personajes como a las «hermanas fatídicas»; por eso los traductores modernos han recuperado el término. En cualquier caso, el nombre les sienta bien, porque «fatídicas» deriva de la palabra *fate*, que en inglés significa «destino». Y estas brujas sin duda son agentes del destino, por decirlo simple y llanamente.

Las hermanas inauguran la historia diciéndonos que están a punto de conocer a Macbeth, y que a partir de ahí todo será ambivalente: «Bello es feo, y feo es bello...» Así se da comienzo a las polaridades significativas que se van hilvanando a lo largo de todo el texto. Las dicotomías que enfrentan a la naturaleza humana contra el poder sobrenatural, el poder masculino contra el poder femenino y el deseo contra la destrucción se enfrentan entre sí una y otra vez en Shakespeare, y su texto sondea sin cesar en los espacios en que estos contrarios en apariencia coexisten, se solapan o invierten.

Cuando Macbeth, junto a su compañero Banquo, conoce por primera vez a las hermanas, estas le dicen que será rey, y que Banquo engendrará una estirpe de reyes, a pesar de no ser rey. Este hecho (además de las manipulaciones que hace su esposa y señora de la casa) provoca que Macbeth asesine a quien ostenta la corona, el rey Duncan, así como a algunos de sus guardias. Y que luego encargue a unos asesinos que maten a Banquo y a su hijo Fleance, a pesar de que este último huye. El fantasma de Banquo se le aparece a Macbeth en un banquete que da esa misma noche. Macbeth, que se siente aterrorizado, y con razón, porque ignora lo que le deparará el futuro, va en busca de las tres hermanas con la esperanza de que le tiren una vez más las habas de la adivinación.

La escena icónica del caldero en ebullición que aparece en la obra es la preparación del encuentro. El ojo de tritón, el dedo de rana, la sangre de babuino y otras espantosas vísceras son los ingredientes que emplean para hacer esa «hazaña sin nombre», que presumiblemente es la conjuración de cuatro visiones proféticas, si no crípticas, que hay que seguir. Son mensajes que Macbeth interpreta mal, porque cree que son reconfortantes, y por eso sigue adelante con sus matanzas, a pesar de haber entrado ya en un estado paranoico. Y lo que es relevante es que cree que la predicción de las brujas de que «nadie que haya nacido de mujer / podrá herir a Macbeth», significa que se encuentra a salvo de los peligros mortales. No tardará en comprender que es todo lo contrario, porque su enemigo, Macduff, nació vía cesárea, y su madre murió durante el parto. Este hombre es quien mata a Macbeth, corroborando con ello las palabras de las hermanas fatídicas.

En último término, *Macbeth* es una historia que pone frente a frente al destino con el libre albedrío. ¿Son las hermanas quienes causan la fiebre asesina de Macbeth y su posterior derrota o la caída de Macbeth tan solo es un caso de profecía autocumplida: la inevitable culminación de una ambición sin freno espoleada por el poder de la sugestión?

Por un lado, durante la obra, las brujas actúan con una intención clara: conjuran vientos, se regodean de poder hacer daño a otras personas y empiezan buscando a Macbeth. Justo antes de que conozcan a Macbeth y a Banquo, para empezar, nos cuentan que están ejecutando una danza circular para realizar una especie de encantamiento:

> Las Hermanas, de la mano, correos de la mar y campo, dan así
> vueltas y vueltas, tres de este, tres de ese y tres de este lado, nueve.
> ¡Chsss…! El hechizo está presto.

Tenemos asimismo el discurso de su diosa, Hécate, con el que deben enfrentarse (y que algunos deducen que en realidad lo escribió Thomas Middleton, y que posteriormente fue añadido a la obra, para complicar aún más las cosas.) En él se dice:

¿Pues cómo habéis tenido la insolencia de tratar con Macbeth para moverle con enigmas y pláticas de muerte y yo, divinidad de vuestros ritos, y secreta urdidora de perjuicios, nunca he sido llamada a tener parte ni dar gloria ni honor a nuestro arte?

En esencia, Hécate riñe a las tres hermanas por hacer alarde de sus engaños con Macbeth sin su presencia. En las versiones de la obra que incluyen este diálogo, es ella quien las anima a hacer el trabajo duro y a lograr que empeoren los problemas para empezar: les dice que se reúnan con ella por la mañana para hacer una sesión de hechizos en la que revelarán a Macbeth su destino.

De todos modos, también puede decirse que Macbeth interpreta sus profecías para que concuerden con sus deseos, y que este final tan trágico es consecuencia de sus propios actos.

O bien quizá sea una combinación de las dos cosas, y a través de nuestras elecciones podamos salir al paso de nuestro destino de alguna manera.

En cualquier caso, vale la pena examinar los dispares ingredientes que Shakespeare usa para crear a las tres hermanas fatídicas, porque expandió con ello los límites de la idea que teníamos de las brujas. En parte, el autor se inspiró en las tres fatídicas que aparecen en dos tradiciones distintas: las *moirai* griegas y las *nornes* nórdicas eran distintas repeticiones de un grupo parecido de tres deidades femeninas que determinarían el momento de nacer y de morir de las personas. En esta tríada mitológica, a veces se representan como una dama que hilvana el hilo de la vida, una dama que mide su duración, una señora que corta esa vida de un tijeretazo con sus cizallas terminales y aterradoras. Estas mujeres son las supervisoras del destino; unas mujeres formidables que gozan de un gran respeto.

Shakespeare, además, escribió durante el reinado británico del rey Jaime I (conocido anteriormente como el rey Jaime VI de Escocia), un hombre que, como ya hemos visto, estaba profundamente interesado en la brujería. Creía que las brujas habían enviado una tormenta en el intento de hacer naufragar la nave en que él y su recién desposada, la princesa Ana, había embarcado en Copenhague tras casarse. Como reacción a este incidente, se celebraron juicios condenatorios a varias brujas en Dinamarca y también en North Berwick, en Escocia (el primero que se celebró en el país), y este fue el que él mismo presidió. Cuando concluyeron, en 1597, Jaime I publicó el libro que ya habíamos mencionado con anterioridad, *Demonología*, que presumiblemente lo escribiera para refutar *Brujería desvelada,* de Reginald Scot. En el libro en cuestión defendía la tesis de que las brujas eran «esclavas del diablo», y ponía como prueba muchas de las «confesiones» que las brujas habían hecho durante estos juicios. *Macbeth*, en este contexto, puede ser considerado la prueba de que, en cierto modo, Shakespeare le daba coba a la realeza. Como escribe la catedrática Carole Levin: «Era famosa la fascinación que Jaime I sentía por las brujas, y no cabe duda de que Shakespeare compuso Macbeth en 1605 o 1606 […] para complacer a su nuevo rey». El mismo tratado de *Demonología* del rey, usado como una herramienta, fue esa leña de combustión que permitió desarrollar los personajes de las tres hermanas, y probablemente esa sea la razón de que estas mujeres se presenten como una combinación de oráculos proféticos y cocineras de hechizos muy cuestionables.

La obra, además, fue sin duda muy relevante para públicos de todas las edades. La creencia de que las brujas podían usar la magia para vengarse de las personas que las habían perjudicado todavía estaba vigente en el imaginario de algunos ingleses e inglesas de todas las clases sociales de la época. Practicar la brujería fue criminalizado en Inglaterra oficialmente desde la Ley de la Brujería de 1542 (aunque cinco años más tarde fuera refutada, y sustituida por otras leyes). Las leyes de 1563 y 1604 transfirieron los juicios de brujas de la Iglesia a los juzgados. La ley de 1604 se aprobó poco después de que el rey Jaime asumiera el trono, y el título completo que se le dio fue Ley contra la Conjuración, la Brujería y los Tratos con el Mal y los Espíritus Malignos. Fue ese estatuto el que envalentonó a Matthew Hopkins, el autoproclamado General Antibrujas, para que persiguiera y condenara a muerte aproximadamente a unas trescientas mujeres entre 1644 y 1646, así como para que escribiera su malhadado tratado *The Discovery of Witches* en 1647. La última persona en ser ejecutada por brujería en las islas británicas fue una escocesa llamada Janet Horne, que fue condenada a morir en la hoguera en 1727.

Con todo lo dicho por delante, también había quienes, como Reginald Scot, se mostraban bastante escépticos ante la afirmación de que la brujería fuera una amenaza auténtica o real de alguna manera. No sabemos con claridad cuáles fueron las creencias de Shakespeare sobre el tema, aunque sí que siguió interesado en la magia como un tema literario, tal y como expuso claramente en *La tempestad*, obra de la que muchos piensan que fue la última que escribió en solitario, cinco o seis años antes de su muerte, en 1616. También escribió de su puño y letra un insolente «maleficio» para su propia lápida:

> Buen amigo, por Jesús, abstente
> de cavar el polvo aquí encerrado.
> Bendito sea el hombre que respete estas piedras
> y maldito el que remueva mis huesos.

Podemos imaginarnos a las hermanas fatídicas entonando un cántico con estas mismas palabras. Son personajes que contienen la quintaesencia de las brujas, e icónicos, porque Shakespeare realizó un trabajo maestro al combinar varios tabúes femeninos. No solo los usa para mostrar la mitificada conexión femenina con lo sobrenatural, sino que además escribe sobre la putrefacción de sus horrendos y viejos cuerpos. Como ya hemos establecido, muchas de las personas, por no decir casi todas, que fueron asesinadas en nombre de la erradicación de la brujería carecían de atractivo para la sociedad, y a menudo eran mujeres mayores. Las brujas de Shakespeare reflejan ese mismo concepto. Nos dice que son mujeres «marchitas, y ataviadas de cualquier manera» y que tienen «los dedos nudosos», «los labios delgados», y que lucen «barba»; aunque esta última palabra probablemente sea una atribución, y aluda al hecho de que en los tiempos de Shakespeare los actores que estaban a cargo de todos los papeles eran hombres.

De todos modos, las brujas de *Macbeth* han ido cambiando de forma a lo largo de los años, hasta llegar a convertirse en unas practicantes de vudú haitianas en la escenificación que hizo Orson Wells en 1936 (y que se conoce como *El Macbeth del vudú*), así como en una película posterior de 1948; a transformarse en un espíritu del bosque que hila con una rueca en la película de Akira Kurosawa de 1958 *Trono de sangre* o en un grupo de raveros en la popular obra de teatro de inmersión de Punchdrunk, *Sleep No More*, que se estrenó en 2011 y sigue representándose en Nueva York en la actualidad.

Cada una de estas versiones refleja su contexto cultural, así como las preocupaciones y los gustos de su director. Sin embargo, no importa los disfraces que vistan, lo que convierte a las brujas de *Macbeth* en unos personajes tan icónicos es que son grotescos, femeninos y capaces de ver cosas que el resto de los mortales no podemos ver. Tanto si interpretamos a estas figuras como fascistas del destino como si las consideramos entidades producto de la anarquía, son las mensajeras últimas de ese «desconocido propio», y nos recuerdan que a cada momento que pasa estamos tratando de resolver si tenemos control sobre nuestras vidas. Las hermanas fatídicas nos obligan a enfrentarnos a las grandes cuestiones de nuestra existencia: esas que, por ser demasiado educados, o demasiado prácticos, no podemos plantear en nuestro discurso diario. Esas que nos obligan a mirar el caldero en ebullición de quienes somos y de lo que somos en realidad.

Creer en poderes femeninos supersensoriales perduró más allá de la época de Shakespeare, y se presentó bajo un nuevo aspecto y una nueva semántica doscientos cincuenta años después de que escribiera *Macbeth*. Durante el movimiento espiritualista que hubo en Estados Unidos a mediados del siglo XIX, la palabra «brujería» no se utilizó, pero los elementos fundamentales de esa feminidad que entronca con fuerzas fantasmagóricas siguieron siendo los mismos.

En 1848, las hermanas adolescentes Kate y Margaret Fox, de Hydesville, en Nueva York, fueron noticia cuando contaron a la gente que oían unos extraños golpeteos por toda la casa. Al cabo de unos meses empezaron a comunicarse con mister Splitfoot, el diábolico nombre que le pusieron al espíritu que creían que causaba todos esos ruidos. Según las muchachas, esta entidad terminó identificándose como el fantasma de un tal señor Charles B. Rosna, que les dijo que había sido asesinado y enterrado en el sótano hacía ya cinco años. Los vecinos, alarmados, se prestaron a excavar bajo la casa. Al encontrar varios huesos, se inició una investigación, y arrestaron a un hombre del pueblo por ser el presunto asesino. Corrieron rumores sobre el extraño incidente, y al cabo de poco tiempo, la granja Fox vio un desfile de personas que querían conocer a las chicas que hablaban con los muertos. Entre tanta confusión, Kate, que tenía once años, y Margaret, que ya había cumplido los catorce, aprovecharon para marcharse con su hermana Leah, de treinta y tres años, y se fueron a vivir a Rochester. Pero no pudieron escapar a los rumores de estar en muy buena relación con los aparecidos.

Las muchachas confesaron a Leah que todo había sido una broma (a pesar de que posteriormente se retractaran). Leah, en lugar de destapar el asunto, se olió que ahí había una oportunidad, y montó a las muchachas sesiones de pago nombrándose a sí misma «intérprete» del significado de los golpeteos. Su reputación fue en aumento, y atrajo tanto el interés de los curiosos que pagaban por recibir una sesión como el desprecio del clero local, que las llamó herejes y brujas. Sus servicios fueron requeridos por personas que venían de muy lejos, y ellas no tardaron en desplazarse a lugares como Nueva York, Filadelfia y Washington DC, para hacer demostraciones de sus espectaculares capacidades mediúmnicas. Multitudes de creyentes y de escépticos iban a ver a esas hermanas de capacidades paranormales. Pero su influencia iba a ser mucho mayor de lo que nunca habrían imaginado. El ansia por tener conversaciones de tú a tú con los desencarnados empezó a consolidarse.

La época era propicia. Sin duda alguna las personas llevaban mucho tiempo intentando hablar con los muertos. Pero la América de mediados del siglo XIX era un caldo de cultivo para la espiritualidad alternativa, sobre todo en la zona que terminaría por llamarse el Distrito Quemado del norte del estado de Nueva York. Algunos grupos querían refutar la idea calvinista de que todas las almas estaban condenadas desde el comienzo y que solo los más píos podrían salvarse. Una facción de los cuáqueros más radicales acariciaba especialmente la idea de que todos los seres humanos eran iguales, independientemente de la raza o del sexo, expresión que empezaba a calar en círculos más abiertos de mente. Las comunicaciones con el otro lado parecían confirmar que los cuerpos eran meros caparazones y que el espíritu era lo que en realidad importaba. Fueron muchas las personas en Estados Unidos y Europa que empezaron a celebrar sesiones en sus salones y a usar métodos como el trance, la escritura automática y, en último término, la fotografía de espíritus para intentar establecer contacto con sus seres queridos. (Estas prácticas espiritistas se extendieron a los países de Latinoamérica y adoptaron el nombre de espiritismo, en gran parte debido a los libros de un francés que escribió con el sobrenombre de Allan Kardec, aunque es importante resaltar aquí que sus ideas se incorporaron a unas prácticas ya existentes de una adoración ancestral que se celebraba en esa región.)

El espiritualismo fue un fenómeno social. Al ser organizado de manera informal sin ningún cuerpo rector, la estimación del número de espiritistas que había en su momento cumbre, que fueron las décadas de los 1850 y 1860, varía muchísimo y abarca desde cuarenta y cinco mil a once millones de personas solo en Estados Unidos. Pero lo que sí estaba claro era que quienes lo dirigían eran, en gran parte, mujeres. Durante este período, la alta mortalidad de niños y soldados que combatían en la Guerra Civil dejó a muchas madres y a un gran número de viudas en un estado de perpetuo desconsuelo. Y el duelo se volvió visible para el gran público gracias en parte a la reina Victoria, de la que se sabe que vistió de negro durante los cuarenta años que pasaron después de que su esposo Alberto falleciera en 1861. Cuando

Willie, el hijo preferido de Abraham y Mary Todd Lincoln, murió de unas fiebres tifoideas en 1862, Mary empezó a celebrar sesiones en la Casa Blanca para contactar con él. El espiritismo ofrecía consuelo a los vivos, y la idea reconfortante de que esos miembros amados de la familia seguían con ellos, y que además eran accesibles, se les podía ver e incluso plasmarlos en fotografía.

No solo fueron muchas las mujeres que siguieron este credo, sino que además eran las dirigentes. La mayoría de médiums eran mujeres, y en gran parte debido a eso, el espiritismo fue un movimiento profundamente único y progresista. Como afirma Ann Braude en su libro fundamental *Radical Spirits*, «En el mundo de las médiums, el liderazgo religioso de las mujeres se convierte en norma por primera vez en la historia de América». Ser médium espiritista pasa a ser una de las pocas profesiones a las que las mujeres pueden acceder. Les da la oportunidad de ganarse un dinero y de tener influencia pública, sea cual sea su condición económica. A diferencia de lo que sucede en la Iglesia, una no tiene que ser ordenada para ser médium, solo ha de tener «el don».

En su superficie, el espiritismo además no representaba ninguna amenaza al patriarcado, porque los mismos rasgos que poseía el llamado sexo débil (nervios, una acusada sensibilidad y una constitución delicada) eran lo que supuestamente las convertía en las mejores candidatas para ser médiums en primer lugar. Es más, como canales pasivos, las médiums no eran responsables de las palabras que fluían a través de ellas. A menudo se decía que las transmisiones espirituales se recibían en forma de discursos ininterrumpidos y de gran elocuencia. El vocabulario y la ejecución que se manifestaban cuando la médium estaba en trance se consideraban demasiado sofisticados para proceder con toda seguridad de la misma médium.

Con independencia de la autoría de los discursos, estas mujeres que se convertían en huéspedes de fantasmas se encontraban en la minoritaria posición de lograr transmitir mensajes significativos a grandes grupos de personas. A causa de todo eso, el espiritismo se vio entrelazado profundamente con varios movimientos de justicia social, desde el abolicionismo a la defensa de los derechos de los niños y al feminismo. Braude escribe: «El espiritismo se convirtió en un vehículo importante, si no en el más importante, para la difusión de las ideas sobre los derechos de las mujeres a mediados del siglo xix en Estados Unidos [...]. A pesar de que no todas las feministas eran espiritistas, todas las espiritistas defendían los derechos de la mujer».

Las grandes reuniones de espiritistas se convirtieron en una de las principales maneras de que estas ideas radicales se difundieran, tanto a través de las médiums que recibían mensajes del mundo espiritual sobre la importancia de la liberación de todas las personas como a través de las conversaciones que mantenían con los espectadores que se reunían. De la misma manera, las espiritistas hablaban a veces en las reuniones sobre los derechos de las mujeres. A pesar de que no suele aparecer en los libros de historia, el significativo solapamiento en el diagrama de Venn de espiritistas, abolicionistas y sufragistas fue un componente crítico de estas piedras de toque revolucionarias de Estados Unidos como fueron la prohibición de la esclavitud y la legalización del derecho a votar de la mujer.

Algunos de los nombres más conocidos que defendieron la reforma sobre la igualdad de derechos se posicionaron contra el espiritismo, si no se daba el caso de que formaban parte de ese mundo. La mesa de salón donde Elizabeth Cady Stanton y Lucretia Mott esbozaron su Declaración de Sentimientos para la Convención de Seneca Falls recibió varios golpes sonoros por parte de los espíritus.

(Pertenecía a dos cuáqueros radicales y futuros espiritistas, Thomas y Mary Ann McClintock.)

Susan B. Anthony era agnóstica en lo que al espiritismo se refiere, pero lo cierto es que escribió las palabras siguientes a Stanton en 1855: «¡Ay, querido mío! Ojalá los espíritus me convirtieran en una médium en trance y pusieran en mi boca las palabras adecuadas [...]. Ni te imaginas cuánto he rezado para que me conviertan en una médium parlante durante toda la semana. Ojalá vinieran a mí en esa forma, porque los recibiría con los brazos abiertos». A pesar de la reputación que tenía de ser una buena oradora, Anthony se ponía nerviosa cuando tenía que hablar en público, y envidiaba la habilidad de las médiums de permitir que las palabras salieran de su boca. Un tiempo después habló para la comunidad espiritista de Lily Dale durante los veranos de la década de 1890, en ocasión de la celebración anual del día del Sufragio de la Mujer, como hicieron muchas otras lumbreras que defendían los derechos de la mujer, incluida la defensora del control de natalidad Margaret Sanger.

Cuando la abolicionista y la activista por la justicia social Sojourner Truth entró en contacto por primera vez con el espiritismo, fue muy escéptica. En 1851, cuando asistió a la primera sesión en Rochester, en Nueva York, dicen que se mostró tan irreverente como siempre con la experiencia, y que se puso a gritar: «Ven, espíritu. Salta aquí, encima de la mesa, y veamos si puedes dar golpes más fuertes». Sin embargo, terminó por abrazar el espiritismo, y al final, se mudó con su familia a una comunidad espiritista-cuáquera de Michigan llamada Armonía. Le atrajo de este grupo los valores que tenían de una mente abierta, su pacifismo e inclusividad, cuando no por su proclividad a interactuar con la vida del más allá. De todos modos, Nell Irvin Painter escribe que, con el tiempo, «no sospechó tanto de los espíritus, e incluso llegó a ver el espíritu de su padre como figura protectora». Cuando Armonía empezó a decaer unos años después, eligió seguir en la misma zona, y se mudó al cercano Battle Creek, donde vivió durante los últimos dieciséis años de su vida.

Victoria Woodhull fue una médium y una clarividente que se dedicaba al mundo del espectáculo, y afirmaba que los espíritus la protegían y la guiaban a lo largo de la vida. Quizá fue su apoyo lo que le permitió alcanzar tantas veces el ser número uno: fundó la primera sede de corredores de bolsa en Wall Street con su hermana, fundó el primer periódico de Estados Unidos cuyo propietario era una mujer, y fue la primera mujer en dirigirse a un comité del Congreso de Diputados cuando les pidió que concedieran el derecho de voto a la mujer. Sin embargo, quizá se la conozca mejor como la primera mujer de Estados Unidos que se presentó como candidata a la presidencia del país, auspiciada por el Partido Cosmo-Político en 1872. Eligió a Frederick Douglass como compañero de correrías, aunque eso fue un acto más simbólico que otra cosa, porque él nada sabía de todo eso, y se enteró cuando se anunció la nueva. Su enarbolada defensa del amor libre, su creencia de que el matrimonio era una esclavitud institucionalizada y que el sexo siempre tenía que ser consensuado, su insistencia para que las mujeres llevaran ropa menos estricta y que se debía poder cobrar dinero a cambio de sexo fueron tan solo algunos de los geniales puntos de vista que le ganaron el sobrenombre de señora Satán. (Sus antecedentes de realizar prácticas dudosas tanto en los ámbitos espirituales como políticos probablemente contribuyeran a alimentar esa idea.)

Las sufragistas y las socialistas terminarían por renunciar a Woodhull, porque la consideraron demasiado controvertida y sedienta de atención, pero la Asociación Americana de Espiritistas siguió dándole su apoyo hasta que fue clausurada en 1875. Era una persona complicada, incluso contradictoria: era antiabortista, y cuando empezó a envejecer se mostró contraria a la promiscuidad y desenmascaró a algunos espiritistas diciendo que eran unos farsantes. Sin embargo, el hecho es que fue una pionera en muchos ámbitos que competen a la liberación de la mujer, y que estuvo a años luz de su época. A lo largo de gran parte de su vida, insistió en que sus convicciones y acciones se las infundían sus guías, que habitaban en el mundo espiritual. Tal y como escribe su biógrafa Barbara Goldsmith, «La creencia de Victoria en los guías espirituales les dio poder, tanto a ella como a sus seguidores, para desafiar las leyes, la Iglesia y la institución tan arraigada de lo masculino».

El contacto con el mundo espiritual no solo fue un pasatiempo esperanzador para los que habían perdido a un ser querido. El espiritismo debió de ser una fuente de consuelo en sus inicios, pero luego se metamorfoseó y se convirtió en un motor etéreo de confianza para muchas de las mujeres que lo practicaban. Los mensajes sobre la propia valía y la independencia femenina que tanto echaban de menos en su vida mundana eran enviados a través de las voces de los desencarnados.

La abuela Trudy se me apareció en un sueño recientemente. Tenía un bebé al que acunaba entre sus brazos, y yo sabía que era mío. Me quedé muy desconcertada por dos razones. En primer lugar, ya he dicho que no tengo hijos; y en segundo lugar, mi abuela falleció en 2001. ¿Qué intentaba decirme? ¿Me enviaba un mensaje desde el más allá para decirme que me había equivocado? ¿Era aquello una profecía de algo que iba a suceder, o una aparición fantasmagórica sobre lo que me estoy perdiendo? Cuando me acerqué a ella, lo vi con mayor claridad, y una sensación de alivio me inundó: en brazos no llevaba a un bebé, sino que tenía un libro, que me entregó, e hizo un gesto para indicar que había una hilera de más libros flotando en el ambiente. Eran textos que yo escribiría, o quizá un estante de libros escritos por otros autores al que yo contribuiría con uno propio. Era una especie distinta de estirpe familiar.

Me desperté y me sentí aliviada. A pesar de que me siento cómoda con la decisión de estar haciendo otras cosas en lugar de ponerme a tener bebés, di mucha importancia a la información de mi aparecida.

De todos modos, y aunque fue muy bonito verla, eso mismo me recordó que hay muchas cosas que quizá nunca llegaré a entender. ¿Era mi abuela quien en realidad venía a mí desde otras dimensiones? ¿O era mi psique produciendo imágenes que parecían infundirme calma? No tengo ni idea.

Lo que sí sé es que, a pesar de los desarrollos científicos, los grandes misterios de nuestra existencia todavía tienen que ver con la muerte, el destino y el reino de lo invisible: ¿Qué sucede cuando morimos? ¿Hay fantasmas o espíritus, y podemos relacionarnos con ellos? ¿Controlamos nuestro destino o nos mueven unos hilos celestiales?

Son las brujas (tanto las ancianas sabias de Shakespeare como las espiritistas y sufragistas) las que nos recuerdan que, después de miles de años preguntando, todavía no tenemos una respuesta clara a estas cuestiones. Estos personajes trafican con ambigüedades y traspasan zonas inferiores. Saben cosas que nosotros desconocemos y que quizá en realidad no queremos conocer. Ven cosas que nosotros no podemos ver o que quizá no deberíamos ver. Su conocimiento secreto es sublime en el sentido que tenía la palabra en el siglo XVIII:

inspira respeto y además terror. Nos acobardamos en la estela de sus capacidades y nos sentimos agradecidos cuando nos brindan una dirección, por muy crípticas que sean sus reflexiones. Nos provocan para que nos enfrentemos a lo irracional, a lo inconcebible.

Sin embargo, si tenemos suerte, estas mujeres fatídicas pueden proporcionarnos momentos de epifanía. Nos ofrecen esa mirada que nos dice quiénes somos y quién podríamos ser en un futuro.

6. Las artes oscuras: hacedoras de magia y maestras artesanas

«¿Los primeros artistas fueron mujeres?», se preguntan en un artículo del NationalGeographic.com de 2013, que propone un nuevo análisis de las huellas encontradas en las pinturas rupestres de ocho enclaves paleolíticos. Un 75% de las pinturas son de factura femenina, según afirma el estudio, y no las hicieron los cazadores, como se creyó durante mucho tiempo. Comprenderás que me encante esta idea, y que no pueda evitar preguntarme qué pretendían estas artistas antiguas. Los arqueólogos sugieren la idea de que las pinturas fueron creadas por hechiceros y chamanes del Cromañón, que pintaron imágenes de animales y desnudos femeninos para propiciar la aparición de alimentos y de la fertilidad. Las huellas de manos quizá obedecieran a una especie de magia manual añadida, o quizá sencillamente fueran una firma, una marca que decía: «Yo he hecho esto».

Nunca sabremos la verdad. Pero resulta atractivo pensar que había hechiceras artísticas en la Edad de Piedra, porque duele pensar que prácticamente en toda la civilización humana han sido los hombres quienes han tenido permiso para poder crear obras para el gran público o para recibir la mayor parte de los elogios. Y como lo que los artistas a menudo representaban eran imágenes de mujeres, establecían el dictado de lo que consideraban deseable o repugnante, tanto en la estética como en la conducta, en el otro sexo. Eso está clarísimo cuando entramos de lleno en el tema de las brujas en el arte. Como ya hemos visto, fueron hombres como Albrecht Durero y Hans Baldung Grien quienes ayudaron a definir visualmente a las brujas con dibujos de damas desnudas y de endiablados pendencieros a finales del siglo xv y principios del siglo xvi. Otros dibujantes de brujas que ha habido en la historia son Frans Francken el Joven, Salvator Rosa, Henry Fuseli, Francisco Goya y John William Waterhouse. A pesar de que la creencia real en las brujas ha ido fluctuando a lo largo de los siglos en función de las actitudes cambiantes de la sociedad, su vocabulario visual siguió siendo básicamente el mismo: las brujas se representaban como ancianas horrorosas o como jóvenes y atractivas mujeres fatales.

A primera vista parece que la bruja goza de una cierta redención en el siglo xx. Fueron varios los surrealistas que se inspiraron en el arquetipo de la mujer-hechicera, gracias en gran parte al libro de Michelet que ya hemos mencionado, y que escribió en 1862, *La Sorcière,* y a la película del cine mudo de producción sueco-danesa inspirada en el libro *Häxan*, de 1922. La idea de la mujer hechizante, intuitiva y con libertad de espíritu inspiró a pintores surrealistas como Max Ernst, Paul Delvaux, Victor Brauner y Kurt Seligmann. Estos hombres realizaron diversas obras sobre el tema de las brujas con la intención de mostrar algo que fuera a la vez hechizante y erótico en la misma proporción. Sin embargo, aun con ese sesgo artístico más positivo que nos habla de mujeres con poderes especiales, la mayoría de los retratos de brujas representan a mujeres a las que no se les ve la cara o que van desnudas, cuando no suceden ambas cosas.

Ahora bien, por mi parte debo decir que soy una gran aficionada a las artes en general, y estoy obsesionada con las brujas, y por eso adoro la mayoría de las obras de estos hombres hipnotizadores, aunque deshumanicen a la mujer o sean políticamente incorrectos según los estándares actuales. Sin embargo, cuando las mujeres llevan la varita mágica de la creación sucede algo muy interesante, tanto si esa varita tiene forma de lápiz como si es un pincel: materializan su propia magia, y de alguna manera se convierten en bruja.

La mayor parte de los libros de texto sobre historia sitúan a Wassily Kandinsky como el abuelo del arte abstracto, y sin duda sus brillantes campos con manchas de color y garabatos fueron rompedoras en 1910, año en que empezó a pintar. Inspirado por la teosofía y por otros campos de estudio esotéricos, creía que la sociedad necesitaba apartarse del materialismo. Su manera metafísica de componer las imágenes fue un intento de traducir las energías invisibles en formas visibles, y de penetrar en una nueva era de la conciencia. «La literatura, la música y el arte son las esferas primeras y más sensibles en que se manifiesta esta revolución espiritual», escribió en su libro de 1911 *De lo espiritual en el arte*. Sin duda, el artista merece colgarse la medalla de haber popularizado la idea de que el arte no figurativo podría ser un medio de establecer contacto con el reino espiritual, junto con otros pintores como Piet Mondrian, Kazimir Malevich y Frnatisek Kupka. Sin embargo, en lo que respecta al advenimiento del arte abstracto europeo, hay dos mujeres de tendencia brujeril que los ganan por goleada: Georgiana Houghton y Hilma Af Klint.

Georgiana Houghton nació en Gran Canaria en 1814 y vivió la mayor parte de su vida en Londres. A pesar de que se formó como artista en su juventud, abandonó el arte durante varios años cuando su hermana murió en 1851, a la edad de treinta y un años. Era la segunda hermana que Houghton había perdido, porque su hermano pequeño había fallecido en 1826, a los nueve años. Como les sucedió a muchos europeos y americanos de mediados del siglo XIX,

Houghton se sintió atraída por el espiritismo. La muerte de su hermana le había roto el corazón, y Houghton participó en una sesión por primera vez en 1859. La experiencia fue tan intensa que decidió convertirse en médium. Y al final terminó volcándose en el dibujo espiritista, método artístico por el que la médium se considera un canal a través del cual los espíritus transmiten sus mensajes y visiones. En 1861, a los cuarenta y siete años, reconectó con su hermana fallecida y retomó su práctica creativa de inmediato.

Como sucedió con otras artistas que se consideraban médiums de la época, los dibujos de Houghton al principio fueron imágenes de flores, frutas y otras figuras reconocibles. Sin embargo, sus guías espirituales (o «amigos invisibles», como solía decir ella) no tardaron en conducirla hacia una dirección estética bastante distinta de la que emprendían sus contemporáneos. Remolinos, espirales y formas como de celosía empezaron a plasmarse en el papel. Sus estructuras parecían telas de araña psicodélicas o plumas de un ave del paraíso arrastradas por el viento, pero, en realidad, no se identificaban con nada conocido. Las imágenes no le resultaban del todo extrañas a Houghton, de todos modos, porque ella interpretaba a su manera lo que representaban los distintos colores y formas. Según Simon Grant y Marco Pasi, creía que: «El amarillo, por ejemplo, representa a Dios Padre, pero también la fe y la sabiduría. El naranja es poder; el violeta, la felicidad celestial…». Estos dibujos son intricados, complicados y asombrosamente bellos según los parámetros actuales; por eso no cuesta imaginar que debieron ser impactantes en esa época. Houghton les dio el nombre de «simbolismo sagrado», para denominar una información sagrada que recibía desde arriba.

La artista no solo estaba firmemente convencida, sino que además era ambiciosa. En 1871 montó una exposición de ciento cincuenta y cinco obras canalizadas, porque deseaba que fueran contempladas por muchas más personas que tan solo las de la comunidad a la que ella pertenecía y cuyos miembros se comunicaban con los espíritus. La exposición, en general, fue un completo fracaso. Los críticos la trataron con suma dureza, ella perdió gran parte de sus ahorros por haberla montado y solo vendió un dibujo. Houghton pasó el resto de su vida escribiendo, haciendo arte y siguiendo con sus prácticas de médium, hasta que murió en un cierto anonimato en 1884. Sus espectaculares y espectrales obras terminaron repartidas por todo el mundo, y durante más de un siglo fueron desconocidas, salvo por los círculos de espiritistas.

El hecho de que ahora seamos conscientes de su contribución a la historia del arte en gran medida es gracias a una exposición que se hizo en la Courtauld Gallery de Londres en 2016, en la que se mostraron treinta y cinco dibujos de la artista. Tuve la suerte de poder ir en persona, y me quedé conmovida no solo por el inmenso don que tenía, sino por lo coloristas que eran sus dibujos. He visto muchas fotografías de espíritus: imágenes en blanco y negro de hombres y mujeres victorianos posando con «fantasmas», o series de ectoplasmas vaporosos. Las imágenes de Houghton, con sus plumas radiantes del color del arcoíris, marcaban un gran contraste. Hay algo extático en todos esos dibujos. Tanto si su mano fue guiada por los fallecidos como si la sostenían los ángeles, la sensación que tuve fue de euforia.

Es una sensación parecida a la que siento cuando contemplo los dibujos de otra progenitora del arte abstracto, la pintora espiritista sueca Hilma af Klint. A pesar de que se llevaban cincuenta años, y que las dos mujeres vivieron en países distintos, la historia del origen de Af Klint guarda paralelismos con la de Houghton. Nacida en 1862, Af Klint creció en Estocolmo, donde estudió arte durante la adolescencia. Al igual que Houghton, se sintió atraída por el espiritismo, y ya de adolescente empezó a asistir a sesiones. Su interés por el mundo de los médiums aumentó cuando también perdió a su hermana, en 1880. Asistió a la Real Academia de Bellas Artes de Estocolmo de 1882 a 1887 y pintó (y en ocasiones expuso) retratos, composiciones florales y paisajes, que era lo que habitualmente enseñaban a las mujeres en las academias de arte.

Antes de 1896, sin embargo, empezó a experimentar con otros estilos que fusionaban su formación artística y su interés por el mundo de los médiums. En ese mismo año, ella y otras cuatro mujeres formaron un colectivo al que llamaron De Fem (o Las Cinco). El propósito del grupo era establecer contacto con seres espirituales para que les enviaran mensajes a través de sus pinturas.

En 1905, a los cuarenta y tres años, Af Klint recibió un mensaje de un guía espiritual llamado Amaliel, que le dijo que recibiría un gran *corpus* de obras. Sería, como Iris Müller-Westermann nos cuenta, un ciclo de «imágenes de una realidad sobrenatural, que no es física». En realidad, este proyecto terminó consistiendo en ciento noventa y tres obras realizadas por Af Klint entre 1906 y 1915, a las que tituló *Pinturas para el templo*. Como comisaria de la exposición, Tracet Bashkoff escribe: «El templo que se menciona en el título no era de los que pertenecen a este mundo. La artista visualizó que estas *Pinturas para el templo* se encontraban en el interior de un templo circular en el que los visitantes ascendían por un camino en espiral, siguiendo un viaje espiritual, que definían sus pinturas». Y estas obras de templos difieren mucho de las pinturas amables y fácilmente reconocibles que le enseñaron a hacer en sus comienzos.

La más antigua de todas, la serie del *Caos primordial*, contiene formas que parecen amebas, serpientes que se retuercen y cáscaras de caracol que flotan en el espacio, con unas líneas curvas, con letras y palabras pintadas en gran formato. Los colores principales que usaban eran el azul, que ella interpretaba como femenino, y el amarillo, que interpretaba como masculino. El verde también hace su aparición, presumiblemente para sugerir la combinación de las dos energías. Su serie *Eros,* de 1907, es mucho más amable, con colores rosa y blanco, y líneas en bucle que parecen flores o formas orbitales de planetas al pastel. Estas pinturas parecen más bien diagramas, los garabatos de una catedrática que, presa del frenesí, intentara dar con un código secreto.

Durante 1907, Af Klint también empezó a trabajar con formatos mucho mayores y con colores más brillantes. El título de su serie *Los diez más grandes* se explica por sí solo, dado que está hecho a gran escala, pero ese nombre también podría referirse al objetivo. Los cuadros plasman el desarrollo humano desde la infancia, la juventud, el paso por el mundo adulto y la vejez, pero bien podrían interpretarse como una representación del desarrollo del universo. Estas imágenes son asombrosas, tienen una paleta de color muy saturada que usa una variedad de colores naranja, rosa, violeta, amarillo y azul, y unas espirales y anillos ovoides y ondulantes. Parecen constelaciones o átomos, macrocósmicos y microcósmicos. Algunos llevan unos números romanos y unas letras cursivas, y también palabras. Observarlos es como mirar a través de un caleidoscopio. Af Klint se encontraba sumida en un estado trascendente cuando los pintó, y esa energía es infecciosa. Es difícil no sentir que perdemos el mundo de vista cuando contemplamos algo así. Ciertas señales nos resultan familiares, pero las formas no son las típicas. No sé si es a causa del lenguaje visual o de un ser supracelestial, pero lo imagino. La imaginería es, por recurrir a la tan manida frase, algo que escapa de este mundo.

A medida que iba evolucionando la obra de Af Klint, las imágenes se iban volviendo más reconocibles. A partir de 1913, cisnes, corazones y pirámides son las formas que aparecen junto a otras más geométricas, como cubos y cruces. La pintora estaba muy interesada en las enseñanzas del filósofo esotérico Rudolf Steiner, a quien conoció (y que se mostró muy crítico respecto a sus métodos espiritistas y artísticos), así como en el rosiacrucianismo, la teosofía y el mundo de la religión en general (aunque ella también fue una luterana practicante durante la mayor parte de su vida). Y aunque que creía que sus visiones procedían de una fuente externa, a medida que fue progresando empezó a sentirse como parte activa e integrante del proceso, en lugar de como solo un recipiente o un receptáculo con el que recibir comunicaciones extrasensoriales.

A pesar de que su estilo se fue metamorfoseando a lo largo de los años, hay unas cuantas cosas que de alguna manera siguen siendo coherentes: el atrevido uso que hace del color y su sentido de equilibrio, cuando no de su absoluta simetría. Tanto si pinta unas hélices dobles y opalescentes como si pinta cuadrículas de cristal o piezas de altar solares, parece que hay un anhelo de reconciliación. «Así como es arriba, es abajo», dice el adagio alquímico. Las polaridades masculino/femenino, luz/oscuridad, interior/exterior; y seguiríamos sin tregua, porque están todas presentes e implican que existe una especie de equilibrio universal entre fuerzas opuestas o al menos el deseo de que así sea.

Hay varios eruditos que se han apresurado a destacar que quizá no es muy justo decir que Georgiana Houghton y Hilma Af Klint sean las «inventoras reales» del arte abstracto. La tesis dice que a pesar de que quizá bebieran de las mismas fuentes espirituales e intelectuales de Kandinsky y los de su misma clase, no contextualizaron eso como «arte» puro (a pesar de que Houghton y Af Klint se identificaran completamente con el personaje del artista), y tampoco tenían la intención ni la capacidad de intentar que se desarrollara la comprensión estética de la sociedad. Si hubo algún solapamiento en cuanto al contenido (después de todo, Kandinsky también intentaba transmitir al espectador su experiencia de lo divino, a pesar de que creyera que sus ideas procedían de sí mismo, en lugar de venir de unos guías espirituales externos), Houghton y Af Klint sencillamente quedaron fuera del debate. No pudieron influir a otros artistas ni ser consideradas canónicas porque, claro, fueron muy pocos los que pudieron ver sus obras. El mundo del arte estaba dominado por los hombres, por eso era muy difícil que las artistas fueran tomadas en serio. El hecho de que crearan estas obras visionarias, distintas de todo lo que el mundo había visto hasta entonces, las volvía aún más marginales, y más notables, si cabe.

Si la mayoría no está familiarizada con la obra de Georgiana Houghton, no es debido a que la mujer no lo intentara. No solo produjo la exposición que ya hemos mencionado, sino que además presentó sus dibujos a instituciones como la Real Academia Británica y escribió varios libros. Af Klint, por otro lado, creía que nadie entendería su obra canalizada en toda su vida, y por eso decidió que sus casi mil doscientas pinturas no se mostraran al público al menos hasta que se cumplieran veinte años de su muerte, que fue en 1944. De todos modos, terminó por desear que pudieran ser contempladas, y concibió un sistema bastante fastidioso en sus diarios para indicar cuáles de sus piezas creía que merecían la pena de ser mostradas en público cuando el mundo estuviera listo para aceptarlas.

Pasaron muchos años antes de que las dos vieran que sus creaciones habían sido aceptadas por el público. La primera vez que el arte de Af Klint se presentó en una exposición importante fue en 1985, en la muestra *Lo espiritual en el arte: Pintura abstracta 1890-1985,* celebrada en el Museo del Condado de Los Ángeles. Pero no fue hasta 2013 cuando se hizo una gran retrospectiva de su obra, en el Museo Moderno de Estocolmo, a la que siguió su primera y más importante exposición en solitario en Estados Unidos, en el Museo Guggenheim, en 2018 (es curioso que este museo guarde un cierto parecido con el templo de arte en espiral que la pintora plasmó a partir de sus visiones). Los especialistas están empezando a reconocer sus contribuciones, y la trayectoria del arte moderno está siendo objeto de nuevas valoraciones. Como escribió el director del Guggenheim, Richard Armstrong, la obra de Af Klint «hace algo más que cambiar la línea temporal. Provoca que se establezca una reevaluación importante y precisa de la urgencia de la abstracción, y lleva a primer término cuestiones fundamentales sobre cuáles son los factores que modelaron su formación, cómo valoramos su evolución y quién es parte integrante de esa narrativa que todavía está por formar».

Quizá ese sentimiento se extenderá a Georgiana Houghton. Desconozco si se hizo una exposición monotemática de sus dibujos en algún museo importante antes de la que yo vi en Londres, en 2016, y mientras escribo estas líneas, ignoro si hay planes de convertir esa exposición en itinerante. Espero que alguien lo remedie, porque ella también merece que se la reconozca en todo el mundo.

Georgiana Houghton nació hace más de doscientos años y Hilma af Klint hace más de ciento cincuenta. El hecho de que solo hayamos podido conocer sus logros en la actualidad es una victoria pírrica. Si existe otra vida después de esta, espero que puedan verlo.

Hay otra artista de la que nada se ha dicho que logró cruzar la línea existente entre la ilustración y la adivinación. Muchos conocen su obra, pero pocos saben su nombre. Y eso es porque durante un siglo quedó excluida del título del tan popular mazo de tarot de Rider-Waite, a pesar de que fue ella la artista que creó su icónica (y ahora tan divulgada) imaginería.

Pamela «Pixie» Colman Smith nació en Inglaterra en 1878, y sus padres fueron estadounidenses, aunque pasó gran parte del tiempo en Nueva York y en Kingston, en Jamaica, porque su padre trabajaba de comercial en la Compañía para el Desarrollo de las Antillas. Creció enamorada de las artes, y vivió en casa de la aclamada actriz británica Ellen Terry durante las temporadas en que su padre se ausentaba cuando emprendía sus viajes de negocios. También cuidaron de ella los miembros del personal del Teatro del Liceo de Londres, incluido su director comercial (y finalmente autor de *Drácula*) Bram Stoker, cuyo libro *La madriguera del gusano blanco* ilustraría ella unos años más tarde.

Pixie estudió arte en el Instituto Pratt de Brooklyn desde 1893 hasta 1896, a pesar de que nunca se licenció, sobre todo debido a la repentina muerte de su madre. Se ha barajado la idea de que su madre fuera jamaicana, y los rasgos físicos de la hija a menudo fueron descritos como «exóticos», o quizá procedieran de una raza mestiza (rumor que ha circulado hasta la actualidad), aunque, si eso es verdad o no, es algo que todavía está pendiente de confirmación. Lo que es seguro es que la cultura jamaicana tuvo una influencia enorme en ella. Una de sus aficiones favoritas era vestirse con la indumentaria típica de la isla y contar cuentos tradicionales en los salones y las fiestas, y lo hacía de una forma tan cautivadora que el escritor Arthur Ransome la describió como «la madrina de una bruja y la hermana de un hada». Unos años más tarde, Smith publicó varios libros sobre el folklore jamaicano, incluido *Annancy Stories*, ilustrado y escrito de su puño y letra.

Disfrutó de un cierto éxito como artista comercial en Nueva York, y luego se mudó a Londres en 1900, tras la muerte de su padre. A pesar de estar viviendo un proceso de duelo, ese período fue prolífico para ella, porque escribió e ilustró varios libros y, según Stuart R. Kaplan, se dedicó a elaborar «un teatro en miniatura con personajes y decorados de cartón». Además, fue la anfitriona de una camarilla de bohemios urbanos que acudían a su estudio, y trabó amistad con escritores irlandeses que compartían su misma mentalidad mística, como A.E. (el mismo hombre que inspiraría a otra Pamela, *Mary Poppins*, de la escritora P.L. Travers) y el poeta y dramaturgo William Butler Yeats.

Su amistad con Yeats demostró tener una gran influencia en su evolución, tanto en el ámbito artístico como en el espiritual. A través de él y de su familia, se interesó por la mitología celta. Y llegó a afirmar que creía en las hadas y en los *goblins*, y que podía ver a unos seres sobrenaturales llamados los *sidhe* o los brillantes. Yeats también la presentó a la Orden Hermética del Dorado Amanecer, una sociedad de artistas y de librepensadores que se reunían para estudiar las enseñanzas del ocultismo y realizar rituales mágicos. La orden se basaba de un modo laxo en los principios masónicos de la iniciación, y los miembros adquirirían conocimientos sobre temas como la Cábala, la astrología, la alquimia y el viaje astral a medida que iban evolucionando. A diferencia de la francmasonería, la orden aceptaba a hombres y a mujeres como miembros «de pleno derecho». Bajo los auspicios de Yeats, Smith se unió al Templo de Isis-Urania de la Orden del Dorado Amanecer en otoño de 1901.

Durante este período, su producción artística floreció, y con ello sus finanzas. Empezó una revista sin demasiadas pretensiones llamada *Green Sheaf*, que trataba de poesía fantástica y contenía relatos e ilustraciones, y donde se publicó gran parte de su obra. Después de crear esa revista y una editorial posteriormente, Green Sheaf Press, se centró más en su arte propiamente dicho. Los estímulos sonoros eran especialmente importantes para ella, e inició una serie de obras basadas en las imágenes de sinestesia que captaba cuando escuchaba música clásica. Cuando la *Strand Magazine* le pidió que explicara la manera en que concebía sus pinturas, ella contestó que no eran «ilustraciones conscientes», sino más bien «lo que veo cuando escucho música, cuando me vienen pensamientos que fluyen libremente bajo el hechizo del sonido». A pesar de que sus pinturas musicales variaban en función de la canción que pintaba, a menudo representaban a mujeres de carácter mitológico vestidas con ropajes sueltos que evolucionaban por amplios paisajes naturales. Estas obras se convirtieron en las primeras imágenes no fotográficas que el aclamado fotógrafo (y finalmente esposo de Georgia O'Keefe) Alfred Stieglitz realizaría en su galería de Nueva York con un gran éxito de crítica. La pintora empezó a colaborar de una manera más activa con Yeats, e ilustró escenarios y diseñó el vestuario para varias de sus obras. En retrospectiva, todos estos proyectos en apariencia disparatados la prepararon muy bien para lo que se convertiría en su obra magna.

En 1903, Smith abandonó el Templo de Isis-Urania que Yeats encabezaba y siguió al poeta Arthur Edward Waite en la nueva facción que este creó llamada la Orden Independiente y Rectificada del Dorado Amanecer. Como escribe Elizabeth Foley O'Connor, «Waite quería crear una orden cristiano-rosacruciana más espiritual, y es posible que este objetivo influyera en la decisión de Pamela de convertirse al catolicismo romano […] en julio de 1911». En cualquier caso, en 1909 Smith recibió un encargo profético de Waite: la invitó a dibujar un nuevo mazo de cartas de tarot. Ella, que ya era una persona que de por sí infundía aspectos místicos a su arte, y una «médium muy alejada de la normalidad», como Waite afirmaba, parecía ser la persona más idónea para esta tarea. Sus imágenes no solo se mostrarían a los ojos del gran público, sino que además servirían para elevar la conciencia del espectador y guiarlo desde otro reino.

A pesar de que el tarot ha ido evolucionando a partir de diversos juegos de cartas durante cientos de años, el origen del mazo adivinatorio tal y como lo conocemos se remonta a la Italia del siglo XV, incluido el mazo Sola-Busca, en el que Smith se inspiró. A lo largo de los siglos XVI y XVII, la producción de tarots estaba centrada en Marsella, en Francia, y fue allí donde los arcanos mayores que tan familiares nos resultan en la actualidad (por ejemplo, las primeras veintidós cartas del mazo, incluido el Loco, el Mago o la Alta Sacerdotisa) se popularizaron y adquirieron un determinado orden. Ahora bien, el mazo marsellés no contiene ilustraciones para el número de cartas «simiente» de los arcanos menores (por ejemplo, el dos de copas o el nueve de pentáculos).

Waite quería crear un nuevo mazo de tarot que, a diferencia de los otros juegos anteriores, contara con ilustraciones completas para cada una de las setenta y ocho cartas, y además incorporara elementos astrológicos. Eso significaba que Smith no solo tendría que reinterpretar los dibujos que ya existían de las cartas de los veintidós arcanos mayores, sino que además debería partir de cero e inventar imágenes nuevas para los arcanos menores, incluidas las cuarenta simientes. La pintora también fue responsable de crear los reversos de las cartas y sus fichas de identificación: en total, ochenta ilustraciones.

En una carta que escribió a Alfred Stieglitz, en noviembre de 1909, dice: «Acabo de terminar un gran encargo [...] ¡y por cuatro perras! Es una serie de dibujos para un paquete de cartas del tarot, ochenta diseños. Te enviaré algunos [de los dibujos originales] porque a lo mejor a la gente le gustan».

En la actualidad esta nota tiene un cierto deje agridulce. La persona de treinta y un años que la escribió no tenía ni la más remota idea de la fama que alcanzarían sus imágenes cuando se publicaran, en 1910. El mazo de tarot de Rider-Waite, como terminó llamándose (y que tomó el nombre de Waite además del del editor, William Rider & Hijo), puede decirse que es el de mayor éxito, y que cuenta con el más alto reconocimiento, y que además es el que más se vende en Estados Unidos y en Inglaterra. Su obra artística, compleja y simbólica, ha sido fuente de inspiración y tenido un profundo significado para los lectores del tarot durante más de cien años, por no mencionar las innumerables veces que ha aparecido en todo tipo de soportes, desde camisetas a tazas de café o vestidos de alta costura realizados por Dior y Alexander McQueen. Podría decirse que la mayor parte de los miles de mazos que existen para hacer lecturas de tarot que fueron posteriores al de Rider-Waite improvisan a partir de su propiedad intelectual, cuando no lo copian directamente. Sin apenas sospecharlo, Smith creó ese legado con el que sueña todo artista. El hecho de que cobrara una suma tan irrisoria por su trabajo, y que además no cobrara derechos, es toda una tragedia. A pesar de que continuó con sus ilustraciones y siguió exponiendo su arte después de crear el mazo, siguió sufriendo penurias económicas, y nunca logró ese reconocimiento que esperaba en vida. No sé qué resulta más mortificante, si la suma irrisoria que recibió o la continua falta de crédito por haber realizado los diseños del tarot. En la actualidad, el mazo de Rider-Waite ha vuelto esos dos nombres famosos. El de Pamela Colman Smith sigue siendo desconocido.

Por suerte, este error histórico está siendo enmendado. U.S. Games Systems, el mayor editor de mazos de tarot, editó un juego conmemorativo de Pamela Colman Smith para celebrar el centenario del mazo en 2009. Ahora, a disposición del público, hay un mazo «Smith-Waite», y además el estudioso del tarot y fundador de U.S. Games Systems Stuart R. Kaplan acaba de editar la primera biografía de esta mujer, *Pamela Colman Smith: The Untold Story*. El instituto Pratt, su *alma mater*, hizo una exposición de sus ilustraciones en invierno de 2019. En algunas tiendas de ocultismo ahora solo se vende el mazo Smith-Waite, y tengo amigas que, como me sucede a mí, ya no usamos el mazo conocido como de «Rider-Waite». Si no podemos pagar a Pixie por su obra, al menos sí podemos prestarle más atención.

Como les sucede a muchas personas, he acumulado docenas de mazos a lo largo de varios años, con una amplia variedad de estilos y temas. Pero mi propio mazo Smith-Waite conserva un lugar muy especial en mi corazón. Cada vez que lo uso, siento una profunda conexión con esta mujer, esta «ahijada de una bruja». No solo compartimos nombre, compartimos una visión. Las dos nacimos bajo el signo de Acuario, y por eso estamos relacionadas con la Estrella, una carta del tarot que simboliza la intuición y la inspiración. Y al igual que ella, soy lo bastante afortunada de formar parte de una comunidad de trabajadores de la magia muy inspiradora, y de artistas con una mentalidad mística que buscan crecer en el ámbito espiritual y acrecentar sus conocimientos. Pamela Colman Smith creía que en este mundo hay más cosas de las que se ven. Quería que su arte nos abriera a otras posibilidades más allá de lo racional, lo cuantificable y lo que ya conocemos. Que nos llevara más lejos y nos enseñara más.

Barajo sus cartas con las manos, y las voy tirando una a una. Les dejo que me cuenten una historia: quién soy yo, de dónde vengo y a dónde voy. Hay muchas otras personas que, como yo, consultan los dibujos de Pixie de esta misma manera, ya que la lectura del tarot se está haciendo cada vez más popular. A pesar de que la autora falleció en 1951, estoy segura de que todavía sigue guiándonos.

La primera vez que oí hablar de Georgiana Houghton, Hilma Af Klint o Pamela Colman Smith fue cuando ya era una mujer adulta. Pero tuve la suerte de conocer la obra de otras dos brujas más cuando era una adolescente. Remedios Varo y Leonora Carrington han gozado de mayor renombre durante estos últimos años, pero cuando descubrí sus retratos en la década de los 1990, fue como si hubiera descubierto un tesoro escondido.

Al crecer en una localidad muy cercana a Nueva York y tener un padre que se desplazaba a diario a la ciudad, toda la familia íbamos a Manhattan con bastante frecuencia. Nos reuníamos con mi padre para pasar la noche con él al salir del trabajo o íbamos alguna vez entre semana, en ocasiones especiales. A mi hermana le gustaba celebrar su cumpleaños viendo un espectáculo de Broadway, y por esa razón vi clásicos de la década de los 1980 como *Cats* (aterrador), *Les Miserables* (superromántico y larguííísimo…) y *El fantasma de la ópera* (ese fue para morirse: me encantó el fantasma. Es más, ¡es que fue como si yo fuera aquel fantasma!).

Para celebrar mi cumpleaños, solíamos ir de peregrinaje al lugar que más me gustaba de todo el planeta: el Museo Metropolitano de Arte. Primero veíamos la exposición que hubiera, y luego hacíamos un recorrido por los lugares que más me gustaban: una parada contemplativa en el templo de Dendur, un saludo lunar al bronce de Augustus Saint-Gaudens, *Diana*, situado en el Ala Americana, y a continuación hacíamos una visita a viejos amigos como *Lilith*, de Kiki Smith, y los dos amantes vaporosos de *La tormenta*, de Pierre-Auguste Cot. Y luego lo redondeábamos con una cena especial en la cafetería principal, con su hipnotizante suelo de mosaico y la ración de costillas deshuesadas (sigo añorando que hayan cerrado este restaurante, por muy elegantes que ahora sean las galerías griega y romana en las que se metamorfoseó). Luego terminábamos la jornada con un paseo relajante por la celestial librería del museo. A pesar de que ese lugar era para mí como el palacio de las mil maravillas, la tienda fue el enclave en que me sentí atravesada por el rayo del verdadero amor.

Me gusta pensar que la mayoría al menos hemos tenido algún encuentro parecido: que nos hemos identificado con una obra de arte tan intensa que esta llega a convertirse en un faro instantáneo que ilumina otro mundo mucho más grande y vívido. Su efecto es tan fisiológico como psicológico. Las pupilas se dilatan. El pulso se acelera. La carne tiembla y renace. Es como si pusieras una llave en la cerradura, y oyeras un clic que te hace una grieta en el corazón y lo abre. El maquillaje bioquímico de tu cuerpo ya nunca más volverá a ser como antes.

Imagina lo siguiente: una mujer de dorada piel emerge de un orificio del que se propagan unas ondas y se adentra en una cámara hexagonal de color bermellón. La luna creciente resplandece a través de un agujero del techo y se ve una mesa de seis lados en medio de un suelo con baldosas triangulares. Hay unas raíces o musgo que crecen en delicados y peludos zarcillos desde el techo, y se ven ramas que se adentran por la ventana y por las paredes. Encima de la mesa hay un cáliz que sostiene una imagen líquida de la luna reflejada desde lo alto. Nuestra dama viene a beber de este elixir celestial. Para tomar el sacramento e iniciarse en esta casa de misterios femeninos sagrados.

El título de Remedios Varo para esta pintura de 1960 es *Nacer de nuevo*. Y eso era lo que me estaba pasando a mí.

La primera vez que vi la obra fue hojeando el libro de Whitney Chadwick, *Women Artists and the Surrealist Movement*. Luego supe que era un estudio revolucionario que situaba a las surrealistas en el mapa institucional. Ese libro me procuró otra especie de familia: eran unos antepasados con los que quizá no guardaba ninguna relación genética, pero con los que estaba vinculada espiritualmente. En estas páginas conocí a Varo y a muchas de sus conocidas y asociadas con las que llegaría a familiarizarme durante los años siguientes: mujeres como Leonora Carrington, Leonor Fini, Ithell Colquhoun y Dorothea Tanning, que no estaban satisfechas con aparecer tan solo en los cuadros como un mero tema, sino que insistieron en crear sus propios mundos, ricos en imágenes, con pigmentos, telas, papel y otros soportes efímeros. Estos artistas se atrevieron a creer que, a pesar de las narrativas visuales masculinas que reinaban en la época, sus vidas también eran dignas de ser exploradas. Eran unas damas psiconautas que con intrepidez exploraban las profundidades de sus mentes, cribando para hallar los preciosos metales del mito, la memoria, la historia personal y la fantasía personal.

Además de su contenido, uno de los regalos más importantes que puede ofrecernos un libro es abrirnos la senda que nos conduzca a otros libros nuevos, y de esta manera el de Chadwick constituyó para mí una gran piedra de toque. Cuando terminé de leerlo, fui corriendo a la biblioteca de mi barrio a buscar todo lo que tuvieran de Remedios Varo. Y encontré un libro: *Viajes inesperados: el arte y la vida de Remedios Varo*, de Janet A. Kaplan. Tuvieron que pedirlo a otra biblioteca, y cuando me llegó el mensaje de que ya lo habían recibido unos días después, fue como quien vive una anunciación.

Me pasaba las horas mirando el libro, empapándome de las pinturas de Varo y conociendo el viaje que hizo desde su España natal hasta París, hasta terminar en Ciudad de México, donde trabó amistad con otra pintora, Leonora Carrington. Fue un encuentro fortuito de dos mentes mágicas que se influirían mutuamente, tanto en la vida personal como en sus obras de arte, y que, por supuesto, me influirían a mí.

De las dos, las pinturas de Varo son las que están realizadas con un mayor tecnicismo, gracias a su padre, que era ingeniero e insistió en que aprendiera dibujo técnico. Su obra está llena de imágenes que cruzan los límites existentes entre la magia y la ciencia: alquimistas que experimentan con notas musicales, cristales y plantas; el tiempo y el espacio representados como un cesto entretejido y transparente, o una ventana que se solapa consigo misma; tierras extrañas pobladas de relojes, vehículos con ruedas y torres de compleja arquitectura. Muchas de sus protagonistas sienten como si se hallaran a la búsqueda: navegan a lo largo del río Orinoco (actividad que Varo hizo en realidad), suben a montañas sagradas, visitan localidades secretas situadas en bosques nocturnos y ciudades celestiales. A veces sus heroínas tienen miembros animales, como la mujer-búho de su obra de 1958 *Creación de las aves*, que se muestra bajo la luz de la luna para literalmente dotar a sus cuadros de vida propia. El hecho de que esta criatura se parezca tanto a la artista demuestra que Varo creía en los poderes mágicos del proceso creativo.

El arte de Carrington es un poco más suelto en cuanto a trazo, pero quizá sea más complicado en su sentido mágico. Las imágenes de los caballos eran totémicas para la artista, e incluso aparecían en sus obras más tempranas, como su icónico *Autorretrato (Posada del Caballo del Amanecer),* de 1937-1938. Muchas de sus pinturas podían interpretarse como mapas o cuadros pluriescénicos que parecían contar diversas historias a la vez, realizados por uno de sus artistas preferidos, Hieronymus Bosch. A Carrington le habían influido mucho los grabados alquímicos de los siglos XVI y XVII, que recurrían a la imaginería floral, a la fauna y las deidades griegas y romanas como suplentes simbólicos de diversas operaciones transformadoras espirituales y químicas. Sus propias pinturas están sembradas de diosas, santas, bestias, demonios y otros seres míticos, la mayoría de los cuales son femeninos. La obra más tardía de la artista entra de lleno en los círculos mágicos, los encantamientos y los mensajes secretos escritos al revés, como si los viéramos en el reflejo de un espejo. Contemplar una obra de Carrington es entrar en un reino femenino mágico de intricada elaboración.

Además de su ya de por sí contenido radical centrado en lo femenino, la obra de las dos artistas presagiaba el movimiento artístico femenino que surgiría en las décadas de los 1960 y 1970 al retomar los espacios, las actividades y las artes domésticas que en general se asociaban a las mujeres y elevarlas al reino de lo divino. Las pinturas de Carrington a menudo representan rituales y transformaciones que tienen lugar en cocinas o tienen que ver con los alimentos. Como apuntó Susan L. Albert, «Empezó a desarrollar su propia noción de las cocinas como de esos espacios cargados de magia que se usaban para confeccionar pociones, realizar hechizos, preparar hierbas y hacer experimentos de cocina alquímica». De la misma manera, en la obra de Varo a menudo hay alguien hilando o cosiendo telas, que a veces parecen ser el tejido del universo mismo. Y es que muchas veces la esfera de lo femenino se pasa por alto, se da por hecho o se considera banal. Carrington y Varo, en cambio, mostraron que las tareas cotidianas y los ámbitos femeninos de actuación en realidad eran enclaves donde realizar encantamientos.

Varo creció en España y Carrington en Inglaterra, pero las dos descubrieron que tenían muchas cosas en común. Como muchos artistas de la época, ambas huyeron de Europa y de los horrores de la Segunda Guerra Mundial, y en el caso de Varo, de la Guerra Civil española que la precedió. Las experiencias que tuvo Carrington en tiempos de guerra fueron desgarradoras y le provocaron una crisis nerviosa psiquiátrica que la tuvo recluida durante un tiempo en una institución mental española. A pesar de que los caminos de Carrington y Varo se cruzaron al menos en una ocasión en París, fue en Ciudad de México, en 1943, donde se hicieron amigas íntimas y entraron a formar parte de una comunidad muy estrecha de expatriados y artistas. (La política de puertas abiertas de México para los refugiados durante ese período hace evidente que la actual política de inmigración de Estados Unidos deja mucho que desear.)

Las dos mujeres trabaron amistad gracias al interés mutuo que tenían por el surrealismo, el movimiento artístico del que fue pionero André Breton en la década de 1920, y cuyo imaginario pertenecía al ámbito de los sueños, los mitos y la mente inconsciente. Tanto Varo como Carrington habían pintado y expuesto su obra artística, y socializado también con otros surrealistas de París, aunque ninguna de las dos terminó de ser completamente aceptada en el grupo a causa de su sexo. La mayoría de mujeres se veían relegadas a asumir el papel de musas en esos círculos, y a representar la *femme-enfant* o el arquetipo de la «mujer inocente» que tanto embelesaba a Breton y a sus seguidores. Precursora del tropo actual de la «mujer perfecta y maníaca de Pixie», se fantaseaba sobre la juventud de la *femme-enfant*, se aspiraba a su ingenuidad, y su semblante puro se reflejaba en la poesía y la pintura. Sin embargo, no era una creadora como tal. Fue así como Varo, Carrington y otras mujeres involucradas en el movimiento surrealista se vieron relegadas por sus compañeros a ser miembros marginales del grupo, artistas que supuestamente les encantaban, pero a las que raramente aplaudían. Como dijo la prima de Carrington, Joanna Moorhead: «[Las mujeres] quizá hayan sido adoradas, alabadas e incluso, de vez en cuando, escuchadas, pero no eran poderosas y, qué duda cabe, no jugaban en la misma liga que los otros miembros del surrealismo». Ciudad de México quizá no fuera el centro del mundo del arte como lo fueron París o Nueva York, pero ofrecía un santuario donde resguardarse de la guerra, por no hablar de los egos masculinos que dominaban la escena surrealista europea. En este lugar, Varo y Carrington pudieron crear su obra en una relativa paz y seguir la llamada de sus propias musas.

Al trabar amistad se dieron cuenta de que no era solo la sensibilidad surrealista lo único que compartían, sino que las dos habían sido educadas en el catolicismo y las dos se habían rebelado contra una educación muy estricta durante su infancia. También descubrieron que ambas tenían un profundo interés por todo tipo de magias, que empezaron a incorporar en sus obras de arte de manera distinta, aunque complementaria.

Para las dos mujeres, la fascinación por lo esotérico empezó en la infancia. Carrington creció escuchando las historias y los mitos celtas que le contaba su madre, su abuela y su niñera. Su abuela era de Irlanda, y le dijo a la joven Leonora que su familia descendía directamente de una raza de duendecillos irlandeses llamada los *sidhe* (los mismos seres que Pamela Colman Smith creía que podía ver). Uno de los primeros domicilios de Carrington fue en Lancashire, no muy lejos de donde se celebraron los juicios a las brujas de Pendle en 1612, y esos relatos también influyeron en ella. Además, también había vivido experiencias sobrenaturales que le impactaron y determinaron su manera de ver el mundo. Según Aberth: «Carrington recordaba que de pequeña había visto fantasmas y había tenido mucho miedo, pero que también había tenido "visiones" muy divertidas, como aquella en la que una tortuga salvaje de vez en cuando se cruzaba en su camino, o la de un gran gato que se acomodaba en el interior de una perrera vacía». Hay diversos elementos de influencias de otros mundos que podemos advertir en su obra.

Varo recurría a las historias fantásticas (que leía y escribía) como una manera de escapar de la estricta y opresiva educación católica que su madre le había impuesto. «Leía a Alejandro Dumas, a Julio Verne y a Edgar Allan Poe, así como también libros sobre misticismo y pensamiento oriental», informa Janet A. Kaplan, que también apunta que Varo escribió una nota en secreto a un hindú para que le procurara raíz de mandrágora, «porque había oído que tenía propiedades mágicas».

En Ciudad de México, Varo y Carrington se veían casi a diario y conversaban sobre magia, conciencia y espiritualidad. Leían mucho, y con los años sus intereses esotéricos cubrieron toda la gama, incluidas las investigaciones sobre la alquimia, la Cábala, el *I-Ching*, la astrología, la geometría sagrada, las leyendas del Santo Grial, el misticismo sufí, el tantra tibetano y el budismo zen, así como los escritos de Carl Jung, Robert Graves, Helena Blavatsky y el Maestro Eckhart. Asimismo iban a las reuniones de seguidores de místicos como G.I. Gurdjieff y P.D. Ouspensky.

Los libros sobre brujería y ocultismo revestían un interés especial para ellas. Carrington era amiga del artista surrealista Kurt Seligmann y una gran admiradora del libro que escribió en 1948, *Historia de las magias. El museo de los brujos, magos y alquimistas*, que escribió Grillot de Givry en 1958, también las marcó considerablemente. Por otro lado, el pujante movimiento de brujería moderno que en Inglaterra lideró Gerald Gardner también les resultaba atractivo a ambas. Tras leer uno de sus libros (presumiblemente *El significado de la brujería*, de 1954), Varo le escribió una carta de la que reproducimos un extracto:

> [Nosotros], es decir, la señora Carrington y otras personas, nos hemos dedicado a buscar hechos y datos que todavía se conservan en zonas remotas que practican la auténtica brujería [...]. Además, tras largos años de experimentación, me considero capaz de organizar de manera apropiada unos pequeños sistemas solares en casa; he entendido la interdependencia que tienen los objetos y la necesidad que hay de situarlos de una manera determinada para impedir catástrofes o de cambiar de repente su colocación para provocar los actos necesarios para el bien común.

Varo sigue escribiendo su carta y le pide consejo a Gardner sobre cómo usar la lava fresca de un pequeño volcán que ha brotado en el patio interior de su amiga. Termina diciendo que le encantaría hablar con él sobre otros temas, como es su interés por usar la brujería para contrarrestar los efectos de la bomba de hidrógeno.

Las dos mujeres, Varo y Carrington, se embarcaron en toda clase de actividades creativas que cruzaban la línea que separa el arte de la magia. Juntas escribieron recetas o hechizos para «ahuyentar los sueños inoportunos, el insomnio y los desiertos de arenas movedizas que hay bajo la cama», y para «estimular el sueño de ser el rey de Inglaterra». Janet Kaplan enumera los ingredientes que Varo describió para realizar un hechizo con el que «estimular los sueños

eróticos», que incluye «un kilo de raíces fuertes, tres gallinas blancas, una cabeza de ajo, cuatro kilos de miel, un espejo, dos hígados
de ternera, un ladrillo, dos pinzas de la ropa, un corsé con ballenas,
dos falsos bigotes y sombreros al gusto».

No hay duda de que el humor y los caprichos surrealistas impreg-
nan estos escritos. Pero la práctica esotérica fue un compromiso que
las mujeres mantuvieron a lo largo de toda su vida. Carrington creó
un hechizo para Varo para protegerla contra el mal de ojo. Además,
se convirtió en la mentora mágica del director de cine Alejandro Jodorowsky durante sus años de formación artística. En su libro *The
Spiritual Journey of Alejandro Jodorowsky*, el autor da cuenta de
los rituales y hechizos que hicieron juntos con calaveritas de azúcar,
sangre y clips para el pelo, aunque es un narrador poco de fiar, por
muy evocador que sea. (Además ambos representaron una obra que
Carrington escribió en Ciudad de México titulada *Penélope*.) La
referencia que hace Varo de los «pequeños sistemas solares» de objetos interdependientes que montaba en su casa y que mencionó en
una carta que escribió a Gardner denota que su interés por la magia
no solo era intelectual, sino que además era práctico. Tal y como
escribe Teresa Arcq, «la magia era una parte fundamental de las
vidas cotidianas de Varo y de Carrington; la misma práctica de pintar era considerada ya de por sí un acto mágico. A Varo le gustaba
especular con la idea de que era una hechicera, e incluso llegó a in-
ventarse una frase mágica de cosecha propia: *gurnar kur kar kar*».
Varo se rodeaba de piedras especiales y de cristales cada vez que se
sentaba para crear. Tanto Carrington como Varo se interesaron por
la lectura del tarot, y en el caso de Varo, en concreto, la artista llegó
a escribir notas en el reverso de todas las cartas del mazo para dar
instrucciones sobre cómo interpretarlas. Carrington, en cambio, creó

un mazo propio e ilustró cada una de las cartas. Algunas de ellas se expusieron por primera vez en el Museo de Arte Moderno de Ciudad de México en 2018. Por si fuera poco, las dos solían proveerse de productos locales, e iban al Mercado de Sonora (conocido con el nombre de Mercado de la Brujería) a comprar hierbas y hacerse con otras provisiones para preparar sus pociones mágicas.

El poeta Octavio Paz escribió sobre ellas lo siguiente: «Hay en México dos artistas admirables, dos hechiceras encantadas…». Sobre la posibilidad de si Carrington y Varo se consideraban brujas o no, creo que hay pruebas suficientes que nos decantarían hacia el sí, aunque no parece haber testimonio alguno por parte de ellas que valide que hayan usado palabras como *bruja* en público para describirse a sí mismas. (Hacer algo así habría entrañado un cierto riesgo, como todavía lo entraña hoy en día.)

Aberth apunta, al menos en lo que respecta a Carrington, que su obra artística habla por sí misma. En *Abraxas Journal #6* escribe: «En la obra de Carrington […] se advierte una cadena de obras muy clara que pone la tarea de hacer arte al nivel mismo de la práctica de la magia, aquel en que la tela se convierte en el receptáculo desde el que canalizar su fiera energía: esas son las piezas que denomino "de invocación"». Estas piezas, según teoriza Aberth, tienen el propósito de convertirse en instrumentos para realizar conjuros, creados quizá para atraer algún cambio en la vida de Carrington o en las vidas de otras personas que realmente le importaban. En una pintura sin título de 1969 sale una aparición femenina vestida con un sudario que permanece de pie dentro de un círculo mágico. Cuatro criaturas mágicas que tienen el aspecto de un lémur montan guardia en cada una de las cuatro esquinas exteriores al círculo, y simbolizan las cuatro direcciones o los cuatro elementos, invocados en los rituales de brujería modernos. La figura femenina sostiene a otra de estas criaturas en un abrazo maternal, incluso mariano, y una fantasmal serpiente blanca se enrosca en espiral alrededor de su cuerpo, seguramente simbolizando el poder de la diosa y el conocimiento de Eva, y quizá también la energía *kundalini* de la tradición hindú. Anillos de círculos concéntricos se elevan desde su tronco, algunos de líneas onduladas que representan el agua. Hay otros símbolos en la parte superior de la pintura: unos animales, tanto reales como míticos, una luna negra y un sol blanco. Y al pie hay una paloma blanca muerta, a corazón abierto, y sangre que brota de la frase «2 de octubre de 1968». Tras ese pájaro sacrificial, Carrington escribió, como reflejado en un espejo, su propia versión del Salmo 137 de la Biblia, y se refirió a Yggdrasil, el «árbol del mundo» noruego, que sustituye a la Zion habitual.

Como señala Aberth, el 2 de octubre de 1968 fue el día de la masacre de Tlatelolco, durante la cual centenares de estudiantes y de civiles fueron sacrificados en una plaza pública de Ciudad de México a manos de los militares y de la policía. Este suceso horrorizó en particular a Carrington, que tenía dos hijos estudiantes, y poco después del suceso se marchó a Nueva York, donde pintó el cuadro. La obra, sin duda alguna, representa un duelo, y además es catártica, pero también denota un sentimiento de protección. La figura de la madre y su entre hijo y criatura van sellados dentro de unos círculos de seguridad. La obra puede considerarse un hechizo en forma de pintura que Carrington debió de hacer para proteger a los jóvenes de cualquier mal.

Aunque las obras de Varo quizá no son tan descaradas como las de Carrington en lo que respecta a intentar provocar transformaciones literalmente, sus actividades mágicas y su disposición de objetos talismánicos, además del uso recurrente que hace de su propio rostro para representar a las trabajadoras de la magia, indican que, como mínimo, se identificaba mucho con el personaje de la bruja, si es que no se consideraba directamente bruja. Otro de mis retratos favoritos es *Bruja que va al Sabbath* de 1957. Es un retrato femenino de rostro azulado y ovalado que se despliega a partir de una tela dispuesta de tal manera que evoca la forma de una vagina abierta. Nos recuerda a la iconografía de la Virgen de Guadalupe que tantas veces se ve en México. La dama sagrada de Varo, de todos modos, lleva medias negras en los pies, un familiar plumífero en una mano y una piedra preciosa verde y cristalina en la otra. Y lo más destacable es que esta bruja titular tiene una pelirroja melena ondulante, como la que lucía Varo.

Carrington y Varo no solo pintaron el personaje de hechicera, sino que lo encarnaron. Y a cada retrato que hacían de estas mujeres mágicas, más se perfilaban como echadoras de conjuros. Ninguna de las dos tenía la nariz ganchuda, el pelo fibroso y cano y joroba. Tampoco parecían mostrar mucho interés en la forma femenina como objeto de deseo, tanto en su obra como en su propia vida (cuando una joven Leonora Carrington apareció desnuda en una reunión surrealista de París, parece que lo hizo más con la intención de escandalizar que de seducir). A pesar de que suelen retratar pechos desnudos y que, de vez en cuando, plasman desnudos integrales en sus cuadros, en general los pintan bajo una potente luz: es la forma femenina como conductora de lo divino.

Lo cierto es que ninguna de las dos proclamó públicamente ser practicante o miembro de alguna secta ocultista en concreto. Sin embargo, considero que las dos son brujas tanto por su conducta como por sus creaciones, y creo que estarían entusiasmadas si pudieran oír lo que estoy diciendo. Eran dos personas de embrujadora hermosura, no solo por su aspecto, sino también por ser dueñas de sus propias vidas y arquitectas de su propio cosmos creativo. En su obra abundan imágenes de cocinas y calderos, laboratorios y laberintos: suplentes mágicos de los espacios interiores metamórficos que ocuparon tanto en el plano físico como en el psíquico. Y al incluirse ellas mismas en las pinturas, tanto si fue mediante un retrato provocador como si recurrieron a avatares quiméricos, demostraron que sus historias personales eran dignas de atención; sus biografías, literalmente, fueron dos obras de arte. Supervivientes de las atrocidades de la guerra y refugiadas en un país muy alejado de su tierra natal, esas mujeres se reinventaron a sí mismas, sanaron y a cambio infundieron esperanza a sus creaciones. Buscaban la iluminación a través de sus exploraciones, y plasmaron que había una existencia mejor a través de sus obras. Escalaron las cumbres del conocimiento esotérico e intentaron alcanzar la cima de la verdad espiritual. No sé si llegaron a conseguirlo.

Ahora bien, en estas dos artistas, descubrí a mis propias brujamadrinas, dos personas que no solo realizaban encantamientos, sino que creaban mundos completos cuyas visiones eran viables y también valoradas. No se me ocurre nadie más que haya encarnado tan bien el modelo de la profunda devoción a la sabiduría, a las capacidades, a la amistad y al intento de convertir el planeta en un lugar más mágico. Para mí son dos estrellas gemelas, que marcan dónde se encuentra el auténtico norte. Tocaron mi fibra sensible, y al hacerlo, transformaron.

Por suerte, no soy ni mucho menos la única persona que ha experimentado algo así. La primera retrospectiva de Carrington se celebró en la Universidad de Texas, en el Museo de Arte de la Universidad de Austin, en 1976; muestra que precedería muchas otras que vería la artista en vida antes de fallecer en 2011, a la edad de noventa y cuatro años. En 2016, tuve el gran honor de poder colgar su obra *El nigromante* en la exposición *El lenguaje de los pájaros: el ocultismo en el arte,* que yo misma comisarié para la Universidad de Nueva York. Al tener la posibilidad de poder estar cada día frente a esta imagen magnífica del mago, vi también a quien la había creado. Me complació saber que gozó de un cierto reconocimiento en vida. Esa mujer había sufrido mucho, y había convertido sus sufrimientos en algo bello viviéndolos a través de un proceso alquímico. Y siguió con vida para ver su obra reconocida internacionalmente, incluso adorada.

Por desgracia, Varo no fue tan afortunada. Murió de un ataque al corazón en 1963, cuando tan solo tenía cincuenta y cuatro años, y por eso no llegó a ver la primera magna exposición de su obra, que en 2000 se celebró en el Museo Nacional de las Mujeres de las Artes, situado en Washington DC. Tuve la gran suerte de visitar esta exposición a finales de ese mismo año, momento en que se expuso en el Museo Central de Bellas Artes Mexicanas de Chicago (que ahora se denomina Museo Nacional de Arte Mexicano), y entonces me pareció una experiencia de esas que solo se tienen una vez en la vida. Marcó el inicio de un nuevo capítulo en la historia de Varo, si bien póstumo, ya que su obra siguió ganando en popularidad. Esta pintora de cámaras secretas es obscura a más no poder.

En la actualidad, casi veinte años después de ese peregrinaje que hice a Chicago, he visto que el interés por el arte de Varo y de Carrington se ha disparado. El flujo actual de las exposiciones, las publicaciones de sus textos y la avalancha de becas consiguientes es de admirar. Y es lo que garantiza que van a ser muchos más los que sientan el hechizo de estas artistas entre las generaciones venideras.

Cada una de estas cinco mujeres de las que hemos hablado representan una rama distinta del árbol familiar mágico-artístico. Comparten unas raíces espirituales profundas y forman parte de una estirpe creativa de brujas que floreció a pesar de las adversidades de la guerra, el sexismo, el materialismo y el constreñimiento económico. Estas visionarias leían libros e interpretaban signos, y se comprometían redactando comunicados cósmicos. No existían meramente para inspirar a los hombres de su entorno. Seguían a sus propias musas misteriosas y esperaban que su arte inspirara a los demás para que se unieran en la búsqueda de lo numinoso. Tanto si consideramos los dibujos fantasmales de Georgiana Houghton y de Hilma Af Klint, como el simbolismo adivinatorio de Pamela Colman Smith o las maravillosas mitologías híbridas de Remedios Varo y Leonora Carrington, nos enfrentamos a un arte que no tiene el propósito de ser tan solo contemplado. Su obra nos despertará y nos reestructurará, siempre que le demos permiso.

Estas mujeres me enseñaron el auténtico significado del concepto arte-artesanía. El hecho de que se use tanto para referirnos al arte como a la práctica de la magia no es ninguna coincidencia, porque comprometerse con cualquiera de estas dos artes es prácticamente lo mismo. Las artistas usan el poder de la imaginación para crear piezas que transformen la conciencia, y que, por lo tanto, cambien tanto a quien las hizo como a quien las contempla. Del mismo modo, he aprendido que los hechizos más potentes son los más personales, a los que se añaden el propio arte y los embellecimientos simbólicos.

En el mundo de la brujería, se unen cual remolino los elementos de la atención y la intención, la disciplina y la devoción. La bruja intenta atraer fuerzas invisibles para que se manifiesten en la realidad. No estoy segura de cómo se habrían tomado estas artistas la idea de que las llamaran brujas. Pero creo que, como mínimo, estarían contentas de ver que su obra se ve y se valora como algo que transfigura, que transforma. De todos modos, a mi modo de ver, encarnan una nueva imagen de lo que puede ser una bruja, y si, a su vez, adquirieron visibilidad fue por el hecho de realizar esas mágicas obras maestras.

7. El poder de los números: aquelarres y colectivos

Durante los años de mi adolescencia, y prácticamente durante todos los veinte, fui lo que se conoce en la comunidad de la brujería «una practicante en solitario». No es que ocultara el hecho de que hacía magia, sino que lo mantenía en mi ámbito privado: era como si tejiera un tapiz brillante y en silencio entre mis cuatro paredes. De vez en cuando hacía algún encantamiento o bendición en presencia de otras personas, pero solo cuando estaba segura de que lo que hiciera se recibiría con ternura, sin ponerme socialmente en peligro. No hay duda de que ser etiquetada de «bruja» ha sido mucho más seguro a principios del siglo XXI en la franja costera de Estados Unidos de lo que lo nunca lo fue en el pasado o en otras latitudes; de todos modos, eso es algo que prefiero guardarme para mí.

No fue sencillamente porque se cuestionara mi reputación o por miedo a que los demás me infravaloraran lo que hizo que volara en solitario durante tanto tiempo. La idea de conectar con personas que tuvieran mi misma mentalidad me ponía muy nerviosa. Me preocupaba que fueran excéntricos o cursis, muy serios… o incluso nada serios.

Por otro lado, me enorgullecía no ser gregaria. A lo largo de mi vida había ido dejando de formar parte de todos los equipos a los que me había apuntado, me costaba apuntarme a los clubes, matricularme en los gimnasios…, y cuando iba a las reuniones de trabajo, era tensando la mandíbula. La idea de formar parte de un grupo de personas reunidas para cogerse de las manos y cantar infatigablemente mirándose a los ojos hacía que me entraran ganas de cortarme la cabeza. A mí me gustaba hacer de bruja sin que nadie me mirara.

Sin embargo, me di cuenta de que toda mi resistencia y mis fanfarronerías eran la máscara que había estado llevando durante toda la vida, y que esa máscara se estaba volviendo endeble. En realidad, temía mostrar mis propios puntos flacos en el orden espiritual. Comprometerse a realizar un trabajo emocional en cualquier ámbito es un ejercicio en el que hay que practicar la vulnerabilidad, y en el trabajo metafísico eso ocurre, sin duda alguna. Los rituales consisten en meter ruido o en quedarte sentada en perfecto silencio, y las dos cosas son potencialmente terroríficas cuando te encuentras ante la presencia de otros seres humanos. Hay que hacer cosas como balancearse, bailar o mover objetos extraños en el aire. Hablas con seres o entidades que los demás no ven, y a veces incluso les cantas una serenata. Si una bruja canta en el bosque sin que nadie pueda oírla, ¿puede decirse que emite algún sonido? Un grupo de brujas te aseguro que mete ruido, y te aseguro también que entre ellas se oyen, tanto si las oyen los espíritus como si no.

Para practicar en grupo necesitamos desprendernos de la conciencia propia y, con mano firme, llevar el timón de la sinceridad. Hay que demostrar que te importan los demás, y dejar que todos lo vean. Y además tienes que ser testigo de sus acciones en este sentido.

Seguro que todas estas personas terminarán importándote mucho. Y, si el cielo no lo impide, quizá termines dejando que los demás también se preocupen por ti.

Cuando decidimos formar parte de una comunidad, estamos comprometiéndonos a estar presentes tanto para nosotros como para los demás. Una vez que tienes claro el grupo al que quieres incorporarte, y cuando ese grupo te ha dado señales que te indican que puedes unirte a él, el siguiente paso simplemente es hacer acto de presencia. Y eso intimida un poco, porque es como si en ese momento estuvieras diciendo: «Aquí me tenéis», cosa que para la mayoría resulta inquietante, porque significa que hay que estar presentes y mostrarnos disponibles a los demás. Significa admitir que no vamos a conseguir todo lo que necesitamos por nuestros propios medios, y que tendremos que abandonar esa actitud de fingir que lo sabemos todo o que somos autosuficientes.

Eso mismo también puede significar que sentimos que podemos colaborar de alguna manera; y admitir todo eso puede dar miedo. ¿Y si nos equivocamos? O, lo que es aún peor, ¿y si tenemos razón? ¿Y si los demás empiezan a contar con que estemos presentes? Oye, que tenemos muchas cosas que hacer. ¿O es que no tienen ni idea de lo ocupados que estamos?

Finalmente, hacer acto de presencia es un gesto de confianza, por muy leve que este sea. Tenemos que confiar en que, por muy locos que parezcamos, por muy poca gracia que tengamos, aunque parezcamos gente rara o cometamos errores, todo eso da igual. Tenemos que atrevernos a creer que somos buenos tal como somos, y que las personas que convertimos en nuestros aliados también son buenas con nosotros.

Había cumplido ya los veintiocho años, y mi vida estaba dando un giro bastante prometedor. Tenía un buen empleo en una empresa, contaba con un grupo fantástico de amistades y con un novio maravilloso llamado Matt, que, cosa que yo ignoraba por aquel entonces, pero que al cabo del tiempo se convertiría en mi marido. Mi vida creativa empezaba a emprender el vuelo. Inicié *Phantasmaphile*, un pequeño sitio en internet en el que monté un blog sobre las obras de arte que descubría y que tenían matices fantásticos o mágicos. Y además acababa de unirme a un colectivo de Brooklyn llamado Observatorio. En nuestra humilde sala nos turnábamos para presentar eventos y exposiciones de arte sobre temas arcanos y poco habituales, y yo era la ocultista del grupo. Para mí no resultaba ningún problema decir en público que estaba interesada por la magia como concepto.

Ahora bien, ¿cómo iba a decirles que yo creía en la magia como fuerza rectora de mi vida? De esas cosas una no habla en público. Matt y mis amistades más íntimas eran conscientes de mi ideología taumatúrgica, hasta un cierto punto. Pero, por otro lado, yo ocultaba ese óculo propio y clandestino y solo miraba a través de él cuando estaba segura de que nadie me miraba a mí.

Durante un tiempo me bastó con eso.

Hasta que llegó el día en que ya no pude más. No soy capaz de especificar el momento exacto, pero lo que sí sé es que, con el cambio de estación, de repente empecé a mudar la piel, y me despojé de ese viejo forro para poder estirar bien mis miembros.

Hasta ese punto, todo lo que sabía sobre brujería lo había aprendido leyendo por aquí y por allí. Y digan lo que digan sobre las brujas, lo cierto es que somos un grupo de literatas. Los cuentos de brujas solemos leerlos en tomos viejos y polvorientos, y en rollos manuscritos manchados por el paso de los años y gotitas de té. Mi biblioteca de hechizos y de esoterismo desbordaba las estanterías de mi casa, y tenía cajones llenos de diarios y de papeles en los que anotaba todo lo que iba aprendiendo. Mis guías espirituales no eran solo los que pertenecían al plano etéreo, sino también los escritores que habían hecho sus investigaciones antes que yo, y que habían ido escribiendo su sabiduría línea tras línea dejando un reguero de migas de pan que yo seguía con gratitud.

Sin embargo, el verano de 2009 descubrí que anhelaba más cosas: una maestra, un grupo, una tribu. En resumidas cuentas, un espacio en el que pudiera florecer y encontrar un sentido de pertenencia. Sentí la llamada de «buscar a los demás», como dicen que afirmó Timothy Leary, aunque en mi caso yo andaba buscando tanto a los que eran como yo como a los que eran diferentes. Buscaba a personas que sabían más que yo, y que sabían cosas distintas a las que yo sabía; personas que me ayudarían a desentrañar mi propio camino a través del inmenso y salvaje bosque.

Finalmente, comprendí que, en realidad, lo que estaba buscando yo era un aquelarre.

De acuerdo. Perfecto. Ahora bien, ¿eso existe?

Y si existe, ¿cómo se encuentra? Y cuando eso se encuentra, ¿cómo sabes si el aquelarre es el correcto? En realidad, todo eso son preguntas vacuas si el aquelarre en cuestión no te admite a ti.

A todos los efectos, iba a necesitar que me ayudaran.

Cuando termino de hacer mis hechizos, suelo dejar una ofrenda en un árbol muy amado de mi vecindario. Tiene un tronco del que parten tres grandes ramas, y eso me hace pensar en una encrucijada de caminos o en la triple diosa. Lo llamo mi árbol de Hécate. Está situado a los cuatro vientos, en una calle que no es donde yo vivo, delante de una casa de piedra rojiza que no es la mía. Es un árbol más, como cualquiera de los que hay en la manzana, y los transeúntes habituales probablemente no se han fijado en él y no consideran que tenga nada de especial, salvo por los objetos de hechicería que coloco. Sin embargo, cumple con su función, porque es un hermoso fragmento de naturaleza al que me siento especialmente vinculada.

Considero que es un lugar sagrado y amistoso, un lugar que conozco, y un lugar que ahora me conoce a mí también.

De todos modos, no fui hasta allí un anochecer de verano. El cuerpo me pedía otra cosa, algo más grande, y por eso necesitaba hacer un gesto grandilocuente. Un trabajo de magia consiste en establecer una relación, y es preciso que exista un intercambio. Obtienes lo que das, y en esa ocasión supe que tenía que ir más allá de lo habitual.

Por eso, una tarde de julio emprendí una misión mágica hacia Prospect Park con mi túper lleno de pétalos de flores y un montón de buenos deseos.

Crucé el parque infantil, la concha acústica, el pipicán y los campos de béisbol… y me adentré en lo más profundo de la arboleda. Finalmente me detuve en un calvero que está en penumbra y parece sacado de un cuento de Camelot o de una pintura de Thomas Cole. La mayoría no asocia la ciudad de Nueva York a las cascadas, pero en realidad hay algunas que están muy bien preservadas si sabes dónde encontrarlas. Y así fue como llegué a un paisaje idílico urbano con una especie de puente de piedra resguardado entre viejos arbustos y piedras solemnes, y en el que era perceptible una gran agitación.

Permanecí allí en silencio, acompasando mi respiración con el aire mismo, deslizándome hacia ese nivel de conciencia que parece estar arraigado en el presente, aunque lo percibamos como espléndidamente infinito. Con los ojos cerrados me desprendí de todo, dispuesta a ser escuchada. Hice unos cuantos movimientos, pronuncié en señal de ofrenda unas palabras al agua y luego cogí varios puñados de pétalos y los dejé caer. Si en realidad existe una diosa, creo que esa es su morada y que quedó complacida por mis ruegos, o al menos se sintió embargada por una dulce piedad. Cuando haces la gran llamada, ¿cómo sabes si es un espíritu o la naturaleza misma quien te responde? Quizá no exista diferencia alguna. Quizá la gracia esté en la vegetación.

Cuando terminé, el parque parecía haber adquirido una dimensión distinta, más amable, aunque, de alguna manera, también más viva, como si millones de ojos diminutos se hubieran puesto a parpadear al unísono. Los místicos han identificado algunos enclaves como «lugares finos», sitios que parecen existir entre los reinos terrenal y espiritual. Creo que este fino enclave silvestre de Brooklyn podría pasar a engrosar esa lista. Durante mi largo paseo de regreso a casa, el parque me pareció más liviano, como si se hubiera desplazado un poco de lugar, y como si siempre fuera a recibir la luz del crepúsculo.

Al día siguiente fui a trabajar al mismo edificio de siempre, a ocupar el mismo cubículo en el que tenía por costumbre sentarme. Pero algo en mí había cambiado, y me sentía como expectante. Durante el descanso salí a almorzar y me fui a pasear por el Soho, sintiendo como si una fuerza me atrajera hacia el este. Pasé por la Sexta Avenida, por Thompson, Wooster y Mercer. Giré hacia la izquierda en Broadway. Justo en Spring.

Casi sin percatarme entré en el Open Center, un espacio educativo dedicado a la sanación holística y al pensamiento alternativo. Su pequeña librería me había sido de gran utilidad en el pasado, pero en esa ocasión en concreto, no sabía muy bien lo que estaba buscando.

–¿Tiene algún libro sobre brujería? –pregunté al hombre que trabajaba allí.

–Bueno, eso… –dijo él–. La verdad es que a nosotros no nos gusta usar esa palabra. –Y entonces bajó la voz–. Pero sí puedo decirte que tenemos una maestra que creo que encajaría con esta descripción. Sus clases aparecen en la lista de nuestro catálogo; son clases de herbalismo…, pero puedo asegurarte que esa mujer es una bruja. –Y puso entre mis manos uno de sus libros.

No era esa la respuesta que yo andaba buscando. Por supuesto, yo era una persona muy consciente y tenía cuidado con lo que le daba a mi organismo, pero mi interés por las hierbas era mínimo, si es que podía llamarse siquiera interés. Yo era un mujer que prácticamente no cocinaba, en mi piso no había ningún espacio exterior, y mucho menos un jardín, y no era yo de las que se calzaban unas Birkenstocks. De todos modos, sentí que debía prestar atención al mensaje que se me estaba dando. No sabía a dónde me conduciría. Solo sabía que me había quedado lo bastante intrigada como para dar un paso en la dirección señalada.

Fue cuando decidí ponerme a estudiar con Robin Rose Bennett, la Bruja Verde de la ciudad de Nueva York.

Al principio, asistí a las clases que daba en el centro durante varios meses: *El arte medicinal de las plantas, de las especies sanadoras, hierbas para los sistemas nervioso y digestivo*. Sus clases te daban mucha información sobre los efectos de las plantas en la fisiología humana, y cada una de ellas además iba acompañada del sello personal de sus enseñanzas espirituales sobre las plantas. Sus clases no eran conferencias; al contrario: eran sesiones interactivas en las que preparábamos medicinas, explorábamos las energías de cada planta, hacíamos improvisaciones poéticas sobre los árboles y la magia de las flores y, de vez en cuando, cantábamos alguna que otra canción. Me encantaba todo lo que estaba aprendiendo, pero también me habían llegado al alma mis compañeros de clase, de edades muy diversas y formaciones muy distintas, pero todos ellos unidos por el deseo de vivir de una manera más consciente y centrada en la tierra. Sentí como si me estuviera recomponiendo y como si mis viejas heridas ya olvidadas terminaran de sellarse con miel. Fue como regresar a casa, y supe que había ido allí para quedarme.

Un día, mientras estábamos en clase, Robin mencionó que hacía sesiones particulares para un círculo de aprendices: un grupo de mujeres que había tomado bajo sus alas durante un período de tres años. «Antes vas a tener que escribir una carta de intenciones si lo que deseas es matricularte –me dijo–. Solo admito trece mujeres por círculo». El curso tenía que empezar en verano de 2010. Ese era el aquelarre que había estado buscando. Lo sentí en mis huesos, tonificados ya por las hierbas. El hechizo había funcionado.

A veces llamo a esos tres años mi período de *bruja scout*, porque parecíamos una tropa de excursionistas. Íbamos al bosque a buscar hierbas y aprendíamos a identificar las flores, los helechos y las setas. Aprendimos a hacer tinturas, infusiones y ungüentos, los ingredientes que impiden que nos salga un sarpullido cuando nos pican los bichos; las hierbas que hay que tomar para calmar la ansiedad o mantener equilibrado el azúcar en la sangre.

Sin embargo, la mayor parte de nuestro trabajo era sobrenatural. Formábamos un círculo mágico. Meditábamos. Conversábamos con los guías de las plantas. Honrábamos a la luna. Hacíamos rituales para establecer diferencias entre las estaciones del año, así como para marcar los momentos de cambio que todo aprendiz vive a lo largo de su vida. Nos turnábamos para conservar el espacio que cada una de nosotras necesitaba, y para ser testigos del crecimiento y la evolución de cada una de las mujeres. Compartíamos nuestras historias, y las aportaciones que hacíamos al círculo eran recibidas sin emitir juicio alguno. Aquello era como una especie de contenedor que lo admitía todo, y que nos admitía a todas. Éramos un grupo muy diverso, con cuerpos de muy distinta forma y experiencias vitales diferentes, pero por encima de todo estábamos unidas y formábamos nuestra propia red micelial.

A lo largo de esos tres años estuve viendo a todas esas mujeres. Las vi volverse más fuertes, hablar con un tono de voz más fuerte y empezar a sanar. Por mi parte, empecé a desarrollar una especie de poder distinto: el que resulta de abandonar toda resistencia y dejarse ir. Amplié el concepto de mi propia identidad. Yo era una mujer que podía ser independiente e interdependiente a la vez; ser única y estar unida a los demás. Podía formar parte de algo sin dejar de estar completa en mí misma.

La mayor parte de los diccionarios afirman que la palabra inglesa *coven* [«aquelarre»] procede del latín *convenire*, que significa «unirse», «aunar esfuerzos», y que se relaciona con «convocar». Quien adoptó la palabra y la importó a la lengua vernacular fue una estudiosa de mala reputación llamada Margaret Murray, cuyo libro *El culto de la brujería en Europa Occidental*, escrito en 1921, planteaba que muchas de las, por así decirlo, confesiones, de las supuestas brujas durante los juicios deberían interpretarse por su valor nominal, y que las acusadas, de hecho, eran miembros de un antiguo culto a la fertilidad. Sobre la palabra «aquelarre» Murray escribe: «El significado especial de la palabra entre las brujas es el de "grupo o compañía" que se ha apartado de la práctica de los ritos de la religión y aboga por realizar ceremonias mágicas; en resumen, es como una especie de sacerdocio».

Murray escribió varias cosas sobre «la insistencia del número trece en los aquelarres», citó transcripciones de varias confesiones realizadas durante los juicios de brujas y a su vez catalogó a distintos grupos de brujas formados por trece miembros en el apéndice de su libro. Una de sus principales fuentes fue la transcripción del testimonio de Isobel Gowdie, una escocesa que confesó ser bruja en 1662 y que proporcionó a sus acusadores muchos detalles sobre la práctica, incluido el hecho de que «hay trece personas en cada aquelarre». Según la perspectiva de Murray, Gowdie y el resto de brujas acusadas sencillamente describieron los ritos de una antigua religión que la Iglesia estaba intentando eliminar por todos los medios.

Murray creía que en un momento dado esta religión de brujas (o del culto a Diana), como ella la llamaba, adoraba a una diosa que podía adoptar forma de mujer, de hombre o de animal. Y lo argumentaba diciendo que, en la Edad Media, casi siempre era un hombre disfrazado de animal el que representaba al dios durante los rituales de las brujas. Él era el líder del aquelarre, y Murray conjeturó que esa figura fue la que la Iglesia católica definió como «el diablo». En su opinión, las reuniones públicas que se celebraban con regularidad se llamaban Sabbath, y posiblemente eso derivara de «una palabra que procedía de *s'esbattre*, "retozar"; una descripción muy adecuada para describir el alegre jolgorio que presidía las reuniones». El aquelarre, según afirmaba Murray, estaba compuesto de trece individuos que dirigían los rituales ante toda la comunidad. Existían otros ritos de carácter más privado que se celebraban durante lo que ella llamaba un *esbat*, que describió como una reunión exclusiva tan solo para el disfrute del aquelarre. Sus fiestas mayores se celebraban en los días de solsticios y equinoccios, que ella consideraba que eran la Vigilia de Mayo, la Vigilia de Noviembre, el Día de la Candelera y el Día de Lammas. Las prácticas incluían la celebración de banquetes, de danzas, la práctica de ritos sexuales, de sacrificios y de plegarias a sus deidades para que estas atrajeran la fertilidad a su comunidad.

Tanto para los círculos académicos como para los paganos, Murray se ha convertido en un personaje controvertido, porque sus investigaciones gozan de un gran descrédito. A pesar de que en sus textos abundan las notas a pie de página, en los que aparecen muchos fragmentos extraídos de las confesiones de los juicios que «demuestran» sus hipótesis, son muchos los estudiosos del tema que, a lo largo de estos años, la han acusado de seleccionar con sumo cuidado los ejemplos que apoyan sus teorías en detrimento del resto. Además, fue objeto de muchas críticas porque consideró las transcripciones de los juicios una fuente de material fiable, cuando muchas de las confesiones se obtuvieron bajo tortura y en unas condiciones psicológicas de extrema dureza, y además fueron transcritas por escribientes no muy dignos de confianza. A causa de todo ello, sus ideas sobre la existencia de auténticos cultos de brujería en la Europa moderna de estos últimos tiempos terminaron siendo desmentidos.

De todos modos, no puede obviarse su influencia en la concepción colectiva que existe sobre las brujas y los aquelarres. En 1929, la autora escribió la entrada de la palabra «brujería» para la *Enciclopedia británica*, e incorporó sus teorías como si fueran hechos probados. Y eso permaneció inalterable hasta 1969, definiendo en esencia lo que fue la historia de las brujas para dos generaciones de anglófonos, que terminó basándose en su propio imaginario. El segundo libro de Murray, *The God of the Witches*, iba dirigido a un público más genérico y se publicó en 1933. Esta obra difundió sus ideas, matizó algunos de los aspectos más horripilantes de *El culto de la brujería en Europa Occidental* para hacer más aceptables las prácticas del culto y profundizó más en lo que la autora llamaba el dios de los Cuernos, considerado una deidad masculina que había sido adorada por diversas culturas desde el Paleolítico. Pan y el diablo cristiano tan solo eran dos ejemplos más de lo mismo, en su opinión.

A pesar de que es cierto que tanto *El culto de la brujería en Europa Occidental* como *The God of the Witches* no fueron muy bien recibidos cuando aparecieron en escena, cobraron una nueva vida cuando volvieron a publicarse por segunda vez tras la Segunda Guerra Mundial. El concepto de «revivir» o «reconstruir» las tradiciones paganas británicas había ido ganando popularidad en décadas anteriores. Sin embargo, tras la devastación provocada por la guerra, el ansia de leer libros al estilo del que había escrito Murray fue en aumento, porque la nación, que se tambaleaba, buscaba una manera para sanar y reafirmar su identidad y sus ideales. A finales de la década de los 1940, la visión romántica que Murray tenía sobre las brujas que adoraban a la naturaleza volvió a ser objeto de un renacido interés y atrajo a un sector de público más amplio, y *The God of the Witches* se convirtió en un éxito de ventas. El hecho de que el sanctasanctórum de la academia hubiera desacreditado las ideas de Murray parecía carecer de importancia, porque sus textos ya habían captado la imaginación del público, incluida la del hombre que terminaría convirtiéndose en el padre de la brujería moderna, Gerald Gardner.

Si Margaret Murray fue quien plantó una de las más profundas semillas del renacimiento, Gardner fue uno de los que primero las cultivó. La historia original de la religión moderna de la wicca es difusa, pero no hay duda de que Gardner fue su primer servidor, si no directamente su inventor.

Gardner era propietario o director de unas plantaciones de té y caucho de las colonias inglesas de Ceilán, del norte de Borneo y de Malasia. Además, sentía fascinación por el misticismo y estudiaba la magia de las comunidades donde él residía, así como los distintos sistemas de la francmasonería, el espiritismo y otras escuelas de ocultismo que estaban de moda. Por otro lado, era un ávido anticuario, y tenía una extensa colección de armas y artefactos en la que preponderaban los cuchillos rituales.

Al jubilarse, se instaló en Londres en 1936, a los cincuenta y dos años de edad, pero en 1938, junto con su esposa, se mudó a Highcliffe, cerca de New Forest, en Inglaterra, para salvar su colección de la guerra que se cernía sobre el país. Gardner afirmó que fue iniciado en el aquelarre de New Forest en un pueblo de los aledaños llamado Christchurch en 1939 por una mujer a la que él llamaba la Vieja Dorothy Clutterbuck (cuya veracidad ha sido puesta en duda, porque apenas existen pruebas de que la auténtica Dorothy Clutterbuck, una mujer rica del lugar, practicara la magia). Sin embargo, con los años fue implicándose cada vez más en la brujería.

Una historia curiosa de la época es la de la «Operación Cono de Poder», un ritual en el que se supone que participó el aquelarre de Gardner después de que Francia cayera en manos de los nazis en 1940. Preocupadas por que Inglaterra se situara en el punto de mira del enemigo, las brujas se reunieron en el bosque el 1 de agosto (el día sagrado para los paganos, el Día de Lammas) para elevar un cono de energía cargada de magia con el propósito de boicotear a Hitler. Según Gardner, elevaron un cono cuatro veces esa misma noche, y proyectaron los pensamientos de «No puedes cruzar el mar» y «No eres capaz de venir» en la mente de Hitler. También nos relató que la práctica de bailar y cantar durante varias horas desnudas y sometidas a la inclemencia del frío pudo ser excesivo para algunas de las brujas más ancianas, que murieron unos días después. Como escribió en 1945 en su libro *El significado de la brujería*: «No estoy diciendo que esas mujeres detuvieran a Hitler. Lo único que digo es que vi una ceremonia muy interesante realizada con la intención de introducir una idea determinada en la mente de ese hombre, y que eso se repitió varias veces, y aunque tenía todas las lanchas preparadas para la invasión, el hecho fue que Hitler ni siquiera intentó partir hacia las islas».

El proceso por el que Gardner pasó de ser un miembro de un aquelarre a convertirse en el padre de la wicca es una historia enrevesada que ahora resultaría demasiado farragosa de explicar. Baste con decir que acusó la influencia de otros escritores interesados por la magia de su misma época. Sus primeros libros, *A Goddess Arrives*, de 1940, y *High Magic's Aid*, de 1949, son dos novelas basadas en el mundo de la brujería, y el último incluye descripciones versionadas de los rituales que él realizaba en su propio aquelarre, la mayoría de los cuales eran claras adaptaciones de las teorías de Margaret Murray, que él transformó para darles formato de relato. Gardner, por otro lado, se reunió con el controvertido ocultista Aleister Crowley en varias ocasiones en mayo de 1947. Parece ser que Gardner fue considerado el sucesor que tuvo más números para dirigir el Ordo Templi Orientis (OTO), la sociedad de iniciación mágica que dirigía Crowley y en la que Gardner ostentaba el título de ser un miembro más. Sin embargo, estos planes nunca llegaron a cobrar forma, y cuando Crowley murió en diciembre de ese mismo año, Gardner ya andaba ocupado en otras cosas.

Durante la segunda mitad de la década de los 1940, escribió un libro secreto sobre rituales, lecturas e instrucciones sobre las técnicas de brujería que se practicaban en su aquelarre. Su *Libro de las sombras*, como él lo llamaba, era un refrito completo de varios textos, incluidos «versos bíblicos, la edición de Mather de *Key of Solomon*, el *Goetia (entre sueños)*, una obra sobre la Cábala, tres libros distintos de Crowley, el mazo de tarot de Waite-Smith y un par de grimorios», según Ronald Hutton. El libro de 1899 de Godfrey Leland *Aradia, or the Gospel of the Witches* también fue una de las fuentes a las que recurría. Las propias contribuciones de Gardner ponían el énfasis en la desnudez (él fue uno de los impulsores del naturismo o de ir desnudos al aire libre como un medio terapéutico para mantener el cuerpo sano), así como en que los miembros del aquelarre se ataran y flagelaran para purificarse y entrar en estados de éxtasis, a pesar de que insistía en que procuraran no hacerse daño. *El libro de las sombras* fue objeto de algunos añadidos y editado en la década de los 1950, y al final terminó evolucionando hasta convertirse en un procedimiento más igualitario. En sus primeros escritos se hablaba de un *magus* masculino que iniciaba a una «bruja» femenina para que pasara a formar parte del aquelarre, pero en los posteriores se hablaba de una alta sacerdotisa y de un sumo sacerdote capaces de oficiar ritos al mismo nivel, introduciendo en el lenguaje la presencia de las diosas y del poder femenino.

Se ha hablado mucho del alto grado de retorcimiento de algunos de los ritos místicos de Gardner. Las prácticas no solo debían hacerse desnudos y portando cuerdas y cuchillos, sino que las relaciones sexuales eran permitidas como parte del Gran Rito, tanto si se practicaban literalmente como si se representaban de manera simbólica. Independientemente de que estas prácticas fueran o no la expresión personal de un hombre maduro y libidinoso, lo cierto es que eran actos evolucionados de liberación sexual a los que los adultos consentían, o bien, meramente, técnicas fisiológicas de eficacia contrastada a lo largo de los tiempos para elevar el flujo sanguíneo e inducir estados de trance. Depende del punto de vista de cada uno.

Gardner escribió: «No me parece justo llamar a las brujas unas pervertidas frustradas. Sin embargo, es cierto que podemos decir que eran seguidoras de una religión primitiva que ya ha desaparecido».

Gracias en gran parte a la comunidad espiritista, la Ley de la Brujería de Inglaterra de 1735 y la Ley de la Vagancia de 1824 fueron revocadas en 1951 y reemplazadas por la Ley de Médiums Fraudulentos, que no era tan dura y esencialmente legalizaba la brujería y la capacidad de ser médium, siempre y cuando ambas cosas no sirvieran para engañar a los clientes, que pagaban lo que se les pedía. (Esta es una de las razones por las que a menudo vemos que los servicios o los artículos espirituales salen a la venta con la etiqueta de «Solo indicado con fines de entretenimiento».) Al aprobarse esta legislación, Gardner cobró fuerzas e hizo públicos cuáles eran sus intereses, cuando no sus creencias. Su libro *Witchcraft Today* fue su primera obra de ensayo. En esa obra da un recuento de su experiencia como observador de la práctica moderna de esta «religión primitiva» de la brujería. Usa la palabra «wica» (deletreada como aparece aquí) por primera vez en una obra editada y dice que significa «gente sabia», y que se refiere a los «que practican los ritos ancestrales». (Posteriormente, la palabra se adaptó y se convirtió en wicca, aunque Gardner no usó ese término para describir su propia religión ancestral.) Por otro lado, menciona los escritos de Margaret Murray y dice que el concepto de la bruja satánica fue el resultado de una campaña de la Iglesia para desacreditar a las practicantes: «Las brujas no besan el trasero del Diablo; en primer lugar, porque nunca besan el trasero a nadie, y, en segundo lugar, porque el Diablo no está ahí para que lo besen».

Respecto a los aquelarres, escribe que tradicionalmente consisten en «doce brujas y un líder, probablemente porque es el número de la suerte y porque hay trece lunas al año». Sigue afirmando que un aquelarre ideal consiste en «seis parejas perfectas», más el sacerdote o la sacerdotisa, y que las parejas deberían estar formadas por marido y mujer o por dos personas que estuvieran comprometidas en matrimonio. Sin duda alguna, según los parámetros actuales, esto nos parece estremecedoramente heteronormativo y pasado de moda. Pero en la década de los 1950, situar a las mujeres en igualdad de condiciones que los hombres en todos los sentidos, tanto si hablamos de la vertiente espiritual como si lo hacemos de la social o sexual, era una actitud muy progresista. Y también muy significativo en este aspecto era que la adoración en el culto de la wicca a un dios y una diosa era algo absolutamente revolucionario desde la perspectiva de la historia religiosa de Occidente.

Los libros de Gardner sobre cómo hacer magia en grupo no son tan impactantes. En *Witchcraft Today*, describe a la bruja como alguien que puede estimular o incluso crear su propia aura o campo elecromagnético personal. Y dice que, cuando la brujas trabajan juntas, «sus voluntades unidas pueden proyectar ese campo como un rayo de fuerza». Más adelante, en el mismo libro, usa el ritual «Operación Cono de Poder» anti-Hitler como un ejemplo de lo mismo (a pesar de que aquí lo llama operación «Enviar Adelante»). Esta reunión fue excepcional y no siguió la norma de los trece miembros, afirma, porque se necesitaban tantas personas como fuera posible para realizar una obra tan magna.

Hay muchas cosas en este libro que encuentro adorables, aunque, a juzgar por los hechos, también resulta bastante embrollado. Margaret Murray escribió la introducción del libro y afirmó que los ritos incluidos son «de auténtica supervivencia y no un mero refrito de otros libros». Es esta una demanda irónica, considerando que sabemos que muchas de las prácticas de Gardner se basaban precisamente en esa especie de «recorta y pega» a partir de una variedad de distintas fuentes, incluidos los propios textos de Murray. Es más, a través de *Witchcraft Today*, Gardner asume el tono objetivo de quien hace la explicación desde fuera. Para hablar de las brujas, usa la palabra «ellas» en lugar de «nosotras», y él se posiciona como un testigo en lugar de definirse como un participante, o incluso un creador activo de estas «tradiciones». Solo hacia el final del libro dice: «Soy un humilde miembro de un aquelarre, no soy su cabecilla ni su líder, en absoluto, y mi obligación es hacer lo que se me dice».

Si saco a relucir todo esto, no es para rechazar la importancia de la vasta contribución que hizo Gardner a la vida religiosa. El hecho es que era un hombre profundamente progresista, un ser humano de una inventiva salvaje y que abrió un río de espiritualidad alternativa que sigue inspirando a muchas personas, incluida yo misma, hasta el día de hoy. A pesar de que es cierto que tomó prestadas muchas cosas de otros autores (algunos de los cuales, como Margaret Murray, sucumbieron a sus propios delirios), creo que él creía que en realidad estaba rescatando una antigua veta de sabiduría perdida. Al sintetizar una cantidad impresionante de erudición, sentimiento y autoexperimentación, Gardner y sus cohortes adoptaron las prácticas de antiguas sociedades secretas, como la francmasonería, la Orden Hermética del Dorado Amanecer y la OTO, y las renovaron con la mirada puesta en un pasado pagano idealizado, libre de complejos sexuales y de la opresión patriarcal.

Independientemente de las intenciones originales de Gardner, su obra y la de su aquelarre ayudaron a catalizar todo un movimiento. El argumento de la historia de la wicca y del paganismo moderno adopta muchos giros más allá de su producción y, para hacerle justicia, hay que decir que animó a las personas a adaptarse y a comulgar con sus propias ideas. (De hecho, la alta sacerdotisa de su aquelarre, Doreen Valiente, es responsable de haber escrito muchos de los encantamientos femeninos más famosos y divinos, incluida la redacción de lo que se conoce comúnmente con el nombre de «La Carga de la Diosa». La nueva versión que escribe la líder de la brujería feminista Starhawk a partir de la versión de 1970 quizá sea la más conocida.) Hubo aquelarres de todo tipo en Inglaterra y Estados Unidos durante la década de los 1960 y 1970, que adoptaron nuevos estilos y fueron dirigidos por líderes que siguieron la tradición. La brujería se retomó como una práctica que estaba viva y era accesible a todo aquel que se sintiera atraído para aprenderla.

Lo más significativo es que Gardner cimentó dos ideas cruciales y las introdujo en el consciente popular: en primer lugar, que las brujas son seres positivos y sagrados, y en absoluto diabólicos. Y, en segundo lugar, que sus poderes aumentan cuando trabajan con otras personas de mentalidad parecida (o de espíritu parecido), y que esta energía transformadora, cuando se acumula, puede dirigirse hacia la consecución de un objetivo compartido.

Lo cierto es que en la época de Gardner, como mínimo, los aquelarres wiccanos parecían plantearse principalmente el hecho de honrar a la naturaleza y a las deidades, así como de supervisar el desarrollo mágico individual de cada miembro. Entre los rituales dirigidos hacia el exterior y de mentalidad más política que realizan las brujas hoy en día, la Operación Cono de Poder es la única que suele citarse ampliamente, quizá porque fue él mismo quien lo escribió. Y después de todo lo dicho, Gardner termina *Witchcraft Today* con la siguiente conjetura: «Creo que las brujas podrían realizar ritos parecidos para influir en el cerebro de las personas que están al mando de la bomba de hidrógeno». No queda claro si con su aquelarre intentaron tal hechizo.

De todos modos, el modelo de Gardner de un grupo de personas que acumulan su energía mágica y la dirigen hacia un objetivo político compartido fue adoptado por el movimiento contracultural que hubo en Estados Unidos, aunque de una manera tan atrevida como intencionada.

En otoño de 1967 se organizó una manifestación para protestar contra la Guerra de Vietnam en el Lincoln Memorial. Y hubo activistas como Jerry Rubin y Abbie Hoffman que decidieron que esa era la oportunidad perfecta para dar un gran espectáculo. Hoffman tenía fama de ser el típico embaucador que recurre a elementos de lo absurdo y del teatro de guerrillas para atraer la atención hacia causas sociopolíticas y trastocar el *statu quo*. Inspirado en parte por el poema de Gary Snyder «A Curse on the Men in Washington, Pentagon», Rubin y Hoffman se dieron cuenta de que si realizaban un ritual mágico la gente se alzaría y les prestaría atención. Y su decisión fue supervisar un exorcismo masivo del Pentágono, seguido de un trabajo colectivo para lograr que el edificio levitara a unos siete metros del suelo (a pesar de que el gobierno terminó dándoles permiso y lo limitó a tres). Captaron a Ed Sanders, el representante de la banda de protesta neoyorquina de inclinaciones místicas los Fugs, para que los ayudara a realizar el exorcismo. Sanders, a su vez, consultó con el director de cine *underground* y conocido experto en ocultismo Harry Smith y le pidió que oficiara el ritual.

Corrió la voz, y eso atrajo a unos cien mil manifestantes aproximadamente a Washington DC el 21 de octubre de 1967. Tras la música y los discursos, la marcha partió del monumento a Lincoln, cruzó el río Potomac por el puente Arlington Memorial, atravesó el cementerio nacional de Arlington y se encaminó hacia el Pentágono. En el aparcamiento del ala norte, Ed Sanders y los Fugs realizaron su exorcismo desde un camión de plataforma. Como Sanders contó a la revista *Arthur* en 2004: «[Harry Smith] me habló de que había que consagrar en las cuatro direcciones, rodeándolo todo, ponerlo todo en un círculo, usar elementos de la tierra, el aire, el fuego y el agua, símbolos alquímicos para purificar el lugar, para invocar a ciertas deidades. Y me puse a invocar en voz alta a una retahíla de deidades del pasado y del presente, imaginarias y reales, para reunir fuerzas y exorcizar ese lugar. En parte fue real, y en parte simbólico, en parte fue lo que se dice mucho ruido y pocas nueces; fue algo espiritual, secular, ilusorio también, y, en parte, un acto para expresar la rabia, pero con cierto sentido del humor. Hay que tener sentido del humor, y tenerlo en sentido universal. Además, como conozco lenguas indoeuropeas, aprendí un ritual exorcista hitita. En realidad, he creado un exorcismo muy digno».

El cántico al completo al final se grabó con el título «Exorcizar a los malos espíritus del Pentágono, 21 de octubre de 1967», y en su *crescendo* se iba repitiendo: «¡Fuera, demonios, fuera!». Como parte del ritual, Sanders también anunció que se había convocado un «manoseo» para que las parejas pudieran hacer un «rito de amor» en el césped, rito que en realidad se hizo, aunque fueron menos los que lo practicaron de lo que los organizadores habían predicho. Hoffman no había sido capaz de conseguir el permiso necesario para que los manifestantes rodearan el Pentágono, acto que era un componente crucial para que el edificio levitara. Pero se hicieron otras acciones, como, por ejemplo, la de unos sanadores mayas que echaron granos de maíz en el interior de unos círculos mágicos, y la del poeta Allen

Ginsberg, que entonó unos mantras. El director de cine ocultista
Kenneth Anger también asistió, aunque, por lo que contó, aquello
fue más bien una sarta de impostores haciendo números de circo
que un gesto significativo para protestar contra la guerra. Y entonces eligió hacer sus propios hechizos, en lugar de participar en las
actividades del grupo.

De todos modos, la escena fue impresionante. Norman Mailer la
describió en el capítulo «Las brujas y los Fugs», de su libro ganador
del premio Pulitzer *Los ejércitos de la noche*: «Ahora que habían
llegado las brujas, y los ritos exorcistas, y los miedos oscuros de la
noche, ahora que se asesinaba a los hippies. Sí, los hippies habían
pasado del Tíbet a Cristo, y de este a la Edad Media, y ahora eran
unos alquimistas revolucionarios. Bueno, pensó Mailer, pues qué
más da, dado que era un conservador de izquierdas. "¡Fuera, demonios, fuera! ¡Fuera, demonios, fuera!"».

Sin duda alguna, todos esos hechizos eran tan sensacionalistas
como sinceros, y eso como mínimo. En cuanto a saber si habían resultado eficaces, se tardaría otros siete años, que fue cuando terminó
la guerra. De todos modos, muchos señalan la manifestación como
el elemento clave a partir del cual se elevaron las protestas públicas. El analista militar de Estados Unidos Daniel Ellsberg dijo: «La
idea de hacer levitar el Pentágono me pareció muy buena, porque
la idea de despojar de toda deferencia a estas instituciones es muy,
y recalco, muy importante; y esa es por supuesto la clase de cosas
que Abbie [Hoffman] comprendió instintivamente». Ellsberg siguió
adelante y editó *The Pentagon Papers* en 1971, cuatro años después
de la protesta, y eso añadió más presión al gobierno de Estados Unidos para lograr que se retirara de la Guerra de Vietnam.

A pesar de que el Pentágono no levitó físicamente, el hechizo dio resultado. Como dijo Allen Ginsberg: «La levitación del Pentágono fue un acto que desmitificó la autoridad de lo militar. El Pentágono levitó simbólicamente en la mente de las personas, en el sentido de que perdió autoridad, una autoridad que había sido hasta entonces incuestionable y jamás desafiada».

El ritual grupal de intenciones compartidas había cambiado de percepción, cuando no de fundamentos, en sentido literal. Quizá ya de por sí eso fuera magia suficiente.

Durante este período, el movimiento para la liberación de la mujer despegó en Estados Unidos. Abbie Hoffman y su banda de embaucadores seguían llamándose a sí mismos Yippies (su grupo era Youth International Party [Partido Internacional de la Juventud] o YIP por sus siglas en inglés), y siguieron realizando espectáculos activistas, aunque sin basarse tanto obviamente en temas de ocultismo. Sin embargo, otro colectivo, en esta ocasión formado solo por mujeres, arrancó una página del compendio de protestas del Pentágono de Hoffman y siguió realizando «rituales» mágicos con intenciones políticas. Robin Morgan, Florika Remetier, Naomi Jaffe, Peggy Dobbins, Judith Duffett, Bev Grant, Marcia Patrick, Cynthia Funk y otros antiguos miembros de la organización activista Mujeres Radicales de Nueva York descubrieron que la bruja era un canal ideal para trasladar su mensaje sobre la liberación de la mujer. Era el símbolo que podían usar como arma para ilustrar la omnipresencia crónica del sexismo a lo largo de todas las épocas y en todos los estratos sociales. Además, también estaba en consonancia con el enfoque eficaz de los yippies porque provocaban una fricción a la vez que se divertían. Después de todo, ¿quién mejor que una bruja para alterar las cosas?

De esa manera, con una primera acción pública realizada el día de

Halloween de 1968, nació el grupo de activistas feministas llamado WITCH, que en inglés significa «bruja». Sus miembros se vistieron con trajes de bruja, iban con escobas y llevaban sombreros negros de punta, e incluso hicieron una representación ritual en público conjurando un hechizo dirigido a la Bolsa de Nueva York. ¿Me preguntáis si funcionó? Bueno, como Gloria Steinem escribió sobre el incidente en la revista *New York*: «Un aquelarre de trece miembros de WITCH se manifestó contra el bastión de la supremacía blanca: Wall Street. Al día siguiente, el mercado cayó cinco puntos». (El pegamento que las brujas metieron en las cerraduras de las puertas del Mercado de Valores debió de ser todo un revés, sin duda alguna.)

Otra notable acción de las WITCH fue irrumpir en la Feria de las Bodas de Madison Square Garden de 1969 para luchar contra lo que percibían que eran las fuerzas oscuras del complejo industrial del negocio de las bodas. Un folleto para anunciar la protesta invitaba al público a «traer carteles, escobas, disfraces, conciencia, rabia, pociones de bruja, amor, trajes de novia, panderetas, conjuros, risas, solidaridad y otras alternativas…». Algunas de esas mujeres se infiltraron en la convención, lanzaron hechizos a los vendedores y los patrocinadores y soltaron un montón de ratones blancos en la sala del desfile.

Las actividades de WITCH fueron ganando terreno gracias a una mezcla de ingenio brujeril y a una valiente puesta en escena política (la cofundadora Robin Morgan escribió sobre el colectivo: «Su despreocupación era innegable»). No tardaron en surgir otros grupos WITCH por todo el país (que incluso llegaron más lejos, a Tokio), a pesar de que su manera de operar era distinta. El significado del acrónimo fluctuaba, porque inicialmente significaba Women's International Terrorist Conspiracy from Hell [Conspiración Terrorista

Internacional de las Mujeres desde el Infierno] un título socarrón creado antes de que la palabra «terrorista» tuviera las connotaciones que tiene en la actualidad, y luego pasó a significar Women Incensed at Telephone Company Harassment [Mujeres Enfurecidas ante el Acoso de la Compañía Telefónica], Women Interested in Toppling Consumption Holidays [Mujeres Interesadas en Derrocar las Vacaciones Consumistas] y Women Inspired to Tell their Collecive History [Mujeres Inspiradas para Contar su Historia Colectiva].

Esas mujeres eran malvadas por la manera en que planteaban las cosas, pero muy serias en sus objetivos. Y a pesar de que estaban más interesadas en jugar con el poder provocador de los símbolos que en hacer brujería «real», su manifiesto dejaba espacio para ambas cosas: «WITCH es un todo en el que sus miembros son mujeres. Es teatro, es revolución, magia, terror, alegría, flores de ajo, hechizos. Es la conciencia de que las brujas y los gitanos fueron los guerrilleros originales, y los combatientes de la resistencia contra la opresión (sobre todo la opresión de las mujeres) en todas las épocas.

Es más, no existía un órgano rector, ni había un guardián designado para el grupo, y cualquier mujer que compartiera sus valores podía ser miembro y formar parte de esa manera de ser WITCH. Si eres mujer y te atreves a mirar en tu interior, eres bruja. Haces tus propias reglas. Eres libre y hermosa. Puedes ser invisible o clara en tu manera de manifestar lo que sabes de ti como bruja. Puedes formar tu propio aquelarre de hermanas-brujas (trece es un número fantástico para un grupo) y hacer tus propias actividades… Tu poder proviene de tu propio yo como mujer, y se activa trabajando de común acuerdo con tus hermanas. El poder del aquelarre es mayor que la suma de sus miembros individuales, porque es un «estar juntas».

Puede decirse que el espíritu de estar juntas es lo que hizo que el movimiento por la liberación de la mujer fuera tan vital en todas partes. Las mujeres que participaron en la segunda ola del movimiento feminista sin duda se inspiraron en la lectura de libros como *El segundo sexo,* de Simone de Beauvoir, pero fue gracias a las conversaciones que hubo entre distintas personas a través de los grupos de formación de conciencia que los resultados terminaron siendo realmente transformadores. Por primera vez, muchas mujeres se dieron cuenta de que sus sentimientos de frustración, de opresión y dolor no eran anormales. Las mujeres se reunían para compartir historias personales sobre su propia experiencia de ser mujer, y se entablaban debates sobre temas que generalmente eran silenciados, como el aborto y la violación. Los miembros de estos grupos se dieron cuenta de que no estaban solos y empezaron liberarse al no tener que mantener tanto secretismo y avergonzarse de lo que les había pasado en la vida.

A pesar de que no todos los grupos de conciencia feminista se autodenominarían «aquelarres», el modo de ser que eligieron los miembros de WITCH no alberga ninguna duda al respecto. Estas mujeres aprendieron que, formando parte de un círculo de confianza y compartiendo sus creencias con libertad, podían ser más fuertes y liberarse como individuos. Es más, demostraron que uniendo fuerzas y teniendo como punto de mira un objetivo al que dirigirse, podían cambiar mucho las cosas en el mundo.

Si WITCH es un ejemplo que demuestra que la política feminista toma prestados símbolos del reino de los mitos, no debería sorprendernos que la espiritualidad feminista haya empezado a adoptar un viso más cívico. A pesar de que hay pruebas de que algunos aquelarres paganos de Estados Unidos ya existían en la década de los 1930, y que la wicca de Gardner llegó al país antes de 1960, la década de los 1970 aportó un nuevo estilo de brujería que pretendía «combinar las preocupaciones políticas y espirituales como si fueran dos arroyos de un mismo río», tal y como escribió Margot Adler. Fue necesario adoptar el marco de la wicca, pero en realidad lo que se enfatizaba era la adoración de las diosas y la honra del cuerpo femenino. Por otro lado, y ya a la descarada, la bruja era considerada un icono de la resistencia contra el patriarcado, en la línea del sentir de pensadoras que apostaban por las brujas como Matilda Joslyn Gage y Margaret Murray, y de libros de feministas radicales como Mary Daly y Andrea Dworkin.

Zsuzsanna «Z» Budapest es una bruja húngaro-californiana que fundó el aquelarre Susan B. Anthony Núm. 1 en 1971, con unos propósitos mágicos que concordaban con su nombre político. Se le atribuye haber creado una marca propia de brujería, wicca diánica, y si fue tan amada como denostada de debió al hecho de excluir a los hombres totalmente de su aquelarre. (Posteriormente se la juzgaría con dureza por haber afirmado que las mujeres transexuales no eran mujeres «reales» y que, por lo tanto, no podían formar parte de su práctica, afirmación que muchas personas, entre las cuales yo me incluyo, consideran desencaminada y de una fobia a lo transexual censurable y empecinada.) Consideraba que un aquelarre también debía estar formado por trece miembros, y si se sobrepasaba el número, el colectivo pasaba a ser, según ella, «un grupillo de mala nota». Budapest buscaba crear una religión en la que se alabara la experiencia femenina por encima de cualquier otra cosa, porque su objetivo era restaurar el estilo de vida matriarcal por todo el planeta. A pesar de que Susan B. Anthony es un personaje muy controvertido (y, con razón, cabría añadir), su influencia en el desarrollo de la brujería moderna ha sido enorme. Con sus enseñanzas y sus libros, que han alcanzado un gran éxito, como *The Holy Book of Women's Mysteries*, de 1979, sus ideas avivaron la imaginación de feministas de segunda ola y contribuyeron a modelar el concepto de brujería como una atractiva alternativa a las principales religiones, más centradas en el hombre.

Otra californiana llamada Miriam «Starhawk» Simos desarrollaría este enfoque mucho más. Starhawk escribió que es crucial que las mujeres abracen a la Diosa para verse a sí mismas sagradas y valiosas. A diferencia de Budapest, de todos modos, Starhawk cree que la inclusión de los hombres en este paradigma es esencial. Como escribió en su gran éxito de ventas de 1979 *La danza en espiral*: «El símbolo de la Diosa permite que los hombres experimenten e integren el lado femenino de su naturaleza, que a menudo se considera el aspecto más profundo y sensible del yo. La Diosa no excluye al varón; lo integra». Allí donde Budapest se muestra incondicionalmente separatista en relación con el género, y sigue insistiendo en que la wicca diánica es solo para mujeres cisgenéricas, con los años Starhawk ha adoptado una posición más inclusiva, y en la introducción a la edición del décimo aniversario de *La danza en espiral* escribió que lo que sentía sobre el absolutismo de género había cambiado, y que «nosotras […] debemos estar dispuestas a examinar el modo en que nuestras interpretaciones han sido modeladas por los límites de nuestra visión». En 2009, además, escribió: «En estos últimos tiempos todos nuestros compañeros transgenéricos y sus amigos han desafiado abiertamente a estos dos tipos simples con dos argumentos. Son unos desafíos fantásticos; nos hacen ver el mundo de un modo distinto, examinar nuestros supuestos, profundizar lo que conocemos como Misterio».

Esta manera de abarcar la diversidad representa un gran adelanto, ya que las brujas pertenecientes al colectivo LGBTQ+ no solo forman parte del movimiento moderno de la brujería, sino que a menudo son sus líderes. La música Anohni afirma: «Soy bruja. En realidad, me he desbautizado yo sola. Y lo que es fantástico sobre ser transexual es que naces con una religión natural que se aplica de modo generalizado sin que importe la cultura, el grupo económico o la religión de la que formes parte; automáticamente te conviertes en una bruja. En cambio, ningún monoteísmo patriarcal te incluye».

Según el punto de vista de Starhawk, la bruja es un ser que honra la vida entera; por consiguiente, el activismo es una parte muy importante de la práctica. Tal y como ella lo ve, la brujería es un proceso que disuelve la extrañeza o, mejor dicho, la idea falsa de extrañeza que puedan causarnos otros seres vivos. Y una vez que se consigue, te das cuenta de que cuidar de los demás es una responsabilidad sagrada, porque todo está interconectado. La implicación con la ecología y el medio ambiente, el discurso sobre los derechos civiles, los esfuerzos pacifistas... Todo eso queda incluido en el sistema espiritual de Starhawk, que ella clasifica de «espiritualidad moderna basada en la tierra y el ecofeminismo», según anuncia su página web. Los libros que escribe desde *La danza en espiral* exploran la relación que existe entre la magia y el activismo en términos más abiertos. En *Dreaming the Dark: Magic, Sex, and Politics*, escribe lo siguiente: «Si la magia es "el arte de provocar el cambio en relación con la voluntad", los actos políticos, los actos de protesta y de resistencia, los actos que le dicen la verdad al poder, ese empuje necesario para el cambio, todo eso son actos de magia».

Starhawk además desarrolla el concepto de aquelarre. En *La danza en espiral* describe el aquelarre como «un grupo de soporte para la bruja, un grupo de elevación de la conciencia, un centro de estudios sobre la videncia, un programa de formación del clero, una Universidad de los Misterios, un clan suplente y una congregación religiosa aunados en una sola cosa». Y en *Dreaming the Dark* relata que los modelos habituales de poder son jerarquías o peldaños que causan opresión y desconexión. Sin embargo, los aquelarres están estructurados en círculos o redes: «En un círculo, las personas nos vemos la cara y podemos hacer oír nuestras voces y darles valor. Todos los puntos de un círculo son equidistantes del centro: esa es su definición y su función, la de distribuir su energía por igual». El aquelarre no es solo un santuario para esas personas que se consideran un caso aparte y sienten cierta afinidad. También es un paradigma al que, en general, aspira la sociedad.

Anteriormente a 2012, yo daba mis propios talleres de brujería en el Observatorio. Mis clases eran una combinación de conferencias, rituales y hechicería práctica, con nombres como «El descenso del otoño y los misterios eleusinos» y «Luna llena, magia de fuego». Las instrucciones previas variaban en función de la preparación de los estudiantes, aunque siempre los animaba a que trajesen todos esos artículos especiales que deseaban colocar en el altar para recargarlos energéticamente, así como para honrar a las deidades de su elección.

Empezaba las clases preguntando a cada estudiante por su nombre y por la intención que tenía al formar parte de ese círculo en concreto. Luego daba una vuelta alrededor e iba purificando a cada persona con canciones y humo sagrado. Las participantes cerraban los ojos y se abandonaban, soltaban las tensiones del día gracias al sonido de mi voz y al olor de las hierbas que ardían. Luego invocábamos al círculo en el orden que aprendí de mi maestra: el Espíritu del Aire, al este; el Espíritu del Fuego, al sur; el Espíritu del Agua, al oeste; el Espíritu de la Tierra, al norte; el Espíritu de los ancestros, debajo; el Espíritu de los Guardianes, arriba, y el Espíritu del Centro, que sostiene el Amor y todos los grandes misterios que trascienden el lenguaje. Luego hablaba un rato sobre el tema de la clase, hilvanando la información histórica con las interpretaciones mito-poéticas para contextualizar nuestra reunión. El grupo compartía ideas y empezaba a charlar de una manera distendida sobre cualquier tema que se hubiera aportado al taller. Y luego daba comienzo una actividad participativa o bien creando un objeto mágico, haciendo una meditación o celebrando un ritual más complejo con el que honrar la estación o provocar un cambio personal. Al final, terminábamos invocando a los espíritus en la dirección opuesta a la que habíamos formado el grupo, empezando por el Espíritu del Centro. La última actividad era repartir bendiciones hacia lo alto, hacia el universo, y luego llenar nuestro propio seno abrazándonos a nosotras mismas. A veces tomábamos algo y bebíamos vino, si celebrábamos algo especial. Y las estudiantes solían quedarse un buen rato tras la clase para hacerme preguntas y charlar entre ellas.

Los talleres estaban abiertos a todo el mundo, y como algunos de sus miembros venían de manera regular, se fueron formando vínculos de confianza y familiaridad. Y los que vinieron solo muy de vez en cuando o solo una vez se encontraron con un círculo de brujas que les dio la bienvenida, preparadas para integrar sus aportaciones al taller. Cada una de estas sesiones versaba sobre una historia distinta: algunas intentaban realizar conjuros para conseguir un nuevo trabajo, reconectar con la naturaleza, condolerse de la pérdida de un familiar fallecido recientemente, centrarse más y poder abordar un proyecto creativo. Las personas abandonaban toda defensa y abrían sus corazones. Y poco importaba que al inicio de la sesión estuvieran estresadas, porque después todas compartíamos una sensación de paz y de alivio.

Cuando cerró el Observatorio, mis enseñanzas fueron adoptando la forma de conferencias, libros y coordinación de eventos y exposiciones públicas sobre el tema de la magia. Varias de mis alumnas se convirtieron en amigas mías y en colaboradoras que participaron de mis múltiples empeños, y que por eso mismo se convirtieron en maestras mías. Nuestra comunidad había adoptado una forma distinta, pero la mayoría seguíamos vinculadas las unas a las otras. Durante un tiempo, eso me bastó. Conocer a estas personas tan amables y receptivas y crear una conexión con ellas fue la culminación de una especie de hechizo de amor que se había ido labrando en el círculo. Había encontrado a otra familia, vinculada por sus creencias, aunque no lo estuviera por la sangre.

El concepto de aquelarre, como el de las brujas en general, goza ahora de una mayor popularidad. El programa de televisión que dieron en FX en 2013, *American Horror Story: Coven*, ayudó a reintroducir la palabra en la cultura popular, y pronto hizo su aparición también en las conversaciones en línea. El *hashtag* #covengoals de Instagram empezó a aplicarse a fotos de algunos usuarios en lugar del #squadgoals a medida que la gente se iba viendo arrastrada por la semántica de una nueva especie de brujería social. «Olvidad las Brigadas: 2017 es el Año del Aquelarre», proclamaba un titular en *Refinery 29*.

El Ala, un espacio de *coworking* en el que solo hay mujeres, probablemente sea la antítesis estética de lo que podríamos llegar a conjeturar cuando nos imaginamos un aquelarre, con unos sofás rosa milenial, luz intensa y damas vestidas a la moda que teclean en silencio en un mar de MacBooks.

«Te espera tu aquelarre» era el tema del correo de bienvenida que recibí después de vincularme al grupo, y la aplicación estaba en la URL witches.the-wing.com. También hay muchas alusiones al tema en esos espacios. Los bocadillos del menú de la cafetería, o *sandwitches,* se llaman sencillamente *witches* («brujas»), y en la tienda se venden camisas con diseños de pentagramas y lemas como MIEMBRO DEL AQUELARRE DEL ALA, y también boinas del aquelarre del Ala en las que pone ENCANTAMIENTOS, GRITOS Y CÁNTICOS. A pesar de que usan el lenguaje con ligereza, como si fuera un juego, todo eso implica que sus miembros deben de sentirse como si formaran parte de una sociedad especial de mujeres poderosas.

La palabra «aquelarre» se está aplicando cada vez más a grupos de personas que comparten los mismos objetivos políticos y que generalmente son feministas y progresistas. La Liga de la Justicia de la Sección de Damas sin Afán de Lucro en Favor de la Elección se describe a sí misma como «un aquelarre de feministas fantásticas que usan la cultura pop para dejar al descubierto a los que, con odio, luchan contra los derechos de reproducción» en su página web. El programa satírico de noticias titulado *Full Frontal with Samantha Bee* invoca de manera recurrente el lenguaje de las brujas cuando habla de mujeres que se decantan por la izquierda, como cuando describe un grupo de legisladoras que introdujeron leyes para terminar con arbitrios forzados como el de «aquelarre congresista bipartito». En una escena del episodio primero vemos a Bee respondiendo a unos periodistas que le preguntan cómo se siente al ser la primera mujer que dirige un programa de entrevistas nocturno. «Es un trabajo muy duro, que hago con un equipo fantástico, y puede que con la ayuda de un poquito de magia», responde ella. Y hacen un corte en el que se ve a Bee gritando en el interior de un círculo de velas, rodeada de un grupo de personajes terroríficos a los que les salen rayos de las manos. «Es verdad: todas somos brujas», dice a la cámara con un guiño.

Estos chistes quizá tengan un sesgo más personal en su caso, porque Bee se crio con una madre wiccana, aunque ella no se identifique así. Con la expresión «mujer desagradable», a la que le da un nuevo sentido, y de la que Bee es una gran admiradora, usa esos términos del mundo de la brujería como un acto de subversión, y se ríe de la imagen de la harpía feminista enfervorizada mientras se reconoce digna de estos términos en principio peyorativos y se los atribuye a sí misma como si fueran medallas de honor. Como Bee expresó al *Guardian* en enero de 2018: «Estoy tan metida en el feminismo que me he convertido en toda una bruja». Sus admiradoras tienden a compartir sus valores y, por extensión, pueden sentirse incluidas en el aquelarre satírico *Full Frontal*.

El vínculo que existe entre los grupos de feministas sin pelos en la lengua y los aquelarres se vio fortalecido durante la Marcha por las Mujeres de 2017 que se organizó justo después de que Donald Trump iniciara su mandato. Entre los carteles de protesta más populares había unos que reproducían expresiones como CONJUREMOS EL PATRIARCADO, BRUJAS CONTRA LA SUPREMACÍA BLANCA y SOMOS LAS NIETAS DE LAS BRUJAS QUE NO PUDISTEIS QUEMAR. El cartel que llevaba mi propio grupo de manifestantes era un homenaje al que había escrito WITCH durante la década de los 1960: COVEN: Citizens Organizing Viable, Equal Nation [Ciudadanas Organizando una Nación Viable e Igualitaria].*

* COVEN significa «aquelarre» en inglés (*N. de la T.*).

Parece ser que no fui la única que usó esos pícaros antepasados mentales de WITCH tras la elección de 2016. En Portland, en Oregón, surgió un nuevo grupo WITCH que formalizaba sus protestas en forma de rituales coreografiados. Sus miembros iban con atuendos de bruja, con velos negros que les cubrían la cara para mantener el anonimato, al estilo de esos colectivos activistas que llevaban antifaces, como fueron las Chicas de la Guerrilla, las Zapatistas y el Motín de los Chochos. Así como hicieron las WITCH originales, PDX anima a que se creen otros grupos con nuevos miembros, siempre y cuando se sigan los valores que defiende el manifiesto de su página web:

ANTIRRACISMO — ANTIFASCISMO — ANTIPATRIARCADO — DERECHOS DE LOS INDÍGENAS — AUTODETERMINACIÓN DE GÉNERO — LIBERACIÓN DE LA MUJER — TRANSLIBERACIÓN — CULTURA ANTIVIOLACIÓN — DERECHOS SOBRE LA REPRODUCCIÓN — APOYO A LAS TRABAJADORAS DEL SEXO — DERECHOS DEL COLECTIVO LGBTQIA — PROTECCIÓN MEDIOAMBIENTAL — LIBERTAD RELIGIOSA — DERECHOS DE LOS INMIGRANTES — ANTIGUERRA — ANTICAPITALISMO — JUSTICIA ANTE LA DISCAPACIDAD — DERECHOS DE LA PRIVACIDAD — DERECHOS DE LOS TRABAJADORES.

DESAUTORIZAMOS A TODO INDIVIDUO O AQUELARRE QUE, LLEVANDO EL NOMBRE DE WITCH, NO DEFIENDA ESTOS VALORES.

TODA AQUELLA PERSONA QUE AFIRME PÚBLICAMENTE SER UNA DE LAS NUESTRAS NO ES UNA DE NOSOTRAS: NOSOTRAS SOMOS ANÓNIMAS.

Hay facciones de WITCH en línea en Estados Unidos, incluidas las ciudades de Nueva York, Boston, Mineápolis, Denver, Detroit y Austin, e internacionalmente también hay constancia del movimiento concretamente en Londres, París, México y Tokio. Los aquelarres activistas de estos lugares aparecen en las grandes manifestaciones y realizan sus propias actividades grupales, con pancartas que hacen mención de temas como los derechos de la inmigración o el control de las armas, y se muestran solidarias con Black Lives Matter, por nombrar algunos de los lemas. A pesar de que su preocupación es genuina, también se apropian del humor subversivo que tuvo el grupo durante la década de los 1960. He visto carteles con declaraciones como INCLUSO UNA BRUJA CREE EN LA CIENCIA Y NO SUFRIREMOS VIVIENDO BAJO EL PATRIARCADO. Una de mis fotos preferidas en Instagram @witchpdx muestra a dos WITCH con un par de carteles en los que pone: EH, PAUL RYAN..., ¿TE FALTA ALGO?, y en los que hay pintada una columna vertebral en medio. Es una imagen divertida y maliciosa, y de una perfección macabra, dado que los huesos parecen ser el ingrediente ideal para realizar hechizos. Sería algo así como echar mal de ojo en favor de la justicia.

Algo parecido ocurre específicamente entre las comunidades de color, en las que la palabra «bruja» en español es reclamada tanto por los trabajadores de la magia como por los taimados activistas. Las Brujas del Bronx empezaron siendo una tribu de *skaters* femeninas que querían reclamar su propio espacio en una comunidad dominada por los hombres blancos. Esas mujeres no tardaron en evolucionar y convertirse en una organización muy radical que montaba eventos y promocionaba ropa informal para lograr concienciar sobre temas tan importantes como las encarcelaciones en masa, la gentrificación y la salud mental. Y el Brujas Cara-B es un colectivo de *disc jockeys* formado por cuatro mujeres con sede en Oakland, California. La intención del grupo era girar discos de vinilo y combatir el sexismo y el racismo en escena en los clubes. En sus montajes incorporan bendiciones sanadoras. También son conocidas por erigir altares frente a sus cabinas de *disc jockeys*, honrando de este modo a esas personas negras cuyas vidas fueron sesgadas por la violencia policial, como las de Alton Sterling y Philando Castile. Los que asisten a esas sesiones creen que salen a bailar de noche, pero lo que en realidad hacen estas mujeres es auténtica brujería: encienden velas, hacen música y honran a los que han partido demasiado pronto. Cada representación es un ritual recordatorio y una ofrenda pública de alivio y rejuvenecimiento.

La línea que separa las acciones de un colectivo y los hechizos genuinos es muy difusa, y esa es una de las razones por las que la palabra «aquelarre» se aplica a una variedad de reuniones que se celebran con una intención determinada. De la misma manera, en la era digital estos grupos pueden formarse en línea, y sus obras pueden compartirse por toda una amplia red de escenarios. Gracias a las redes sociales, ya no es necesario reunirse con otras personas en un bosque o frente al Pentágono para hacer un conjuro colectivo. Los aquelarres ahora pueden ser virtuales y pueden ocupar tanto el espacio público como el privado, y hacerlo al unísono.

En febrero de 2017, el practicante de magia Michael M. Hughes compartió su «Hechizo para amarrar a Donald Trump y a todos los que lo apoyan» en Medium.com. Como sucede con la mayoría de hechizos que circulan por ahí, propone una lista de ingredientes (y en ella se incluye una foto en la que se ve a un Trump muy desfavorecido, la carta de la Torre del tarot y un pequeño cabo de vela naranja, aunque puede ponerse una zanahoria mini en su lugar, dice él). Asimismo ofrece un encantamiento que puede leerse en voz alta. Veamos un fragmento del hechizo de Hughes para demostrar el lenguaje que utiliza:

Yo te invoco

para amarrar

a Donald J. Trump

y para que sus obras malignas fracasen por completo.

Para que no pueda causar daño

a ninguna alma humana,

a ningún árbol

animal,

roca,

arroyo

o mar.

Lo amarro para que no rompa nuestra política,

usurpe nuestra libertad

o nos llene la mente de odio, confusión, miedo o desesperación.

Y amarro también

a todos los que permiten su maldad

y a todos los que de sus bocas emanan mentiras venenosas.

Las instrucciones de Hughes, de todos modos, son solo recomendaciones, y todas ellas pueden adaptarse o modificarse. Lo más crucial es que el hechizo sea realizado por muchas personas a la vez; en este caso en concreto, «a medianoche y con la luna menguante, hasta que lo echen del gobierno». Como afirma Hughes: «Los elementos críticos son la simultaneidad del trabajo (a medianoche, hora del Este, de Mar-a-Lago y de la Trump Tower de Nueva York) y la energía de los participantes en masa».

A pesar de que el hechizo de amarre empezó activándolo Hughes con algunos de sus amigos, se hizo viral con gran rapidez, y se convirtió en un trabajo virtual que se hace una vez al mes y en el que todos pueden participar. La prensa se hizo eco de ello, como es inevitable, aunque en la mayoría de artículos se lo tachó de maleficio, no de amarre; y ahí hay que decir que existe una diferencia fundamental entre el maleficio y el amarre: un maleficio es una maldición, pero un amarre no tiene la intención de hacer daño al objetivo; al contrario, es el medio de impedirle que él haga daño a los demás. En cualquier caso, el hechizo también captó la atención de participantes con una alta posición social, como la estrella de la música Lana Del Rey, que contó a NME: «Sí, yo también lo hice. ¿Por qué no? Mira, yo hago muchas burradas [...], y hay poder en la vibración de los pensamientos. Tus pensamientos son armas muy poderosas que se convierten en palabras, y las palabras en acciones, y las acciones comportan cambios físicos [...]. Yo, en el fondo, soy un poquito mística». El grupo de Facebook «Official Bind Trump», que sirve para amarrar a Trump, cuenta con 3.763 miembros, y la cifra va en aumento. Cualquiera que siga la planificación que Hughes cuelga en la red puede participar en el amarre, sea con amigos o sea en soledad.

A pesar de que el hechizo grupal de Hughes quizá haya sido el de más renombre, ha habido otros trabajos de brujería en línea. En junio de 2016, después de que el estudiante Brock Turner, de la Universidad de Stanford, recibiera una condena de tan solo seis meses por el cargo de violación, desde Facebook la bruja Melanie Elizabeth Hexen y su aquelarre lanzaron una invitación. Una maldición en toda regla, no nos llevemos a engaño, porque pedían que Turner se volviera impotente, sufriera pesadillas y sintiera «un dolor constante, como si le estuvieran clavando agujas de pino en el vientre». (Yo no apruebo esta clase de trabajos, eso hay que decirlo, pero reconozco que a la autora hay que aplaudirla por tener tanta imaginación.) Más de seiscientas personas confirmaron su asistencia al acto, y circularon fotos en línea de los altares y los hechizos realizados por quienes participaron en él.

En octubre de 2018, la tienda de ocultismo de Brooklyn Catland Books hizo un ritual para maldecir a Brett Kavanaugh en público como un acto de protesta mágico y político contra la citación del contencioso que interpuso ante la Corte Suprema. Según la invitación, el ritual también se hizo con la intención de maldecir «a todos los violadores y al patriarcado que envalentona, recompensa y protege a estos hombres». Las entradas, a diez dólares cada una, se agotaron rápidamente (y el 50% de las ganancias fueron destinadas a Paternidad Planificada y al Centro de Ali Forney para la Juventud Sin Techo LGBTQ+), pero más de quince mil personas marcaron que asistirían, o que estaban interesadas, en Facebook, personas que participaron a su manera desde diversos puntos del planeta.

Conozco a varias brujas que han manifestado su escepticismo ante la eficacia de estos hechizos públicos tan multitudinarios. Una bruja practicante de hace muchos años me dijo que ella cree que cuantas más variables pones en un trabajo, menos certero es el hechizo. En otras palabras, a cuantas más personas añadas, más riesgo tienes de confundir energías con intenciones…, porque todos aportan su propia mochila en ello. Es más, insiste en decir que los hechizos de protección «reales» se hacen en privado, bajo el amparo de la noche, que el «objetivo» no tiene que saber nada del hechizo y, para el caso, nadie más debe saberlo.

Entiendo su postura. Sin embargo, yo aportaría la idea de que lo que hacen sin lugar a dudas los hechizos de protesta públicos es forjar un sentido de solidaridad. Formar parte de un grupo que tiene un objetivo en común reafirma a sus miembros dándoles la confianza de saber que no están solos, y eso ya cambia la conciencia de por sí. Lanzar estas acciones colectivas permite que los que no tienen derecho a voto se sientan proactivos y asertivos. Movilizan a todos aquellos que, de otra manera, se sentirían desbordados por la desesperación, y son la expresión de una catarsis y una fuerza renovadas. Los hechizos grupales de este tipo también centran su atención en problemas muy reales sobre la creciente inseguridad de las mujeres, las personas *queer* y las personas negras. Si funciona o no la magia, eso es subjetivo, pero, sin duda alguna, la voz de la resistencia aumenta de tono en su propio cono de poder.

Cuando el Observatorio se disolvió, y mi aprendizaje en el círculo de Robin se dio por concluido, regresé a mi práctica en solitario de la brujería, y durante un tiempo me dediqué a ella. De vez en cuando iba a reuniones con las amigas practicantes que había hecho a lo largo de esos años, y juntas hacíamos hechizos únicos para todos aquellos que nos lo pedían, pero la veneración que programaba yo con regularidad la hacía por mí misma. Durante un tiempo las cosas me fueron bien. Viajaba como una loca por trabajo, y cuando regresaba a casa, a Brooklyn, me ocupaba de mis proyectos y de mis planes. La brujería para mí era como un refugio, un lugar al que retirarme de las mareantes exigencias de mi día a día. Encendía unas velas, entraba en contacto con mis deidades y celebraba los momentos lunares y solares en silencio y en privado. Solía comprar ramos de flores con los que decoraba mi cubículo del trabajo durante los días sagrados paganos, y reservaba las sesiones rituales más elaboradas para las noches y los fines de semana en que tenía la energía o la necesidad de hacerlas. Todo eso me mantuvo a flote para superar las adversidades familiares y mis problemas de salud, y para enfrentarme al estrés y al esfuerzo que representaba vivir en una ciudad.

Sin embargo, en invierno de 2018, me sentí llamada a volver a integrarme en un aquelarre más formal. Acababa de dejar el trabajo que desempeñaba en una empresa desde hacía catorce años, que era muy estimulante, pero que también me dejaba atacada de los nervios. La atmósfera política estaba enrarecida, y las noticias que nos llegaban a diario cada vez eran peores. Había terminado mi *podcast* unos meses antes, lo cual era fantástico, pero en ese momento fue como si hubiera hecho un único bolo, y para enlazar todos los episodios tuve que dedicar muchas horas de trabajo en soledad y aislamiento. Me moría por estar junto a otros buscadores y redescubrir la noción de comunión y apoyo.

Ahora bien, también sabía que no disponía del ancho de banda necesario para organizar yo sola todas las reuniones… Y la verdad es que, al haber sido durante todos esos años una maestra en brujería para los demás, echaba de menos la sensación de que otros me guiaran a mí de vez en cuando. Descubrí también que deseaba reforzar la sensación de hermandad que existe entre las mujeres en concreto. A mi entender, las brujas pueden ser de cualquier sexo, y he dirigido y formado parte de aquelarres en los que se daba la bienvenida a toda clase de personas, momentos en que las charlas sobre el feminismo de cuarta ola, los derechos de las mujeres y el movimiento #MeToo estaban en su pleno apogeo. Por mi parte, necesitaba un lugar donde poder hablar brevemente de mis propias experiencias y saber que los demás no solo eran capaces de compadecerse, sino también de verse reflejados en ellas. La mayoría de aquelarres que conocía y que estaban en activo trabajaban en formatos o siguiendo estilos que no resonaban conmigo o que se alejaban demasiado de mis propósitos. Tendría que empezar el mío propio.

Ese mismo invierno invité a un grupo ecléctico de mujeres y

de féminas lesbianas para poner en marcha lo que esperaba que se convirtiera en un círculo habitual. Se lo dije a antiguas amigas mías, pero también a otras personas a las que solo había visto una vez, o un par de veces, y a las que admiraba y esperaba llegar a conocer más en profundidad. Su formación y sus experiencias espirituales eran de muy variada procedencia, pero todas ellas compartían un interés por la brujería, el crecimiento personal y el feminismo interseccional. Y lo que resulta todavía más importante, todas ellas me parecieron personas amables, una fuente de inspiración; eran de esa clase de personas que lograban tranquilizarme sobre el estado del mundo y me daban esperanzas renovadas para enfrentarme al futuro.

Nuestro primer encuentro se celebró durante el equinoccio de primavera. Esa noche hubo una tremenda tormenta de nieve, y solo cinco brujas lograron acudir a la reunión. Pero lo celebramos, hablamos e hicimos magia. Compartimos las ideas que teníamos sobre lo que debía ser ese grupo, y hablamos de cómo nos veíamos a nosotras mismas y de la visión del mundo que intentábamos que se manifestara en la realidad. No nos conocíamos demasiado, pero nos reconocimos entre nosotras. Éramos personas que querían aumentar su poder y usarlo para lograr que el mundo fuera un lugar más justo y más mágico. A pesar de que en el exterior hacía muchísimo frío, en el interior de mi piso se estaba como en primavera, y se percibía la promesa floreciente del renacimiento y la renovación.

Como dije en el aquelarre, aunque era yo quien había organizado la primera reunión en mi casa, no pretendía ser la cabecilla del grupo. Mi visión era que las reuniones se organizaran bajo la guía de distintas personas, para que nadie tuviera que sobrellevar la pesada carga de ser siempre la anfitriona o la guía. Invitamos a los participantes a que vinieran acompañados de otras personas o se saltaran las reuniones cuando lo necesitaran. Y no me preocupaba en absoluto el número de miembros, siempre y cuando el grupo no resultara difícil de manejar. Confiaba en que todos aquellos que acudieran a una reunión eran los que debían estar allí en ese preciso momento, y esperaba que, si todos y cada uno de nosotros renunciábamos a tener el control absoluto, el aquelarre sería fluido, comunitario y libre de toda jerarquía.

Sin duda alguna, aquello era todo un experimento, pero de momento estaba resultando fructífero. Nos reunimos en jardines traseros, en cocinas, en salas de estar, en un despacho, en una tienda y en una yurta montada en un espacio interior. Todos los miembros llevábamos algo a la reunión: comida, vino o poemas para leer en voz alta. Nuestro altar iba variando, pero siempre estaba repleto de velas y de flores, así como de objetos valiosos que habíamos traído para honrar la ocasión o recargarlos de energía mágica. Somos una mezcla de personas negras, blancas, *queer* y heteros…, aunque todas nos identificamos como pertenecientes al sexo femenino o como lesbianas. Algunas llevamos décadas practicando y otras somos nuevas en esto de la brujería. Hay quien gana un buen sueldo a final de mes, hay quien subsiste como puede y las hay que estamos más o menos en el término medio. En el interior del círculo hablamos de temas personales y políticos, y cada una aporta una perspectiva distinta. Hablamos del racismo, del sexismo, de la familia, del dinero, del trabajo, de la lujuria y del amor. Damos voz a nuestros miedos y a nuestras ambiciones. Hablamos de nuestras luchas, de nuestra rabia y de nuestro dolor, y celebramos nuestros éxitos compartiéndolos con todos, sean insignificantes o relevantes. Hacemos rituales y encantamientos. Tomamos vino y hacemos un pica-pica (bastante copioso, por cierto). Lloramos y canturreamos, y nos partimos el culo de la risa. Trabajamos para sanarnos y para cuidar de nuestros corazones con dulzura, para que así podamos luchar con mayor ferocidad contra la inseguridad y la injusticia cuando nos marchemos de allí. Honramos la santidad de la naturaleza, y con ello honramos nuestra sensación de valía, porque nosotras, las brujas, formamos parte de este mundo. Nuestro aquelarre es un caldero, y la poción que hacemos juntas es para lograr ser mejores.

8. ¿Quién es una bruja?

Las cosas han ido evolucionando mucho desde esas noches que pasaba en secreto haciendo hechizos en la ciudad en la década de los 1990. El interés del gran público por la brujería ha pasado de ser residual a convertirse en un fenómeno de masas. En 2017, la plataforma de redes sociales orientada a los adolescentes Tumblr vio que #witchblr entraba en la lista de las comunidades más seguidas por primera vez, concretamente ocupando el número once. A finales de 2018, Meetup. com tenía casi seiscientos grupos de brujería apuntados en todo el mundo, y el *hashtag* #witchesofinstagram, de Instagram, tenía más de dos millones de entradas, con noticias en las que se veían fotos de tiradas del tarot, cuadros de altares y retratos de tipos a la moda engalanados con amuletos de plata, manicuras afiladas como una daga y una profusión de túnicas negras. La Ola de Brujas de la actualidad no tiene visos de detenerse en los próximos años.

Sin embargo, mientras la bruja está siendo objeto de más atención que nunca, su sombra todavía es alargada. Porque si la era Trump está marcada por un amor creciente hacia las brujas, también debe recalcarse que está resurgiendo el término «caza de brujas». Desde la época del macartismo, durante la década de los 1950, que no se recurría tanto a esta expresión: la única diferencia es que ahora se usa para describir una amplia variedad de temas.

El movimiento #MeToo se considera revolucionario en general, porque son muchas las mujeres que se han ofrecido a compartir su historia de maltrato o de acoso por parte de hombres poderosos.

Todo eso ha disparado un debate público sobre el consentimiento, así como sobre los daños colaterales y corrosivos del poder masculino. Y lo que es más importante aún, ha dado voz a esas víctimas que habían guardado silencio por vergüenza o por miedo de ser menospreciadas. Y eso no solo es catártico; es consecuente (aunque no lo sea tan a menudo como debería). Un machista al que le gusta «agarrarla por el chocho» y que paga a sus amantes con el dinero que saca de sus sobornos puede salir elegido comandante en jefe, pero otros maltratadores que ya están teniendo que responder por sus actos están viendo lo dura que va a ser la caída. El magnate de los medios de comunicación Harvey Weinstein, el fundador de Fox News Roger Ailes, el famoso chef Mario Batali, el presentador de *Today Show* Matt Lauer, el comentarista conservador Bill O'Reilly, el senador democrático Al Franken, el actor Jeffrey Tambor y el cómico Louis C.K. son tan solo algunos de los nombres que forman parte de la letanía de hombres poderosos que han sido acusados de adoptar una conducta sexual inapropiada y que perdieron sus trabajos o sus empresas justo por ese motivo. Y luego tenemos el caso de Bill Cosby, que fue objeto de tres condenas por agresión sexual seguidas de distintas acusaciones a lo largo de varios años por parte de sesenta mujeres. Fue condenado de tres a diez años de cárcel en 2018 (y en la actualidad ha apelado la sentencia).

Es comprensible que todo esto haya puesto muy nerviosos a muchos hombres. Hay quienes han expresado que se sienten incómodos ante la existencia de #MeToo porque dicen que prima el castigo sin pasar por los cauces debidos. Después de todo, a veces los malentendidos son malas interpretaciones que pueden calificarse de infracciones, ¿o no? ¿Y no podría ser también que algunas de las personas que se posicionan en el papel de la acusación mintieran?

Las personas que son críticas con el movimiento a menudo recalcan que tiene una «mentalidad de populacho». Y es inevitable, pero con eso ya invocamos la expresión «caza de brujas».

«Este nuevo puritanismo imbuido de odio hacia los hombres que se desprende de la estela del movimiento #MeToo me preocupa. [...] No tiene nada que ver con el hecho de que toda agresión sexual y toda violencia (tanto si es contra las mujeres como si es contra los hombres) debería condenarse y castigarse. Sin embargo, la caza de brujas debería relegarse a la Edad Media», dijo el director de cine Michael Haneke al periódico alemán *Kurier* en febrero de 2018. El editor de *Rolling Stone* Jann Wenner y el actor Liam Neeson se han referido al movimiento #MeToo como si fuera «una especie de caza de brujas». Woody Allen, que ha vivido en carne propia las acusaciones de agresión, advirtió que la reacción violenta al caso de Weinstein podría comportar «una atmósfera de caza de brujas, la misma atmósfera de Salem». Y la abogada defensora de Bill Cosby, Kathleen Bliss, también sacó a colación la Época de las Quemas al sugerir que el movimiento #MeToo era en gran parte responsable de las acusaciones que se vertían sobre su defendido. En el alegato final que hizo ante los tribunales, parece ser que dijo lo siguiente: «Las normas del populacho no equivalen a un juicio justo. Y de la misma manera que en nuestra historia ha habido crímenes horribles, de lo más sangriento, también hemos vivido épocas terribles en las que la emoción y el odio, por no hablar del miedo, nos han superado. Cazas de brujas. Linchamientos. El macartismo... Cuando te unes a un movimiento basado sobre todo en la emoción y la rabia, no cambias ni una maldita coma de la situación».

Los defensores del #MeToo han dado la réplica diciendo que este empleo del término «caza de brujas» es otro ejemplo de los múltiples modos en que se nos prepara para no creer a las mujeres y para centrarnos en los sentimientos de los acusados en lugar de fijarnos en las víctimas. «Sí, esto es una caza de brujas. Yo soy bruja, y voy a cazarte», fue el titular de la despiadada página de opinión de Lindy West en el *New York Times* en octubre de 2017. En el artículo crucifica a hombres como Woody Allen, que insisten en posicionarse como los desventurados objetivos de una conspiración dirigida por mujeres que mienten. La autora termina el artículo diciendo: «Las brujas vienen, pero no van a por tu vida. Vienen para ser tu legado». Dando la vuelta al libreto de los cazadores y los cazados, reprende a los que han expresado sus dudas sobre la veracidad de las historias de esas mujeres mientras que simultáneamente remodela a la bruja y le otorga el papel de vigía contra la depredación sexual.

Amy Schumer también ha discrepado de las personas que llaman al movimiento #MeToo una caza de brujas, aunque sus peros son tanto sobre la semántica como sobre el sentimiento. «¿Se refiere a cuando nos quemaron en la hoguera sin razón? No tiene que darnos su apoyo, pero denos un ejemplo mejor, si no es molestia por su parte, señor…», dijo bromeando en el escenario en la Cumbre de los Creadores del BlogHer18. El que los hombres poderosos usen la expresión «caza de brujas» para referirse a que las mujeres van a por ellos tiene su intríngulis, dada la historia original del término.

El gusto del presidente Trump por usar la expresión también es problemático, por decir algo, y por no hablar ya de lo excesivamente manida que se ha vuelto esta. A Trump le encanta usarla desde, como mínimo, el año 2011, momento en que la empleó para desacreditar las acusaciones de comportamiento sexual inapropiado contra el entonces candidato a la presidencia Herman Cain, ocasión en la que dijo: «Creo que esta es una caza de brujas repugnante, y además creo que es muy injusta». Al presentarse como candidato cinco años después, Trump usó estas mismas frases para protestar contra el cubrimiento que estaba haciendo la prensa sobre las actividades financieras fraudulentas de su actualmente extinta «escuela de negocios» con ánimo de lucro, la Universidad Trump: «Los medios de comunicación van a por mí, es una auténtica caza de brujas. Se inventan los reportajes, y se está publicando de todo, pero nosotros […], ¡nosotros venceremos!», escribió en un tuit el 15 de mayo de 2016.

Desde entonces Trump ha usado el término «caza de brujas» más de ciento cuarenta veces en Twitter, sobre todo en 2018, mayormente para referirse a la investigación de Robert Mueller sobre la implicación de su gobierno con Rusia. De hecho, lleva las palabras «caza de brujas» tan en el gaznate que la cuenta de Twitter @WitchJuntTweets ha empezado a tabular cada vez que lo dice. Un ejemplo, editado el 14 de agosto de 2018 de uno de sus tuits, dice: «Alerta ante la caza de brujas. El presidente Trump ha mencionado este término 106 veces en un tuit, y lo ha hecho 86 veces en 2018. En lo que va de agosto, ya va por la número 11». Sin embargo, Trump no es la primera persona que ocupa la posición más importante del país y se cree víctima de una caza de brujas. Richard Nixon también usó esta expresión cuando habló con sus confidentes sobre el Watergate. El hecho de que los capitanes de la industria y las instituciones sean los que más tienden a usar el término no deja de ser irónico. Durante la caza de brujas de Europa Occidental y de las colonias de Nueva Inglaterra, miles de personas (la mayoría mujeres) fueron perseguidas a causa de una brujería que prácticamente nadie practicaba por unos ciudadanos que en general tenían mucho más poder que ellas. Estas supuestas brujas, de hecho, fueron víctimas de la propaganda religiosa, de la paranoia y de la necesidad de buscar chivos expiatorios, por no mencionar el hecho de que solían ser de una posición económica y social más baja que los magistrados y los líderes religiosos que las sometían a juicio y que, la mayoría de veces, las condenaban a la pena de muerte basándose en cargos falsos. En cambio, hay muchas razones para sospechar de una manera legítima, cuando no amparados de una recta convicción, de que muchos hombres poderosos en la actualidad actúan como los ciudadanos perjudicados de Salem. Y a pesar de que su sustento pueda correr peligro, al menos sus vidas están a salvo.

En la actualidad la «caza de brujas» no es solo una metáfora referida a ciertos acontecimientos anacrónicos. Todavía hay muchos lugares en el mundo donde ser etiquetada de bruja es cuestión de vida o muerte, y el número de asesinatos de brujas acusadas cada año se estima que es de varios miles de personas. Por desgracia, y aunque no es de extrañar, las víctimas suelen ser mujeres. A menudo son viudas, mujeres mayores o con alguna discapacidad, aunque esta tragedia recae en personas de cualquier edad. Y el patrón de acontecimientos es muy parecido al que existió durante la locura que se desató contra las brujas en Europa y en Nueva Inglaterra: cuando alguien de la comunidad enfermaba o moría de una enfermedad «misteriosa», o bien acaecía una catástrofe natural o alguna desgracia…, había que buscar a una «bruja» a la que echar la culpa. La bruja no suele identificarse, pero aunque la persona niegue serlo una y mil veces, no hay nada que hacer: la acusación ya es de por sí la prueba. A menudo no se celebra un juicio, porque en general los castigos los llevan a cabo individuos que viven en pueblos aislados en lugar de hacerlo delegaciones avaladas por el gobierno. La supuesta bruja es expulsada de la comunidad en el mejor de los casos, y en el peor es sometida a unos actos brutales de violencia o de homicidio. La mutilación, el apaleamiento, la lapidación, la quema y la decapitación son tan solo algunas de las repercusiones más brutales a que las acusadas pueden llegar a enfrentarse.

Un número creciente de estos ataques a la brujería han sido objeto de denuncia desde 2009, sobre todo en el África subsahariana, incluidos países como Angola, Benín, Camerún, Nigeria, Kenia, la República Africana Central, Tanzania, Gambia, Uganda, Suazilandia, Zimbabue y Sudáfrica. Cuando las acusadas no deben enfrentarse a torturas extremas o a ser víctimas de una ejecución, son exiliadas. En 2009, la Unicef estimó que había unos cincuenta mil niños que vivían en la calle en el Congo, y que casi el 70% había sido acusado de brujería y expulsados por esta causa. Para complicar aún más las cosas existe el hecho de que no solo las creencias indígenas provocan este fenómeno: el avance del cristianismo también contribuye a ello. Como escribió el reportero especial del Consejo por los Derechos Humanos de las UN Philip Alston: «A pesar de que a menudo los sanadores tradicionales son los que están implicados en victimizar a estos niños, las últimas noticias también enfatizan el papel creciente de las Iglesias y los cultos que animan a realizar exorcismos para ahuyentar a "los malos espíritus"». Y los parroquianos suelen meter mano en el asunto y prohibir la presencia de aquellos a los que creen «poseídos», incluso de los más pequeños.

En otros países, las mujeres mayores son quienes reciben el mayor número de acusaciones. Algunos postulan la teoría de que, en general, son las viudas a las que sus parientes llaman brujas las que heredan las propiedades o las tierras de sus difuntos maridos. Malinterpretar lo que son rasgos de demencia o de demencia senil como síntomas de brujería también es otro factor a tener en cuenta.

Independientemente de la causa por la que se las condene, a estas mujeres no les queda ninguna alternativa, salvo la de abandonar sus comunidades. El problema es tan acuciante en Ghana y Zambia que estos países tienen lo que llaman «campamentos de brujas», que sirven para ofrecer refugio a las brujas acusadas con el objeto de que no mueran apaleadas o linchadas.

La película de realismo mágico que se estrenó en 2017 *I Am Not a Witch* se basó en la visita que la directora Rungano Nyoni hizo a algunos de estos campos, y en ella expresa su esperanza de que su obra contribuya a «señalar lo absurdo de un tema que tan solo es misoginia». Algunas de las imágenes de la película están inventadas, como la de las mujeres atadas a unos carretes de cintas enormes para impedir que escapen volando. Sin embargo, la intención es plasmar en una metáfora lo amarradas que están a los campos en la vida real estas mujeres acusadas de ser brujas. Abandonar los campos es dar la oportunidad a los miembros de su familia o de sus comunidades a que se ensañen con ellas. Estas mujeres no tienen a donde ir.

Otros países en los que se ha avisado de ataques relacionados con la brujería son India, Nepal, Indonesia, Perú y Colombia. En Arabia Saudí, las fuerzas policiales tienen su propia Unidad Antibrujería desde 2009, y la hechicería se considera digna de la pena capital. Entre 2009 y 2012, esa fuerza registró 801 casos de «crímenes mágicos», con sentencias que incluían latigazos y condenas de prisión de larga duración, y al menos llegaron a condenar a muerte a cuatro personas. Desde marzo de 2018 hay cinco trabajadoras inmigrantes indonesias que se encuentran en el corredor de la muerte de su país acusadas de posesión de *jikat* o de amuletos de la suerte, que los funcionarios saudíes consideran una forma de magia negra.

En Papúa Nueva Guinea se cree mucho en la hechicería maligna (o *sanguma*, que es el nombre con que se la conoce), y la violencia contra las supuestas brujas ha alcanzado las proporciones de una epidemia. Hay varias ONG que han empezado campañas locales por toda la región para educar a los ciudadanos sobre las causas médicas que tienen muchas enfermedades y fallecimientos, con la esperanza de que eso mitigue los ataques contra las personas a las que se hace responsables de conjurar el malestar. De todos modos, solo en 2013 la Ley de Hechicería de 1971 de ese país fue derogada, y la caza de brujas declarada ilegal. Y eso fue sobre todo por el clamor internacional que hubo cuando se conoció la historia de Kepari Leniata, una mujer de veinte años a la que se acusó de brujería por haber matado al hijo de un vecino. La desnudaron, le hicieron cortes a machetazos y la quemaron viva en la esquina de una calle concurrida de Mount Hagen mientras cientos de personas miraban lo que sucedía. Por si eso no fuera poco, ni uno solo de los hombres que torturaron y mataron a Leniata fue llevado a juicio, y la policía estuvo presente durante todo el incidente.

La consiguiente repulsa a la Ley de Hechicería no parece haber cambiado demasiado las cosas; en ese país las fuerzas policiales exceden en número al de los ciudadanos y el índice de criminales que se lleva a juicio es muy ínfimo. En 2017, cinco años después de la muerte de Leniata, su hija, de seis años de edad, también fue agredida cuando un hombre de un pueblo vecino cayó enfermo. Se creyó que a ese hombre lo habían maldecido con *kaikai lewa* («comer el corazón»), un acto de brujería en el que una bruja arranca el corazón de una víctima a distancia y se lo come para obtener su virilidad. Dado que la chica ya tenía la fama de ser hija de una bruja, la hicieron responsable de eso, y fue condenada por la acusación a ser lacerada con cuchillos calientes durante cinco días. Si no hubiera sido por los esfuerzos de la Fundación Tribal de Papúa Nueva Guinea para salvarla, y por el misionero luterano Anton Lutz, seguro que la niña habría perdido la vida. En la actualidad, la joven se oculta bajo un nombre falso y se encuentra lejos de casa.

En Estados Unidos, por suerte, ha habido relativamente pocos incidentes de los que se haya tenido conocimiento de agresiones a brujas o a supuestas brujas desde el siglo XVII. El Pánico Satánico de la década de los 1980 y de principios de la de los 1990 quizá sea el ejemplo más reciente que tenemos de una persecución a gran escala de personas acusadas de dedicarse a atroces actividades ocultistas. Tres casos notorios desencadenaron el pánico.

En Kern County, California, treinta y seis personas fueron condenadas y la mayoría encarcelada tras ser acusadas de haber tomado parte en un círculo sexual pedófilo. Decían que habían incorporado violaciones rituales satánicas. Treinta y cuatro de las treinta y seis penas de Kern County fueron derogadas, aunque dos de los acusados murieron en la cárcel.

En Manhattan Beach, en California, cuatro miembros de la familia McMartin y tres profesores fueron llevados a juicio por abusar de niños en el centro de día que esa familia dirigía. Los niños afirmaron que habían visto volar a unas brujas y que abusaban de ellos en una serie de túneles subterráneos. El caso McMartin fue finalmente sobreseído en la década de los 1990, después de que los juicios por esos crímenes se postergaran durante seis años. Fue el caso más largo y más caro de toda la historia que se había celebrado en Estados Unidos hasta entonces.

Y en West Memphis, en Arkansas, acusaron a tres adolescentes de agresión sexual y de asesinato de tres chicos en un rito satánico. Damien Echols, Jessie Misskelley Jr, y Jason Baldwin (o los Tres de West Memphis, como los llamaron los medios de comunicación) fueron condenados, y Misskelley y Baldwin sentenciados a cadena perpetua; Misskelley, además, cargó con dos condenas más de veinte años. Echols fue sentenciado a muerte. Tras cumplir dieciocho años y setenta y ocho días los tres hombres se acogieron a la declaración de culpabilidad Alford, por la que afirmaban que eran inocentes del crimen, pero admitían que había pruebas suficientes para demostrar que eran culpables más allá de toda duda razonable. Fueron condenados con efecto retroactivo a los años que ya habían cumplido, y se dictaminó la suspensión de la condena cuando faltaban todavía diez años por cumplir sentencia. A pesar de que no fueron exonerados técnicamente, apelaron a la suspensión de la sentencia para poder salir de la cárcel. Los abogados pidieron que se les exonerara por completo.

En cada uno de estos casos el acusado perdió varios años de su vida entre juicios y/o cárcel, por no mencionar el inmenso daño que sufrió su reputación. No hay duda de que estas sentencias son ejemplos extremos, y que todas ellas fueron dictaminadas por un sistema judicial oficial, y no a manos de unos cuantos violentos en la esquina de la calle de un pueblo. Sin embargo, son significativos porque nos están diciendo que el miedo que el público tiene a la magia puede suponer un gran coste para los individuos considerados conjuradores.

En la actualidad, ser llamada bruja no representa ningún riesgo para tu vida en la mayoría de comunidades, pero lo cierto es que se sigue usando esta palabra de forma negativa. Durante el discurso que Madonna dio al aceptar su nominación como Mujer del Año en los Premios Billboard de 2016, afirmó que, cuando lanzó su álbum *Erotica* y el libro *Sex*, su nombre fue arrastrado por el fango, a pesar de que la estrella del rock Prince estaba haciendo cosas tan radicales como ella en la misma época y a nadie le dio por atacarlo: «Todo lo que leí sobre mí misma era condenatorio. Me llamaron puta, y me llamaron bruja».

Ahí reside el problema: la identidad de la bruja tiene un significado distinto según sea una misma quien se denomina así o si son los demás los que te cuelgan el mote. Y, a menudo, cuando son los demás los que usan el mote lo hacen con la intención de insultar, de culpar, de tender una trampa o de avergonzar. Ya hemos visto muchas y repetidas veces que el objeto de estos ataques suelen ser mujeres.

Las personas que suelen ser las destinatarias del epíteto negativo «bruja» son las mujeres que se dedican a la política. Hubo un caso en que la palabra se utilizó en sentido literal incluso, cuando Christine O'Donell, candidata republicana por Delaware que contaba con el apoyo del Tea-Party, se presentó para las elecciones al senado de Estados Unidos en septiembre de 2010. El presentador del programa de entrevistas Bill Maher difundió que cuando la invitada apareció en su programa en 1999 dijo que había hecho sus pinitos con el ocultismo de jovencita: «Me metí en la brujería [...], pero nunca me uní a un aquelarre. Pero lo hice, sí. Me metí en cosas de brujas. Me mezclé con gente que practicaba este tipo de cosas. Pero yo no hago nada de todo eso». Y luego explicó que un día fue a un acto en el que celebraron un picnic a medianoche sobre un altar satánico que habían salpicado con «un poco de sangre».

Maher amenazó con seguir mostrando vídeos comprometedores de O'Donell si la candidata no se dignaba a volver a salir en su programa. «Esto es como esas crisis en las que se ha tomado rehenes –dijo Maher–. Cada semana que pase sin que usted venga a mi programa, voy a sacar otro cadáver del armario». De todos modos, el vídeo de brujería ya hizo bastante daño de por sí al circular por todos los programas de noticias nacionales y ser objeto de titulares. La mujer tuvo que cancelar alguno de los actos que tenía programados para cerrar filas, y las preguntas sobre si era o no era una bruja la persiguieron durante el resto de su carrera electoral.

Los que dirigían su campaña decidieron que era mejor hacerse eco de la situación y unas semanas después lanzaron uno de los anuncios políticos más controvertidos de la historia de Estados Unidos. En el vídeo O'Donell está de pie frente a lo que parece ser una espesa niebla de color púrpura oscuro, mira a la cámara y dice: «No soy una bruja. No soy nada de todo eso que se dice por ahí de mí. ¡Yo soy igual que tú!» y al fondo se oye una música de piano. En lugar de reparar el daño hecho, el anuncio desató un aluvión aún mayor de inquietud por parte de la derecha, y de burlas por parte de la izquierda. El programa *Saturday Night Live* hizo una sátira de ese anuncio, y Kristen Wiig representó el papel de O'Donnell vestida en plan «señora quejica»: «Como te pasa a ti, yo también me paso la vida negando siempre que soy una bruja. ¿No es esto lo que se merece la gente de Delaware? ¿Una candidata que promete, ante todo y más que nada, que no es una bruja? ¡Estas son las candidatas que Delaware no tiene desde 1692!». Y la escena termina con la cámara haciendo un paneo hacia fuera para mostrar a Wiig de pie en una habitación llena de fantasmas y vestida con un traje de bruja. O'Donnell perdió la carrera electoral frente a su contrincante demócrata Chris Coons, que recibió casi el 57% del voto y superó así el 40% que había conseguido O'Donnell.

Recuerdo haber presenciado el fiasco de O'Donnell con sentimientos contradictorios. Por un lado, estaba contenta de ver que no había salido elegida, porque en mi opinión su postura política y las decisiones que había tomado en su estrategia de campaña dejaban mucho que desear. Por otro lado, me daba rabia que las experiencias que una persona había tenido con la brujería se usaran como una razón para invalidar su legitimidad como líder potencial (a pesar de que los tejemanejes satánicos de los que hablaba ella en un principio dieron una versión muy sensacionalista y seguramente mal enfocada de lo que la brujería tiende a ser en la actualidad). No era necesario que la vilipendiaran por ser bruja; creo que su política ya daba bastante miedo de por sí.

Ver el regocijo con el que Maher pone el vídeo de O'Donnell para describir sus incursiones en la magia negra me resulta incómodo. El presentador no para de acosarla y hacerle chantaje, y literalmente en su lenguaje aparecen las palabras «rehenes» y «cadáveres». Cuando elige centrarse en su pasado de bruja como una razón para humillarla en el ámbito público, se hace eco de la retórica de las persecuciones de brujas que ha habido a lo largo de toda la historia: «Si no te pones ante mí y confiesas, sufrirás las consecuencias».

Para ser justos con Maher, hay que decir que el hombre terminó por disculparse. Cuando O'Donnell apareció finalmente en su programa dos años más tarde, en 2012, el presentador dijo: «Sé que cuando saqué el vídeo de la bruja convertí su vida en un infierno, y le pido disculpas [...]. No comparto sus ideas, pero de ahí a colgarle esa sandez de que usted era una bruja [...]». O'Donnell se mostró conciliadora y admitió que eso fue en parte «una herida autoinfligida» y que ese «estúpido anuncio» fue un error. La suerte que tuvo en política no mejoró con los años, porque posteriormente se vio atrapada en varias calamidades financieras con Hacienda. En 2011 publicó un libro en el que se resumía toda su rabia titulado *Trouble-*

maker: Let's Do What It Takes to Make America Great Again [La agitadora: hagamos lo que hay que hacer para que América vuelva a ser una gran nación].

La mayoría de funcionarias públicas no tienen que «aventurarse en cuestiones de brujería» para que sus contrincantes las pinten como brujas. En todo el espectro político, las mujeres han sido caricaturizadas como brujas, tanto en forma de dibujos animados como en memes pasados por el Photoshop. Una búsqueda rápida en línea te muestra a Nancy Pelosi, a Michelle Obama, Theresa May, Margaret Thatcher, Angela Merkel, Julia Gillard, Sarah Palin, Ruth Bader Ginsburg, Condoleezza Rice y Michele Bachman como el objeto de transformaciones virtuales macabras. Les ponen los ojos amarillos y brillantes y la piel de un tono verde chillón, o las representan lanzando hechizos malignos y tocadas con un gorro negro y puntiagudo.

Quizá no le tome a nadie por sorpresa saber que el personaje público que aparece más veces en los resultados de búsqueda de la palabra «bruja» sea Hillary Clinton. Se habla de ella como de la Malvada Bruja de la Izquierda y la Malvada Bruja del Ala Oeste, y se la asocia desde hace varias décadas con los aspectos más negativos del arquetipo. Si buscas «Hillary bruja» salen páginas y más páginas de representaciones de la mujer como una hechicera malvada. Se la ve montada en una escoba, removiendo un caldero y robando unas zapatillas rojas. Su cara resulta grotesca, y sus rasgos se manipulan para que parezca que está gritando, derritiéndose, maquinando perversidades o siendo poseída por los demonios.

Hubo incluso un intento de darle un viso de bruja buena como si fuera Hermione Granger. Después de todo, ambas tenían fama de mandonas, según los chicos, pero también podían ser tildadas de mujeres sobresalientes e inteligentísimas que luchaban por hacer el bien. Como dijo el creador del sitio *Nerds for Her*, Paul DeGeorge, a la revista *Time*: «Hermione siempre es la más lista de la clase, pero termina siendo objeto de todas las críticas, como le ocurre a Hillary». Y en *Harry Potter y el legado maldito*, Hermione, que ya es una chica mayor, termina siendo ministra de Magia, conexión que algunos admiradores de Hillary y de *Harry Potter* se apresuraron a destacar. De todos modos, la imagen de «bruja malvada» de Hillary eclipsa de lejos su imagen de «bruja buena». Si buscas en Google «Hillary Hermione» salen 850.000 resultados. «Hillary *witch*» [Hillary bruja] da nada más y nada menos que… ¡nueve millones de resultados! Y en casi todos ellos, las imágenes que los acompañan son terroríficas.

Los retratos son tan solo la punta del iceberg. A pesar de que Clinton se ha visto muy vilipendiada a lo largo de los cuarenta años que ha dedicado al ejercicio del servicio público, sus dos carreras presidenciales derramaron sobre ella una nueva lluvia de perniciosos ataques personales desde ambos lados de la barrera. El lema LOS COLEGAS PRIMERO, LAS TÍAS DESPUÉS adornaba una camiseta de 2008 con las caras de Obama y de Clinton. LA VIDA ES PUTA: NO VOTES A UNA proclamaba otra ocho años después. Se hizo un cascanueces con la forma de Hillary Clinton en el que las tenazas de acero inoxidable eran sus piernas, y unas chapas de campaña en las que ponía PLATO ESPECIAL DE KFC: 2 MUSLOS GORDOS, 2 PECHUGAS PEQUEÑAS… Y EL ALA IZQUIERDA.

Difamarla llamándola bruja formaba parte de esta retórica.

Durante las primarias de 2016, algunos de los que apoyaban a su contrincante Bernie Sanders, los más virulentos, cantaron: «¡Quema a la bruja, Bern!», y en los productos no oficiales sobre Bernie que lucían esa frase se veía un retrato de Clinton montada en una escoba con una luna llena al fondo. Se convocó un acto para celebrar una tertulia con el tema «¡Quema a la bruja, Bern!» y el responsable del evento fue uno de sus admiradores. El acto terminó colgado en la página oficial de Sanders…, aunque los responsables de su campaña lo eliminaron tras recibir un chivatazo. Sanders intentó distanciarse de este segmento de población de sus bases, y en febrero de 2016 dijo en la CNN que «todo aquel que me apoye y se comporte de manera sexista no va a mi favor. Esta gente no me interesa. Mi campaña no va de nada de todo eso». Sin embargo, tampoco fue capaz de meter de nuevo la misoginia en el interior de la botella, al menos desde el parecer de Clinton. Como escribió la candidata en sus memorias sobre lo que había representado su elección, *What Happened*: «Coincidíamos tanto que Bernie no pudo desatar una polémica contra mí en este ámbito ateniéndose a las normas, por eso tuvo que recurrir a indirectas y cuestionar mi personaje. Algunos de sus seguidores, esos que se hacen llamar los Amigotes de Bernie, empezaron a acosar a mis seguidores en línea. Fue repugnante; y no es que fuera sexista, es que se pasaron de la raya».

Tanto si tenía razón como si no al decir que ese fue un factor determinante que le hizo perder las elecciones, lo cierto es que todo ese montaje le hizo un flaco favor.

Sin embargo, así como Sanders quizá denunciara los asesinatos que se perpetraron contra el personaje de Clinton, sobre todo los que tenían que ver con cuestiones de género, su contrincante republicano, Donald Trump, animó a sus seguidores a adornarlo con unas pinceladas que lo mancillaban en el ámbito de lo personal. El nombre que solía utilizar para referirse a ella, la Corrupta Hillary, es tan solo uno de los muchos insultos que usó para asociarla con lo maligno. Durante su campaña no paró de describirla como una mala persona que merecía recibir un castigo (y todavía sigue haciéndolo, ahora que ya es presidente). «Que la encierren» se convirtió en una de las cantinelas que usaban sus seguidores en los mítines, y lo hacían con tanto frenesí que no costaba imaginarse al orador sosteniendo una horqueta en la mano. A medida que la campaña de Trump fue avanzando, el candidato a la presidencia fue acostumbrándose a la idea, e incluso le fue tomando cariño. El 12 de octubre de 2016, a pesar de carecer de pruebas que demostraran sus argumentaciones, proclamó ante una multitud congregada en Florida que la «corrupción y la confabulación de Clinton tan solo es una más de las razones por las que pediré a mi procurador general que nombre a un fiscal especial […]. Esta mujer tiene que ir a la cárcel». Incluso llegó a sugerir que todo aquel que dispusiera de un arma tomara el asunto en sus manos, cosa que algunos interpretaron como incitar veladamente a cometer un asesinato: «Hillary quiere abolir, abolir en su esencia, la Segunda Enmienda […]. Si consigue ser ella quien elija a los jueces, amigos míos, ya no queda nada que hacer. Aunque para la gente que esté a favor de la Segunda Enmienda, quizá sí vaya a tener que hacer algo… No lo sé».

Durante el debate final por la presidencia del 19 de octubre de 2016, Clinton declaró que, como ambos son dos americanos de clase acomodada, su aportación a Hacienda, y la de Trump también, debería ser mayor, «y ya doy por supuesto que él ni siquiera sabe cómo va a salirse de esta». «¡Mira que llega a haber mujeres desagradables!», replicó él sacudiendo la cabeza en señal de desaprobación. Quizá su intención fuera hacer un comentario despreciativo, pero las palabras le salieron como si estuviera lanzando una arenga contra las mujeres de tendencias izquierdistas, y estas lo convirtieron en el lema que necesitaba el desafío feminista. Internet no tardó en verse invadida de camisetas, sombreros, tazas y adhesivos para guardabarros de

automóvil en los que ponía MUJER DESAGRADABLE. Famosos como
Jessica Chastain, Katy Perry, Julia Louis-Dreyfus y Will Ferrell han
vestido con ropa deportiva en la que se lee esa frase.

Transformar una invectiva en palabras de honra es una actividad
que los grupos oprimidos han repetido varias veces a lo largo de la
historia. Se ha dado la vuelta a muchas calumnias, y las mismas
personas que han sido objeto de insultos han sido quienes se han
apropiado de los epítetos malévolos en un afán de desintoxicar el
idioma y reforzar su propia voluntad y dignidad. A menudo el sentido del humor es un ingrediente importante en esta conversión. Si
puedes reírte de algo o aprender a no tomártelo tan en serio, su poder sobre ti disminuye, y las heridas que pueda hacerte no llegarán
a ser tan profundas.

En el lenguaje popular de Occidente, «mujer desagradable» y
«bruja» puede que sean palabras relativamente suaves comparadas
con otras que nos ofrece el discurso del odio y que, sin embargo,
se siguen usando para avergonzar o asustar a las mujeres, cuando
no para silenciar su voz. Cuando estos términos pasan a convertirse
en objeto de mofa, a formar parte de una jerga de enterados o de la
identidad valerosa de aquel contra el que van dirigidos, la intentona
inicial del atacante queda neutralizada.

En cuanto a los términos pertenecientes al mundo del ocultismo,
hay uno que me encanta llamado *magia apotropaica*. La palabra describe los trabajos o los artículos mágicos que se usan para protegerse
uno del maligno. A veces se recurre a un amuleto especial, como un
trozo de obsidiana, o un objeto como un espejo, que refleje las malas
energías para repelerlas y alejarlas de uno. Casi siempre estos instrumentos de protección incluyen ciertos aspectos de los mismos terrores
que quieren evitar en el diseño. Criaturas grotescas como las gárgolas

y las yescas de currantes fueron colocadas en las iglesias para espantar a los seres malignos. En la mitología griega, la cabeza cortada de la Medusa fue un obsequio que se le hizo a la diosa Atenea y que ella colocó en medio de su escudo, y es un motivo que se usa en diseño de joyería y en arquitectura (por no mencionar que también está en el logo de Versace), asociado a la protección y al divino poder de lo femenino. De la misma manera, el dije *nazar* de un azul resplandeciente es el símbolo que a lo largo y a lo ancho de este mundo se cree que sirve para ahuyentar el mal de ojo, y las fantasmagóricas máscaras de Halloween en su origen tenían la intención de asustar a los fallecidos para que se alejaran.

Al personificar todo eso que pensamos que nos hará daño, de alguna manera nos hace sentir más seguros: un disfraz horripilante, una estatua fantasmagórica, una decoración intencionadamente aterradora. A veces, lo único que hace falta es pronunciar una palabra en voz alta: dirigirte a ti misma con un nombre monstruoso.

Tal como hemos visto, cuando alguien se describe a sí misma como «bruja», eso puede significar muchas cosas, porque el término abarca muchas más cosas de las que contiene su descriptor espiritual. Sin embargo, no importa que las intenciones que todo eso comporta sean fluidas, porque cuando alguien usa ese nombre para referirse a sí misma, es más probable que lo haga para reforzarse. Una asume la palabra a conciencia, conociendo su aterradora historia y, de este modo, se vuelve más fuerte y valiente.

A menudo este truco de magia se desarrolla en dos fases: en primer lugar como un reclamo y, luego, como una nueva definición. Reclamar que la bruja es un personaje positivo es algo que lo estamos viendo en todas partes, incluso en tiendas como Urban Outfitters, donde venden camisetas con el lema LAS BRUJAS NO ME CORTAN EL ROLLO; en Starbucks, donde te hacen un *frapuccino* llamado Bola de Cristal, y en Walmart.com, donde venden más de tres mil artículos relacionados con la brujería, incluidos pentagramas, libros de hechizos y una taza de viaje con las palabras escritas: SÍ, SOY BRUJA. ¡AHÍ VA ESO! L'Oreal tiene una línea de maquillaje llamada Mística Sabia y Bruja en colaboración con Project Runway, y el primer perfume de Charlotte Tilbury, Aroma de un Sueño, se presentó con un anuncio en el que se veía a Kate Moss lanzando un fragante hechizo sobre un gran grupo de bailarinas deslumbrantes, todas ellas vestidas de negro. Las nuevas revistas que han salido de brujería, como *Sabat*, *Ravenous Zine* y *Venefica,* de Catland Books, han invadido el mercado, y en todas ellas la estética editorial es de lujo y puede equipararse en su excelencia a las principales publicaciones de moda. Del mismo modo, las nuevas plataformas sociales, incluidas The Hoodwitch, Sanctuary y The Numinous, han surgido para ofrecer orientación astrológica, explicar cómo lanzar hechizos y dar consejos de brujas a una multitud de devotos lectores. La brujería está de moda.

Los memes de brujas también se han abierto paso tanto entre mis amigas místicas como entre mis amigas *muggle*. «Más vale que esa bruja tenga mi dinero», aparece en un *gif* que está en circulación. «Soy Britney, la Bruja», se dice en otro, en el que aparece un bucle animado con Britney Spears montada en una escoba ante una luna llena gigantesca. Las compañeras orientadas a la política cuelgan una imagen de la película de Disney de 1971 *La bruja novata,* en la que han escrito «Ella es Eglantine Price. Eglantine aprendió brujería para luchar contra los nazis. Sé tú como Eglantine. Conjura a los fascistas». (Me pregunto si la autora, que fue Mary Norton, conocía la «Operación Cono de Poder» de Gerald Gardner cuando escribió los libros en los que se basa la película.) Mi *gif* animado preferido fue creado por Winona Regan, y muestra a tres brujas regordetas y muy monas bailando de una manera obscena en un cementerio. Y me ha resultado muy útil en diversas situaciones, si quieres que te diga la verdad.

Ser bruja no solo está bien considerado ahora por parte de muchos, sino que la definición de lo que en realidad es una bruja también está sufriendo una transformación. Esta palabra se usa ahora para referirse a cualquier mujer que se considera que rompe las normas, que trastoca el mundo o no quiere tragarse la mierda de nadie. La marca de diseño feminista Modern Women vende una camiseta con el lema BRUJAS FAMOSAS y caras de pioneras como la de la activista transgenérica Marsha P. Johnson y la artista Yayoi Kusama. Lena Dunham, al ser incluida en el círculo social de famosas de Taylor Swift, manifestó que se sentía como en un «aquelarre de brujas». Cuando pregunté a mis seguidores de Twitter cuáles eran sus brujas negras preferidas, escribieron «Oprah» casi en su totalidad. (En lo que respecta a este último punto, yo añadiría que ha sido la misma Oprah quien ha canalizado este arquetipo tras declarar al público su amor por Glinda la Bruja Buena y promocionar su papel de señora Which en la adaptación que se hizo para el cine en 2018 de *Una arruga en el tiempo*. Es más, cuando habla y dice que hay que manifestarse y vibrar en una frecuencia más alta, le da un sesgo a sus palabras que me recuerda a la brujería…, aunque yo no estoy de acuerdo con eso.)

La cultura pop ha comentado muchas cosas sobre el tema y catalizado la aplicación de esta palabra. El episodio «Brujas» de *Broad City*, de octubre de 2017, engloba de una manera muy bella la tendencia de las jóvenes a usar la palabra para describir a mujeres independientes y realizadas. Se difundió para aplaudir con entusiasmo las reseñas que escribieron tanto críticos como espectadores que consideraban que abrazar la bruja interior de cada uno es una metáfora muy significativa de la necesidad de reforzar la soberanía femenina ante la presencia del sexismo. A pesar de que el programa es una comedia, el espíritu de «Brujas» es de una sinceridad y de una inspiración irreverentes.

Cuando empieza el episodio, los principales personajes de la serie, Abbi e Ilana, se esfuerzan por sacar adelante un ámbito de sus vidas. Abbi está desempleada, arruinada e integrando la idea de que se está haciendo mayor. En su apartamento hace un frío que pela porque no puede permitirse comprar la calefacción que ella quiere, y se lamenta porque ha visto que le están saliendo canas. Cuando intenta vender por la calle unas tarjetas de Navidad que ha hecho ella misma, los paralelismos que ve entre ella y una vieja bruja llamada Margot, que está sentada a la mesa de al lado (y que interpreta ese personaje legendario de la comedia que es Jane Curtin) hacen que se sienta todavía más preocupada por su futuro. No es que se sienta menos atractiva, sino que todo son señales externas que le indican que no se encuentra en la posición que esperaba ocupar en ese momento de la vida. Los retos de Ilana también son corporales: su personaje, que en general era muy potente sexualmente, no ha logrado tener un orgasmo desde que Trump salió elegido. Como más tarde cuenta a su terapeuta sexual, subir la medicación contra la depresión para poder soportar la condición mundial ha conseguido que se sienta menos sincronizada con su propio cuerpo, y, por otro lado, cada vez que se excita, se le vuela la cabeza y se pone a pensar en este terrible mandato presidencial, cuestión que mata todo su entusiasmo.

Las preocupaciones se le van cuando abraza a sus propias brujas interiores. Ilana comprende, a partir de las palabras de su terapeuta sexual, que forma parte de un legado de mujeres poderosas. Mientras se masturba, las imágenes de Maya Angelou, Sally Ride, Malala Yousafzai, Dolly Parton, Rosa Parks, Frida Kahlo, Harriet Tubman y muchas otras se le aparecen en la mente como por arte de magia, hasta que al final alcanza el clímax y su hechizo de frigidez se rompe. Abbi, que está dudando sobre si debería iniciar su primera tanda de inyecciones cosméticas, se da cuenta de que ha cometido un error: ella se encuentra atractiva tal y como es. Además, solo hay que ver a su dermatóloga, que no puede reír sin que le entre el pánico porque teme que su cara de bótox sufra las consecuencias. Abbi termina huyendo de la consulta de la médica sin terminar el tratamiento.

Cuando las dos mujeres se conocen, comparten entre sí sus descubrimientos. Ilana le cuenta a Abbi la visión explosiva que ha tenido de esas heroínas históricas, y le dice que se ha dado cuenta de que «las brujas no son monstruos, tan solo son mujeres. Unas mujeres de la hostia que se corren, ríen histéricas y juegan de noche. Y es por eso que quieren quemarlas, ¡porque tienen unos celos de cojones!». El episodio termina con la escena de un aquelarre que celebran en Central Park y en el que se ve a un grupo de mujeres entre las que se encuentran Abbi, Ilana, la terapeuta sexual, Margot, la anciana bruja, e incluso la dermatóloga. Todas ellas están reunidas ante una hoguera para bailar, tocar los tambores y aullar a la luna. La experiencia de encontrarse entre un grupo tan poderoso de mujeres provoca otro orgasmo en Ilana, y con tanta fuerza que llega a rajarse la Torre Trump.

Como bruja practicante, y admiradora de la comedia inteligente y feminista, yo aullé como ellas. Si la palabra «bruja» da poder a más personas para que asuman la idea de lo mucho que valen, para forjar una comunidad y a su vez luchar contra el fascismo, yo me apunto.

El actual aluvión de brujas que sale en la pantalla grande está haciendo evolucionar la idea que popularmente se tiene sobre quién es bruja y quién no lo es. No solo han aumentado considerablemente el número de programas televisivos y de películas que se han hecho durante la última década, sino que además sus caras reflejan una mayor diversidad.

Varias de las brujas que aparecen en las series de HBO *True Blood* fueron interpretadas por actrices negras. Angela Basset interpretó el papel de la reina del vudú Marie Laveau en *American Horror Story: Coven*, y el personaje principal de la bruja en *The Vampire Diaries*, Bonnie Bennett, fue interpretado por Kat Graham, que nació en Liberia y es de ascendencia rusojudaica. En los últimos programas están aumentando intencionadamente el número de trabajadoras negras y mulatas dedicadas a practicar la magia. La serie de Netflix *Las escalofriantes aventuras de Sabrina* está interpretada por actores negros que encarnan el papel de brujos, como el primo brujo de Sabrina, Ambrose, y también su enemiga del alma Prudence. La empresa ha lanzado un nuevo programa llamado *Siempre bruja*, en español, sobre una bruja afrocolombiana que viaja en el tiempo. En la nueva versión de *Embrujadas* de 2018 salen varias actrices negras que encarnan el papel de las tres hermanas protagonistas; los monitores del campo de brujas de la serie de dibujos animados *Summer Camp Island* tienen distintos tonos de piel, y ya se comenta que ABC lanzará de nuevo *Embrujada*, pero que en esta ocasión pondrán a una actriz negra en el papel de Samantha.

Del mismo modo, las cosas han cambiado mucho desde que en la década de los 1990 los únicos personajes *queer* de la cultura pop que eran brujos fueron Willow y Tara, de *Buffy,* y Foxglove y Hazel, de la serie de cómics *Sandman. Salem, Brujos* y *A Discovery of Witches* tan solo son algunos de los programas más recientes que muestran a personas con inclinaciones mágicas y que mantienen relaciones entre sí siendo del mismo sexo; y en *Las escalofriantes aventuras de Sabrina* sus diversas escenas muestran todo el abanico sexual.

Otro programa innovador, que en esta ocasión adopta la forma de un *reality-show* de televisión, coquetea con la idea de la brujería de personas *queer*. Esa fuerza de la naturaleza ganadora de un premio Emmy y titulada *RuPaul's Drag Race* ha cautivado el corazón de todo el mundo (y aun el mío) porque presenta la aceptación de uno mismo y es una muestra de la creatividad audaz que tiene la comunidad del travestismo. Este programa de competición además plantea una cuota equilibrada de hombres gais que saben canalizar el espíritu de la bruja. La ganadora de la cuarta temporada, Sharon Needles, salió por primera vez a escena gruñendo y vestida con un sombrero negro puntiagudo y un vestido entallado de color negro satén mientras declaraba: «¡Aunque parezco terrorífica, en realidad soy muy agradable!». La ganadora de la novena temporada, Sasha Velour, lució durante toda la temporada una gargantilla con una placa y el lema grabado ZORRA MÁGICA, y como declaró a la revista *Hiskind*: «Yo lo que quiero es parecer siempre una bruja mágica y vampírica…». Y además escribió en un tuit: «Soy una bruja de verdad. ¡Que pase el siguiente, por favor!», refiriéndose al rumor que circulaba de que todos los *queer* a los que tocaba quedaban malditos y eran eliminados poco después.

Otra participante de la temporada nueve, Aja, profesa la santería, esa religión afrocaribeña que defiende la adoración de los antepasados y las deidades u *orishas*. En el vídeo musical de 2018 de su canción «Brujería», Aja rinde un homenaje a Yemayá, la *orisha* del océano y del amor maternal, así como a las sacerdotisas de la santería y a brujas de diversas culturas. La canción se baila con una gran abundancia de contoneo salvaje, y no hay frase que no proclame el inmenso poder de Aja: «Desde el mismo aquelarre yo te conjuro, yo te invoco. / Tiembla, ya ves que corren, porque sí, yo ataco», rapea ella, pero luego nos asegura que es «deliciosa / aunque nunca maliciosa».

RuPaul tampoco es ajeno al arquetipo de la bruja. A menudo ha dicho que *El mago de Oz* es su película favorita, y en su *podcast* afirma que *Embrujada* tiene mucho sentido para él porque trata de «seres espirituales que viven una experiencia humana». Según Ru, el personaje de Samantha Stephens, una bruja que tiene que fingir que es «normal» para encajar en los esquemas de la sociedad, es una metáfora referida a los que tienen que adormecer las capacidades propias para poder ser aceptados por personas de mente estrecha, cosa que tanto él como la comunidad de travestidos comparten. En una entrevista de 2017, RuPaul le dijo a Oprah Winfrey que su escena preferida de *Las brujas de Eastwick* «era esa en que las tres mujeres empiezan a levitar porque se están riendo. Este es el embrujo más poderoso que puede hacerse». Y ya entrando en banalidades, diremos que Ru hizo un cameo en la comedia de los noventa *Sabrina, cosas de brujas,* interpretando a una peluquera que luego resultaba ser un juez brujo.

Tiene sentido que alguien dedicado profesionalmente al arte del ilusionismo y de cambiar de estilo para adoptar el glamur se sienta vinculado a las brujas. No sé si alguna vez ha profesado serlo, pero como hombre gay y negro, acostumbrado a franquear las normas de género y de identidad y cuyo mensaje primordial en su espectáculo es convertir el dolor en orgullo, en lo que a mí respecta, RuPaul es una Alta Bruja honoraria. Tal y como expresó en *Vulture* cuando le preguntaron sobre la función del travestismo en 2016: «Eso sucede desde el principio de los tiempos, cuando los chamanes, los brujos sanadores o los bufones de la corte eran los travestidos. La bruja existe para recordarle a la cultura que no se tome en serio a sí misma». En una nota parecida, tanto las *drag queens* como las brujas modernas asumen identidades consideradas vergonzosas, y las convierten en los nuevos referentes de una hermosa desobediencia.

Todo ello resulta ser una excitante corrección de trayectoria, porque anuncia una era de narraciones más inclusivas en general, y además porque los espectadores que son *queer*, negros, o ambas cosas a la vez, son capaces de verse a sí mismos reflejados en un arquetipo poderoso que a menudo ha adoptado la forma de hetero y blanco. Y eso es tan real como la vida misma: la gente marginada lleva mucho tiempo gravitando hacia la brujería, porque eso les permite tener acceso al poder y ser valorados como seres sagrados en una sociedad que cuestiona su valía y amenaza su bienestar a diario. La cada vez mayor visibilidad de las brujas *queer* y de las brujas negras demuestra que la magia pertenece a todas las sombras e inclinaciones.

El interés por las brujas es desorbitado, y la palabra «bruja» empieza a aplicarse ya con la mejor de las intenciones, pero las cosas se complican cuando consideramos a los que se identifican como brujas por razones religiosas. Dejando de lado las representaciones de la cultura popular y las afirmaciones políticas, «bruja» es una palabra que ahora puede referirse a centenares, a millares, cuando no a millones, de wiccanos, paganos y otros practicantes de la moderna brujería, y parece que el número va en aumento. No todas estas personas usan la palabra «bruja» para referirse a sí mismas, pero la mayoría sí lo hace.

Es más, algunas de ellas insisten en escribir la palabra «Bruja», con la inicial en mayúscula, cuando se refieren a sí mismas (del mismo modo que lo hacen los cristianos, los musulmanes o los judíos en inglés), y eso demuestra que han luchado a brazo partido para que se reconozcan sus derechos como una religión válida y, por lo tanto, protegida por ley. En 2007, el pentáculo wiccano (una estrella de cinco puntas rodeada con un círculo) se aprobó oficialmente como símbolo para las lápidas militares de los veteranos fallecidos, y el ejército de Estados Unidos incluye la wicca en su manual de capellanía, *Religious Requirements and Practices of Certain Selected Groups*, desde la década de los 1990.

En 2008, la Encuesta para la Identificación Religiosa de Estados Unidos estimó que hay alrededor de unos 682.000 wiccanos y paganos adultos solo en ese país y esa cifra aumenta cuando incluimos a los adolescentes. Este número se ha doblado en tan solo siete años, desde que la encuesta se realizó en 2001, y numerosos artículos afirman que la wicca es «la religión que crece con mayor rapidez en Estados Unidos», pero que no queda claro en qué estadísticas están basadas estas afirmaciones. De todos modos, el discurso está arraigando. «Las brujas superan en número a los presbiterianos en Estados Unidos», proclama un titular de ChristinaPost.com de octubre de 2018. Y el artículo de opinión de Ross Douthat «El retorno del paganismo», que salió en el *New York Times* del 12 de diciembre de 2018, afirma: «Pronto habrá más brujas en Estados Unidos que miembros de la Iglesia Unida de Cristo». Muchas de estas afirmaciones hacen referencia a un artículo que salió en *Quartzy* en octubre de 2018, en el que se cita un estudio sobre el panorama de las Iglesias de 2014: «...el 0,4% de los estadounidenses, o sea, entre un millón y un millón y medio de personas, se identifican como pertenecientes a la wicca o al paganismo». El estudio sobre el panorama religioso de 2014 del que hablan dice que es un 0,3%, pero eso seguiría contabilizando a aproximadamente 1,3 millones de americanos.

Es posible que como la brujería ha ido creciendo en popularidad desde que se hizo ese estudio, el número que cita haya aumentado mucho más de lo que podría parecer desde entonces. También debemos recalcar que esta comunidad es internacional, y su entramado es disperso como pocos. En 2011, los datos del censo indicaban que más de 56.000 personas se identificaban como paganas en Inglaterra y Gales, y más de 32.000 en Australia, y adivino que ese número de personas ha ido en aumento.

Después de todo lo dicho, es muy difícil cuantificar el número de personas que se adhieren a alguna forma de espiritualidad pagana y/o practican algún tipo de brujería, por diversas razones.

En primer lugar, la práctica de la brujería está descentralizada, y esa es una de las razones que atrae a tantas personas. No hay un corpus religioso que gobierne y lleve el cómputo del número de fieles (de hecho, como ya sabemos, muchas personas practican la brujería en privado, con lo que no se «congregan» en absoluto). No hay que pagar cuotas, y hay relativamente pocos edificios designados para los paganos oficialmente: la mayoría de rituales tienen lugar al aire libre, en lugares itinerantes o en casas particulares. Una arboleda, la estatua de un museo de arte y un altar en el dormitorio que se haya erigido una misma pueden ser lugares sagrados, desde el punto de vista pagano; por eso no hay registros de asistencia que puedan computarse.

En segundo lugar, la jerga del paganismo es muy laxa: así como todos los wiccanos pueden considerarse técnicamente paganos, no todos los paganos son wiccanos. Hay druidas, por ejemplo (o neodruidas, como a veces se les llama), así como seguidores de diversas religiones construccionistas que se adhieren a cualquiera de las tradiciones politeístas precristianas. Y lo que todavía resulta más confuso es que también hay brujas modernas, como yo misma, que se consideran paganas, pero no wiccanas. Y sé que muchas de ellas, aunque ni siquiera usan esa palabra, se consideran brujas en el sentido más espiritual del término. Los autores de estos sondeos religiosos a menudo consiguen hacer entrar con calzador una orientación espiritual muy vasta y heterogénea para que conste en un diccionario descriptivo que resulta ser muy limitado.

Por último, hay muchas personas que practican ciertas formas de brujería, pero no profesan sus creencias por miedo a los prejuicios o a la discriminación que puedan sufrir por parte de los miembros de su familia, de sus amigos, de los jefes del trabajo o de la sociedad en general. Usar la palabra «bruja» para identificarte como persona quizá se esté poniendo de moda en ambientes de mentalidad progresista, pero, como ya hemos visto, todavía sigue siendo un término muy malentendido y asociado erróneamente con una conducta diabólica.

Aplicarse esta palabra a una misma para realizar una declaración subversiva es perfectamente válido, e incluso liberador. Pero eso no tiene nada que ver con esas personas que en realidad practican la magia o que siguen un camino de espiritualidad relacionado con lo pagano. En Occidente, todavía en muchos contextos, si uno declara que cree en la brujería, es visto con desconfianza o tildado erróneamente en el mejor de los casos, y en el peor, se ve acusado de blasfemo, de ser un desequilibrado mental o de hacer el mal. Conozco a gente que practica la brujería solo en privado, por miedo a perder su trabajo o la custodia de sus hijos, o porque temen que sus amigos o su familia puedan apartarse de ellos. Los que elegimos compartir nuestra vida mágica lo hacemos con cautela, tanto en nuestras relaciones cotidianas en el trabajo como en las reuniones sociales o cuando respondemos una encuesta aparentemente simple sobre nuestra filiación religiosa. Yo me siento más cómoda declarándome abiertamente bruja a medida que voy haciéndome mayor, pero puedo entender que muchas otras personas sigan manteniendo oculta esa parte de su identidad. Las sombras pueden dar miedo, pero a veces pueden parecernos los lugares más seguros a los que vivimos en ellas.

Tanto despliegue de hechicería plantea la siguiente pregunta: ¿quién acaba usando la palabra «bruja»? Bueno, como hemos visto hasta ahora, la respuesta más breve sería: quien quiera. Sin embargo, a medida que van aumentando todas esas zonas de confort, los resultados son muy variados, y hay muchas opiniones contractitorias sobre la autenticidad de quien se autodenomina «bruja».

Conozco a varios practicantes de brujería a los que se les ponen los pelos de punta cuando ven la mercantilización creciente de sus creencias. Como una amiga mía escribió en Twitter: «Cómo convertirse en bruja fácilmente en solo paso: practica directamente la brujería».

He visto a personas sentir vergüenza ajena al ver cómo un arquetipo tan profundamente vinculado a la marginalidad empieza a ser adoptado por gente que puede considerarse representante de los privilegios y la condición más contraria a la de las brujas. Una amiga mía colgó una fotografía en Facebook no hace mucho en la que escribió las siguientes palabras: «Cuando te encuentras con esas chiquillas edulcoradas de instituto que se hacen llamar brujas», y la imagen que aparecía era la cara de desprecio de Fairuza Balk.

Por otro lado, hay muchos paganos y wiccanos de la vieja escuela que sé que se lo toman con un sano sentido del humor: tras haber sobrevivido a todos los altibajos que ha sufrido la supuesta tendencia a ser bruja durante todos estos años, ahora se divierten de lo lindo al ver los «nuevos» descubrimientos o reinterpretaciones de una práctica a la que siguen siendo fieles desde hace varias décadas.

Comprendo toda esta amalgama de actitudes, porque yo misma las he vivido en diversas etapas de mi vida; sobre todo ahora, en que hablar de brujas se está poniendo tan de moda.

En 2013 escribí un artículo en el que declaré que ese era el Año de la Bruja. Vi que el número 13 se estaba repitiendo constantemente y que se asociaba con mujeres indisciplinadas, y vi también que en ese momento parecía que la imaginería sobre las brujas estaba por todas partes, y que cada vez se relacionaba más con el feminismo. En lo que pareció un suspiro, esta preocupación que me había acompañado durante toda la vida había resurgido, y, en cierto modo, me alegraba muchísimo. Era de buen augurio que nuestra sociedad pusiera el énfasis en las mujeres fuertes y complicadas, pensé yo. Y, además, aquello era divertidísimo. Los superhéroes, los zombis y los vampiros habían captado toda la atención hasta el momento, así que ya era hora de que a las brujas se les echara algún hueso que roer (o todo un esqueleto incluso.) Me encantaba ver cuáles eran los últimos estrenos de películas y que se editaran libros en los que se representaba a magas inconformistas que expresaban su libertad de pensamiento, que hacían sus adoraciones abiertamente y navegaban por las turbulentas aguas de esas personas que tienen unos poderes que para otros resultan amenazadores.

Por otro lado, y todo hay que decirlo, resultaba un poco agotador. Me recordaba a esa época de mi vida en que mi banda favorita de rock de la universidad, las Yeah Yeah Yeahs, saltó a la fama. Me alegré por ellas, porque eso significaba que las valoraban y que merecían su justo premio, y eso para mí era muy importante. Pero me daba miedo que su música fuera a volverse sosa. El hecho de que gustara a tantas personas en cierto modo contribuiría a que se perdiera su magia, porque el grupo tendría que abastecer a un público mayor y grabar siguiendo las directrices del sello. Y, para ser franca, tengo que decir que también me preocupaba que yo y otras «genuinas» devotas termináramos relegadas al olvido. Después de todo, había sido gracias a nuestro amor y a nuestra atención que la banda logró ese primer empujón.

Miedos aparte, y hablando en plata, dejé de tener la ocasión de verlas tocar en un asfixiante tugurio abarrotado por sesenta personas. Reconocer que eran especiales me hacía sentir especial a mí. Y cuando millones de personas descubrieron lo que yo ya había descubierto antes… Bueno, eso significaba que no me pertenecían tan solo a mí.

Veo brujas que se identifican espiritualmente como tales agacharse y ponerse en actitud defensiva de vez en cuando, y oigo que manifiestan su disgusto cuando dicen que lo que tanto representaba para ellas empieza a comercializarse y a ser adoptado por otra clase de personas. Cuando Sephora anunció que vendería el Kit de la Bruja Principiante de la marca de belleza Pinrose, y que en ese kit habría un mazo de cartas de tarot, un cristal de cuarzo rosa, un manojo de savia blanca y unos cuantos perfumes, algunas brujas practicantes se levantaron en armas y lograron que esos planes se vinieran al traste. Pinrose emitió un comunicado de disculpa:

> En primer lugar, nos dirigimos a esas personas que nos han manifestado su descontento o se han sentido ofendidas por la aparición

de este producto para disculparnos de todo corazón. No era nuestra intención ofenderles. Les agradecemos que se hayan puesto en contacto con nosotros para expresar sus sentimientos. Lo hemos tenido en cuenta; no fabricaremos este producto ni lo pondremos a la venta.

Nuestra intención al elaborarlo fue la de crear algo que ensalzara el bienestar y los rituales personales, y que evidenciara que nuestro objetivo es el uso de las fragancias como un ritual de belleza.

Se convocaron diversas movilizaciones para protestar contra la inclusión en el kit de salvia blanca (que parece ser que se ha recolectado demasiado, y que hay quien considera que es una apropiación ofensiva de las prácticas americanas indígenas), y para manifestar la disconformidad ante la idea de que cualquiera podía convertirse en bruja de la noche a la mañana y ante el hecho de que fueran las empresas, en lugar de las brujas auténticas, las que hubieran diseñado ese producto. Y eso es algo que comprendo perfectamente, y comprendo perfectamente también que hubiera personas que se sintieran molestas. Es algo que podría haberse manejado con más tacto por parte de los fabricantes.

Dejemos las cosas claras: hay muchísimas tiendas oficiales que venden toda clase de artículos de brujería, como llevan haciéndolo desde hace décadas, y estoy segura de que ni uno solo de esos artículos ha sido producido o examinado por los que practican brujería. Y ahí es donde entra la confusión, y donde puede parecer que las reglas del juego que definen a una «bruja de verdad» no paran de cambiar. Lo cierto es que nadie puede decir que las brujas le pertenezcan, de la misma manera que ningún admirador puede declararse propietario de mi banda favorita. Mi identidad como miembro de su comunidad (de su aquelarre, por decirlo así) es personal e intransferible, y eso no me lo puede quitar nadie. Pero también sé que si hacen música es para que cualquiera pueda bailarla.

Asimismo, me he dado cuenta de que la bruja tiende a llegar a los que necesitan que les llegue alguien, y que existe una razón para que el redoble de su tambor sea cada vez más fuerte. Creo que la gente las necesita más que nunca, tanto si adoptan la forma de un personaje sagrado como si hacen una declaración feminista o pueden proporcionar un poco de alocada diversión.

Por otro lado, como ya hemos visto, nuestra historia de amor con las brujas no es nueva. La bruja es un personaje que las personas heterodoxas no han parado de reclamar para sí durante los últimos siglos, espiritualmente, culturalmente y políticamente. La identidad de la bruja es tal que las mujeres poco convencionales, y sobre todo las artistas, han asumido de manera voluntaria con franqueza, independientemente de si su brujería es literal o metafórica.

Ya he declarado mi amor por cinco artistas que trabajan con la magia en otro capítulo anterior de este libro, pero muchas otras personas han canalizado a la bruja con sus obras y sus vestuarios, como son Ithell Colquhoun, Leonor Fini, Rosaleen Norton, Marjorie Cameron y Vali Myers (por no mencionar a las que siguen con vida, como Betye Saar, Judy Chicago, Kiki Smith y Cindy Sherman, por nombrar solo a algunas). Y es muy significativo el hecho de que cuando, como mujeres, consiguieron encontrar su voz, muchas poetisas se pusieron a invocar a las brujas en sus textos para expresar rasgos propios que de alguna manera les resultaban genuinos y específicos.

Esa feminista que no tiene pelos en la lengua y se llama Edna St. Vincent Millay escribió las siguientes palabras en su poema «Bruja-Esposa»: «Y, sin embargo, no estaba hecha para hombre alguno / Y nunca será toda mía». Muchas personas, incluida la biógrafa de Millay, Nancy Milford, han conjeturado que la autora estaba escribiendo sobre sí misma al decir eso. Si tenemos en cuenta que el poema se escribió en 1917, tres años antes de que las mujeres americanas conquistaran su derecho al voto, vemos este autorretrato de una bruja como la representación de una mujer que vivió adelantada a su tiempo porque se planteó llevar una vida de liberación y autodeterminación.

Se alude también a la lucha por conservar la salud mental, que tan bien documentada nos ha llegado, de Sylvia Plath en su poesía de 1959 «La quema de brujas». En el plano superficial trata de una bruja condenada a morir en la hoguera, pero también puede interpretarse como una metáfora que nos cuenta que la mujer ha sido consumida por las llamas de la depresión: «Mis tobillos se iluminan. Esta iluminación asciende por mis muslos. / Estoy perdida, estoy perdida en las vestiduras de toda esta luz».

El hecho de que Plath experimentara con la güija para escribir poesía y que no se detuviera hasta realizar un conjuro mágico para hechizar a su esposo, Ted Hughes, después de que este la abandonara por otra mujer (todo eso antes de quitarse la vida) añade en retrospectiva un velo de misticismo trágico a su poesía.

La poetisa Audre Lourde usa a la bruja como emblema de su estado de marginada social como lesbiana negra en su poema, de 1978, «Habla una mujer». Y se describe a sí misma como «traicionera y seguidora de la antigua escuela de magia». Termina la obra proclamando: «Soy / mujer / y no soy blanca».

Y en el poema «crepuscular» de la época Trump que escribió Anne Waldman, la autora se dirige al lector para que se comprometa a unirse a un activismo de matices brujeriles y a «practicar la desobediencia como lo haría un aquelarre».

Luego tenemos a esas poetisas que, con mayor descaro, trazan una línea entre lo que es la brujería y la forja de palabras. Anne Sexton escribió sobre sí misma confesándose bruja en múltiples ocasiones, sobre todo en su conocido poema «Las de su misma clase», que empieza con las siguientes palabras: «He salido, como bruja poseída, / al acecho del aire negro, más valiente de noche». Una obra tardía, «La llave de oro», sirve de introducción a su libro de poesías sobre cuentos de hadas: *Transformations*. En él se refleja la obvia comparación que puede establecerse entre las brujas y las escritoras, y afirma que «El hablante en este caso / es una bruja de edad madura, yo… / dispuesta a contarte un par de historias».

Y *Spelling*, de Margaret Atwood, trata de la relación que existe entre el lenguaje y la autoría femenina, y abunda en la imaginería sobre las brujas. Empieza la poesía describiendo a su hija, que está jugando con unas letras de plástico en el suelo, con la intención de aprender a «hacer hechizos». Atwood alude entonces a las distintas maneras en que las mujeres han sido gobernadas tanto por la sociedad como por la guerra o las actuales cazas de brujas. En su poesía, el discurso y la escritura son instrumentos de liberación: «Una palabra tras otra / y tras otra palabra otra / es poder».

La metáfora de las brujas y de las escritoras es especialmente idónea cuando uno considera que las palabras «gramática» y «grimorio» proceden de la misma raíz etimológica.

La bruja ha sido el referente de las mujeres que se dedican a la música, sobre todo las que son calificadas de raritas automáticamente por el hecho de que se atreven a poner sus propios egos y canciones en el centro de sus prioridades. Creo que las estrellas de rock que actuaron durante las décadas de los 1970 y 1980 o bien adoraban a las brujas o bien se convertían en brujas durante sus actuaciones de hechicería sónica: Stevie Nickes, danzando en círculos con sus chales y entonando cánticos sobre vuelos nocturnos y visiones cristalinas. Ese genio tan crónicamente maligno llamada Yoko Ono cantó en tono desafiante: «Sí, soy una bruja. / Soy una zorra. / No me importa lo que tú digas», y Grace Jones dijo que «preferiría ser una mala pécora, óyeme bien, / porque ser bruja es lo que querría ser» en su canción «Sinning». Patti Smith, de pálida tez y pelo de pincho, parecía «un cuervo, un cuervo gótico» según la describió Salvador Dalí, aulló diciendo en su canción que «Jesús murió por los pecados de los demás, pero no por los míos». Chrissie Hynde adoró «a la doncella y a la madre / y a la bruja que se ha vuelto vieja» en la oda a la diosa de los Pretenders «Hymn to Her». Soiuxsie Sioux, con sus ojos perfilados con kohl, se convirtió y pasó de ser un gato negro a un espectro de los bosques en el vídeo que hizo para «Spellbound». Kate Bush despertó a sus propias brujas con un chillido y fue capturada por los «Hounds of Love» o sabuesos del amor nocturnos. En una industria dominada por los hombres, no es de extrañar que estas mujeres se sintieran como seres marginales. Vestirse de brujas era la manera de transformar sus responsabilidades en fortalezas…, y ya no digamos lo bien que venden las imágenes de lo oculto en ese medio que es el espectáculo, y el asombro que provocan en las cubiertas de los álbumes, los vídeos musicales y las representaciones en vivo y en directo.

Descubrí mis propios oráculos auditivos al mismo tiempo que empezaba a experimentar con la brujería. Cuando me iba de excursión a las tiendas *new age* en la década de los 1990, también iba a la caza de de magia. Iba a esas ciudades lejanas en las que podía conseguir álbumes que no eran fáciles de encontrar y CD de importación de mis músicos preferidos, que yo me tragaba vorazmente metiéndomelos por mi garganta de *gothling*. Los peregrinajes que hacía al campus de la Universidad Rutgers de New Brunswick o, mejor aún, a la Tower Records de Nueva York, me avituallaban con la banda sonora de mi floreciente vida de devoción mitológica. Las caras B y las versiones de contrabando de Tori Amos, PJ Harvey y Björk eran difíciles de encontrar por aquel entonces, y dar con una nueva canción de cualquiera de ellos era como descubrir un hechizo perdido en un antiguo códice cubierto de polvo.

Mirándolo en retrospectiva, tengo claro que esas estrellas de la música fueron la plantilla artística de lo que en realidad es ahora la brujería moderna. Las tres eran unos personajes extravagantes, y no se disculpaban por ello; establecían paralelismos con el paganismo y el poder aullando himnos dedicados a la sexualidad femenina. Escribían sus propias canciones, y las tocaban a un volumen muy alto. Iban maquilladas con purpurina, llevaban trajes chillones y vistosos y esbozaban sonrisas glamurosas. A pesar de que pensaba que todas ellas estaban para quitarle a una el aliento, ninguna era «hermosa» en el sentido convencional de la palabra. Su belleza era inmensa y contundente, y también inquietante.

No exagero si digo que la primera vez que oí hablar de Tori Amos me quedé de piedra. Yo tenía once años en esa época, y mi mejor amiga, Jenny, me puso *Little Earthquakes*, un álbum al que se había quedado enganchada gracias a su hermano mayor, un tipo muy guay, Travis. En esa época, mis principales gustos en el ámbito de la música consistían en sencillos de éxito, como «Finally» y «The Promise of a New Day», la banda sonora del musical *Pippin* de mi madre, y todas esas canciones que entran tan bien y que ese verano sonaban por el altavoz del Club Strathmore.

No me encontraba preparada para conocer a esa hada llorona

de pelo rojo como una hoguera que se retorcía en su banqueta de piano como si fuera la misma encarnación de Babilonia. Torie lanzó una onda expansiva a mis circuitos prepubescentes que me dejó estupefacta y me repelió; fui incapaz de integrar el modo en que me hizo sentir. De inmediato regresé a los brazos reconfortantes de CeCe Peniston y Paula Abdul (cuyo álbum en esos momentos era, curiosamente, *Spellbound*, aunque las asociaciones que pudiera tener con el mundo de la brujería se limitaban a la pista que llevaba ese mismo título).

Cuando empecé secundaria sentía que tenía ya más mundología, descubrí que me atraía mucho Tori, y me obsesioné con ella; escuchaba su álbum sin parar, una y otra vez. Anotaba sus letras en los cuadernos de la escuela, aprendí a tocar «Silent All These Years» al piano y cantaba ante un oyente imaginario diciéndole: «Dame con el cinto». No me quedaba muy claro para qué servía el cinto, claro, y tampoco entendía que la letra «Que hagas que me corra / no te convierte en Jesús» en realidad se refiriera al semen. Pero lo que sí sabía era que esa mujer cantaba sobre el deseo y la pérdida, sobre la magia y el dolor. Era una compositora ingeniosa cuyas letras crípticas fluían por mi mente como una poción. Su mundo lo habitaban sirenas vestidas con tejanos y «rosas de alas negras que cambiaban sin problemas de color». Pero además cantaba con toda ingenuidad sobre temas tabúes, como son la agresión sexual, la menstruación y el iniciar una religión propia. Era la alta sacerdotisa de lo Inadecuado, y yo era su discípula más dispuesta.

No tardaron en presentarse ante mí otras historias de amor. Caí prendada del grito espeluznante de Björk, y de su canción «Venus as a Boy» y de aquella en la que decía «estar casada conmigo misma». Iba dando vueltas por mi dormitorio entregada a PJ Harvey mientras ella destrozaba su Fender Telecaster entonando himnos a la diosa vaginal Sheela-na-gig y cantando serenatas lunares ebrias de amor. Artistas como Rasputina, Portishead y Mazzy Star vinieron poco después, pero fueron esas tres artistas que actuaban en solitario las que primero me mostraron que la música podía ser estridente, arrebatadora y plena de femenina incandescencia.

Por consiguiente, muchas estrellas de la música de esta era parecen versiones de segunda generación de esas brujas que me ayudaron a forjar mi propia y juvenil identidad. Florence and the Machine, Grimes, Lana Del Rey y Chelsea Wolfe aluden al arquetipo de la bruja con su imagen y sus canciones, si es que no lo encarnan directamente. La Princesa Nokia hace múltiples referencias a la brujería en su sencillo «Brujas», y en el vídeo se ven grupos de mujeres haciendo rituales de las tradiciones yoruba y wiccana. Lorde, que suele ir vestida con ropa negra y lentejuelas, afirmó: «A mí no me espantan los fantasmas o los espíritus. Básicamente, soy bruja». Azealia Banks empieza su canción «Yung Ranpunxel» con la frase: «¿Quién es más guay que esta bruja?», y el vídeo que la acompaña la representa cantando un rap en un montaje en el que salen búhos, órbitas oculares y lunas crecientes. Banks también dice que ella practica la brujería, y se desató una gran polémica entre los grupos defensores de los derechos de los animales cuando colgó un vídeo de sí misma en Instagram en el que se la veía limpiando lo que representan ser los restos de unos pollos sacrificados procedentes de «tres años bien empleados en la brujería». La artista de Ghana Azizaa se identifica como «Un corazón salvaje. Una cantante. Una bruja...» según la biografía que aparece de ella en las redes sociales, y sus sencillos «Black Magic Woman» y «Voodoo Pussy» son panegíricos imbuidos de magia para conseguir poder personal. Esta profeta bruja y artista compone canciones hipnóticas sobre la manifestación y el destino cósmico, muy a la altura de lo elevado que resulta ser su nombre.

Cada una de estas estrellas de la música está bien dotada y es única en sus propios términos, y sé que, cuando comparo, digamos, Bat for Lashes con Tori Amos, eso pone a la defensiva a sus admiradores, que es lo mismo que yo sentí cuando me dijeron que Tori era «tan solo otra Kate Bush». De todos modos, todas obedecen a un mismo patrón. El hecho de que estén surgiendo más músicos afiliados al mundo de las brujas demuestra que el arquetipo es eficaz tanto como símbolo de rebelión como de creatividad y autonomía femenina.

Y no es sorprendente ver que los colosos del pop se mojan también metiéndose en el mundo de las brujas. Una Katy Perry vestida con una capa púrpura bailó en una gigantesca bola de cristal y en un escenario que representaba un bosque encantado para interpretar su canción «Dark Horse» durante la convocatoria número 56 de los premios Grammy. Quizá algunos hayan encontrado muy convincente su teatralidad, que tiene raíces en el ocultismo, porque terminó enredada en una serie de demandas judiciales cuando intentó adquirir un convento en Luisiana a unas monjas católicas que se negaron a vender. Las religiosas le dijeron que desaprobaban su estilo de vida y sus vídeos, y no olvidaron mencionar también que Katy había asistido a la Caminata por las Brujas de Salem de 2014, y que eso probaba que practicaba la magia negra. Se dice que una de las monjas afirmó: «Lo siento, pero yo no soy partidaria de la brujería, y no me cuento entre las personas que están metidas en temas de brujería. Eso es algo que me perturba, y esta es nuestra sede, y nuestro retiro, y es tierra sagrada». Perry les aseguró que en realidad ella no era bruja, y que su intención era usar el convento como residencia particular para vivir con su madre y con su abuela, así como para sentarse en el jardín a meditar y a beber té verde. Y mientras dura la redacción de este libro, la venta todavía sigue pendiente.

Lady Gaga también se ha mostrado partidaria de defender la vertiente oscura de lo femenino, se refiere a sus admiradoras con el nombre de «monstruitos» y a sí misma como «la madre monstruo». Ha seguido una estética asombrosa durante toda su trayectoria profesional, y se ha puesto trajes dignos de una bruja, tanto en escena como fuera de ella. Cuando conoció al fundador de WikiLeaks Julian Assange en octubre de 2012, la CNN informó de que «ella iba vestida de bruja, con una toga negra y su correspondiente sombrero de bruja», que en realidad procedía de la línea que Hedi Slimane confeccionó para Yves Saint Laurent esa temporada. En mayo de 2016 colgó un vídeo en Instagram en el que bailaba la canción de Radiohead «Burn the Witch», y escribió el siguiente texto: «Esta canción me resuena a un nivel espiritual muy profundo como mujer, gracias. RADIOHEAD [*sic*]». Ese mismo año interpretó el papel de una bruja inmortal en *American Horror Story*: Roanoke, personaje que el creador del espectáculo Ryan Murphy consideró que era la Suprema Original de todas las brujas a lo largo de la serie.

El álbum visual de Beyoncé de 2016 *Lemonade* es todo un imaginario de transformación y sanación espiritual muy específica en torno a la experiencia femenina de las negras. En el vídeo de «Hold Up» canaliza a Oshun, vestida con una toga dorada, que es la deidad yoruba del agua, la belleza y el sexo, y en «Formation» luce un sombrero negro de ala ancha y levanta el dedo corazón al cielo en un gesto de desafío. Las imágenes de mujeres negras reunidas en grupos en la película pueden interpretarse como la expresión de un matriarcardo y un aquelarre al mismo tiempo, y los temas dolorosos de la infidelidad, el racismo y el sexismo se muestran con una opulencia digna del ámbito sobrenatural. A pesar de que muchas pensamos que Beyoncé es una bruja poderosa en el sentido simbólico de la palabra, sus creencias espirituales van más allá. Como escribe Omise'eke Natasha Tinsley en la revista *Time*, «la visión de Beyoncé sobre la retribución divina de las negras [...] no es como si confesara que está practicando el ocultismo. Cuando imagina que las mujeres negras recurrren a los poderes sobrenaturales para enderezar entuertos, sigue el legado de las feministas africanas que protestan contra las injusticias sociales». *Lemonade* es el hechizo de elevación que Beyoncé hace para sí misma y para las mujeres que son como ella, y en él sus heridas se metamorfosean adquiriendo forma de alas.

Es posible que afloren sentimientos contradictorios ante el hecho de que las brujas pasen a un primer plano, pero yo diría lo siguiente: uno de los felices resultados de la creciente popularidad de este arquetipo es que está provocando que resurjan unas viajeras inquisitivas que se ven valientes para transitar por el sendero de la bruja sin tener que disculparse ni sentir miedo. Cuantas más personas enarbolen su banderín preternatural, más fácil será que coincidamos, y que podamos forjar alianzas significativas basadas en los valores que compartimos y en la fascinación que sentimos por la disidencia. Y cuantas más seamos las que festejemos a las brujas, menos vilipendiadas serán estas personas. Y eso me da la esperanza inmensa de pensar que puede haber una sociedad emergente que esté honrando verdaderamente el poder femenino, y que no solo alabe la santidad de la naturaleza y del cuerpo, sino que trabaje activamente para alejarlos a ambos del camino del dolor. Tanto si se trata de personajes espirituales transformadores como de símbolos culturales que enardecen a las masas o de personajes complejos por sus hechizos, como los que aparecen en los relatos y las historias que leemos, vemos y nos volvemos a imaginar, una cosa tengo clara: las brujas son el futuro.

Sin embargo, si nuestro aquelarre contemporáneo va a durar, el círculo ha de ser de una honestidad radical y albergar una estricta compasión. Como sucede en la mayoría de sistemas ocultistas occidentales, la brujería moderna siempre ha estado marcada por el sincretismo o la fusión de distintas influencias culturales, y eso la convierte en algo revolucionario e inherentemente problemático. Combina y entrelaza símbolos de muchas tradiciones distintas e intenta mezclarlas para elaborar una pócima que universalmente sea relevante. «Isis, Astarté, Diana, Hécate, Deméter, Kali, Inanna», empieza un cántico popular a la diosa escrito por Deena Metzger y Caitlin Mullin en la década de los 1980. Los nombres proceden de las mitologías egipcias, grecorromanas, hindúes y mesopotámicas. En el plano superficial, el verso aporta un mensaje emotivo de lo que es femenino y divino, que había sido borrado o eliminado de muchas narrativas espirituales, sobre todo de las religiones que contemplan a Abraham. Sin embargo, algunos critican este enfoque del problema diciendo que es un buen ejemplo de esas brujas que se reúnen para picotear algo en el bufé de ensaladas espirituales. Reviste un cierto peligro elegir solo las partes más atractivas de un corpus completo de teología, sin profundizar en él ni conocer bien el contexto en el que moran estas deidades.

Como sucede en esta conversación cultural más extensa que estamos manteniendo sobre la identidad, la intersección y la representación, la comunidad de brujas también está volviendo a valorar el hecho de hasta qué punto nos apropiamos de lo que sería la herencia de otro grupo. Por ejemplo, hay muchas brujas estadounidenses de color que incorporan a sus rituales prácticas religiosas de influencia yoruba, como la candomblé, la santería, el vudú y el hudú. Cuando los practicantes blancos de brujería «toman cosas prestadas» de estas religiones a boleo y sin darse por enterados de lo largas y dolorosas que han sido sus historias, puede crearse como una brecha. También es importante tener en mente que esta clase de religiones, incluidas las tradiciones mágico-populares de los indígenas de Ceilán y Borneo, que el «padre de la wicca» Gerald Gardner usó de inspiración, llevan existiendo en este mundo muchísimo más tiempo que la wicca y sus descendientes, que tan solo datan de mediados del siglo xx.

Gardner y otros fundadores de la wicca eran hombres blancos y británicos y, de la misma manera, el movimiento de la brujería dirigido por las feministas nacidas en Estados Unidos fue guiado por mujeres blancas. Si le dedicamos una mirada amable, veremos que esas personas intentaban alcanzar una verdad espiritual que trascendía el falso constructo de que los límites culturales existen. Ahora bien, también pueden considerarse bajo una luz más desagradable: como una prueba más del imperialismo blanco.

Con esta finalidad, en la actualidad hay un gran debate sobre el modo en que la brujería del siglo xxi en ocasiones incorpora elementos de la diáspora africana, de los amerindios y de otras tradiciones no europeas. Las velas de la santería, los *vèvès* haitianos del vudú y los hatillos de salvia blanca tan solo son algunos de los elementos derivados de las comunidades negras que normalmente se encuentran en los aquelarres paganos contemporáneos, los altares y las tiendas de ocultismo; por no hablar de las grandes franquicias que intentan atraer una demografía joven y espiritualmente curiosa. La representación de las distintas culturas es un objetivo admirable, pero no a costa de sus creadores originales, que a menudo son borrados del mapa o explotados a lo largo del proceso. Por supuesto, estas infracciones se dan en diverso grado y tienen consecuencias distintas. Una mujer blanca de Estados Unidos que intenta conectar con su «animal espiritual» puede resultar ofensiva para un miembro de la tribu lakota. Una empresa dedicada al bienestar de lujo que te venda un anillo de tu animal espiritual valorado en 2.800 dólares y que además ha sido diseñado por una mujer blanca, teniendo en cuenta que los habitantes de las reservas amerindias representan el 39% de tasa de pobreza, es algo que debemos considerar. De la misma manera, muchos propietarios blancos de tiendas de brujería que tienen todos los permisos en regla son considerados por la prensa los heraldos del «nuevo» movimiento de brujería; y dejan más de lado a los propietarios mulatos y negros de las herboristerías de barrio que llevan varios años vendiendo esas mismas hierbas, velas y aceites.

Ningún grupo es monolítico, eso está claro, y hay múltiples maneras de ver cómo combinar y conciliar lo que hay en la moderna brujería; y, por supuesto, las opiniones varían de una persona a otra. He oído decir que hay brujas negras que acceden a incorporar sus tradiciones familiares en otros contextos, y que se sienten orgullosas de que el estilo de sus antepasados sea honrado por los foráneos, siempre y cuando las prácticas se hagan con respeto y conciencia sobre cuáles son sus orígenes. También me han dicho que al Espíritu no le importa nuestro aspecto ni dónde hemos nacido, y si eso es así, ¿por qué habría de importarnos a nosotros? Como me dijo un practicante dominico de vudú: «El vudú elige a quien quiere. La carne es muy impermanente». Desde este punto de vista, compartimos muchas cosas que tenemos en común como seres humanos y buscadores espirituales, y por eso mismo los adornos no tienen nada que ver. En cualquier caso, ¿no son los hechizos de eliminación wiccanos, las limpia de las curandera mexicanas y la ceremonia del humo sagrado cheyene unos rituales que sirven para limpiar las energías indeseables?

Sin embargo, hay quien ve en estos pensamientos un ejemplo más de racismo. Para ellos es lógicamente doloroso ver que su cultura es absorbida y explotada por la supremacía blanca, ya sea con buenas o malas intenciones. Hay quien dice que conectar con las prácticas ancestrales y reclamar sus raíces es la consecuencia de haber sanado generaciones de traumas infligidos por el racismo y la colonización. Estas tradiciones a menudo fueron lo único que les quedó a sus familiares cuando sus propiedades, sus posesiones y su libertad les fueron arrebatadas por el genocidio, la esclavitud y la asimilación forzosa. El hecho de que los blancos a veces intenten justificar estas atrocidades denominando a las costumbres religiosas de los nativos «adoración del diablo» o «brujería» es como insultar, además de querer hacer daño. Para los que sostienen este punto de vista, ver a una «bruja» caucasiana adorar con arrogancia a una diosa que no es blanca puede parecer que sería pasarse de la raya, porque la relación que guarda con esa deidad le resulta muy valiosa y le ha costado lo suyo ganársela.

Finalmente, existe la cuestión de la mutabilidad cultural con la que hay que lidiar. Tanto si nos gusta como si no, las ideas se hibridan y las historias terminan naciendo de una polinización cruzada. Este fenómeno se advierte en la cocina y en la música, al mezclar especias y fusionar géneros. Y lo mismo puede decirse de la cultura espiritual. Podríamos decir, por ejemplo, que el vudú incorpora rasgos del catolicismo, de la francmasonería y de diversas tradiciones indígenas africanas. De la misma manera, el cristianismo se desarrolló a partir de una amalgama de influencias tempranas: la zoroastriana, la grecoalejandrina, la grecorromana y, por supuesto, la judaica. Estamos simplificando muchísimo, desde luego, porque eso no justifica que existen diversas razones tras esta dinámica de poder cambiante, ni tras los innumerables individuos de los que se aprovecharon o que fueron silenciados por el camino. Sin embargo, hemos adquirido mucha sabiduría, hemos creado arte y hemos alimentado la conexión, logrando que interaccionen recursos muy dispares entre sí. Realizar prácticas de brujería para obrar con una intención y con humanidad es difícil, pero no necesariamente imposible. La sacerdotisa yoruba y escritora Luisah Teish ha escrito: «Sostengo que el gran desafío de este nuevo milenio podría ser el cambio de hábitos. Podríamos pasar de la cultura dominante de la mercancía a otra de genuino intercambio en el que aprendamos los unos de los otros con humildad y respeto. Creo fervientemente que eso es posible. Pero todo depende de nosotros».

El tema no se acaba aquí, y es importante que así sea. La historia de las personas negras se ha excluido tan sistemáticamente y eliminado tan a menudo y durante tanto tiempo por la narrativa blanca dominante que es crucial que los que practican la brujería contemporánea no perpetúen el patrón. No importa lo que piense cada uno sobre el enfoque intercultural de la magia, lo imperativo es que seamos sensibles a la perspectiva de los demás y a la experiencia vivida, y que estemos abiertos a recalibrarlas mientras escuchamos y aprendemos. Y eso es especialmente necesario para las practicantes blancas como yo, que nos hemos beneficiado de la ventaja cultural del privilegio que tenemos los blancos, y que tenemos la obligación de enfrentarnos a nuestro propio racismo y combatirlo constantemente. Hay una razón para que el arquetipo de la bruja les resuene a los que se sienten distintos u oprimidos: la bruja también es un ser marginal, después de todo. Al declararse su aliado, uno forja el sagrado vínculo con todos los que han sido ignorados, infrarrepresentados, apartados o expulsados.

Se dice que las brujas hacen «magia compasiva», que consiste en un sistema de correspondencias vinculantes. En un hechizo, los pétalos de rosas rojas se considera que atraerán el amor, y una vela verde puede conjurar la llegada del dinero. Pero si queremos avanzar como comunidad auténticamente revolucionaria, lo que debemos practicar es la magia «empática». El apoyo, la compasión y la consideración mutua son los ingredientes clave para manifestar la prosperidad y la paz para todos. Auparnos los unos a los otros siempre que sea posible es un buen modo de tocar el cielo.

Hay muchas maneras de ser bruja. De la misma manera que hay muchas maneras de definir lo que son las brujas, lo que hacen y lo que hacen por nosotros. Hay personas que entran en el mundo de las brujas porque se apartan de lo que ya no les funciona, como, por ejemplo, un pasado religioso que les resultaba insuficiente o una imagen de sí mismas que les hacía sentirse insignificantes o invisibles.

Para otros, la bruja es un descriptor adicional. «La bruja católica», «la bruja feminista», «la bruja aficionada a la moda» y «la bruja *queer*» tan solo son unos cuantos ejemplos del modo en que he oído a algunos referirse a sí mismos en estos últimos tiempos. Como descriptor, señala una etapa de revisión, de desafío y de dirección de uno mismo. Refuerza la identidad de los individuos entre sí y les estimula recordándoles el poder del mito y dándoles agallas. Como tal, «bruja» es una palabra mágica en sí misma.

Y cada vez hay más gente que se hace llamar así, tanto si es de una manera figurada como si es literal, poética o política. Lo hacemos por la necesidad que sentimos de rebelarnos o por una sensación de pertenencia. Podemos decirlo en un susurro o gritarlo a la luna. Podemos cantarlo al cielo, escribir la afirmación en un bolso grande que tengamos, pintarlo en un cartel de protesta o escribirlo en un grimorio secreto del corazón.

No importa cómo, pero hay una razón por la que muchos abrazamos la brujería como gratificación y guía. Nos ofrece una huella negra como el carbón para construir unas estructuras sociales alternativas y un yo más fuerte. Caminamos por su bosque de maravillas y, al hacerlo, nos obligamos a enfrentarnos a nuestro propio miedo, a nuestras fantasías y a nuestra fe. El camino que establece es personal y distinto para cada uno, pero el destino es el mismo. Conduce a una tierra de liberación en la que cada uno de nosotros puede llegar a ser su versión más complicada, imaginativa y problemática, pero también la más verdadera.

Cuando llegamos, la bruja nos da la bienvenida. Nos abre su puerta con un chirrido y una carcajada estridente.

Y nosotros la saludamos, salvajes y ardorosas, con los brazos abiertos y el asombro en la mirada.

El epílogo de las rarezas

Las brujas no solo son divinas, sino que son adivinas. Te tiran palitos y huesos, te leen las cartas y las estrellas, y también miran la bola de cristal. Tienen visión nocturna y visión secundaria, y pueden ver lo que pasará mañana.

Por eso me siento obligada a hacer mis propias predicciones:

La redención de las brujas y la ascensión de las mujeres siempre estarán vinculadas entre sí. El hecho de que ambas cosas estén sucediendo en estos momentos no es ninguna coincidencia. Una es reflejo de la otra.

Bruja.

Mujer.

Una palabra terrorífica se convierte en honorífica; la desgracia se convierte en consagración; la vergüenza deviene reclamo.

El hecho de que la bruja poco a poco se haya vuelto a considerar un personaje positivo en Occidente desde el siglo XIX demuestra que hemos llegado muy lejos, pero también significa que todavía tenemos que andar un buen trecho hasta que el poder de las mujeres no se menosprecie, se elimine o entierre. La madre de la bruja es la Magia, pero su padre es el Miedo. La bruja nació del desdén a lo femenino, del odio al cuerpo femenino, a cómo se crea, envejece, desea y es deseado. Amarla es abrazar esta tragedia y convertir su trauma en un triunfo.

La bruja es pariente de las diosas, las hadas, los diablos y los monstruos, pero es completa en su propia especie a causa de un elemento diferenciador que resulta crucial: en general, es humana. Por eso no solo nos relacionamos con ella, podemos convertirnos en una de ellas. Al elegir vestirnos con su capa, adquirimos todo lo que se asocia a ellas, tanto lo ficticio como lo verdadero. Y al donarle nuestro ser, añadimos más cosas a su significado. Así es como ha sobrevivido la bruja durante tanto tiempo, y también es la razón de que todavía siga esforzándose tanto. Es una criatura que tiene sus adicciones.

Su camino hacia lo más alto de la conciencia popular está sembrado de contradicciones. Es temida y deseada, se la ha ejecutado y se la ha exaltado. Es una asesina y una mártir, un ser que honra la naturaleza a pesar de desafiarla. Está rodeada de bestias y demonios, de espíritus y de hermanas, y también está completamente sola.

Y esa es la razón de que los que se sienten foráneos o «ajenos» se sientan al mismo tiempo tan atraídos por ella. La bruja les da a entender que comprende lo que son las persecuciones, les ofrece un círculo de protección y la promesa de que lo que en una ocasión se perdió volverá a recuperarse. A pesar de que su historia está vinculada a la historia de las mujeres, su arquetipo ha sido encarnado por personas pertenecientes a todo el abanico de identidades. Y eso también me da esperanzas. Integrar lo femenino con lo masculino es un trabajo alquímico que nos beneficia a todos. Desmantelar la opresión patriarcal tanto a través de los sistemas que hemos exteriorizado como del pensamiento interior es un trabajo personal. Elevar a la bruja nos ayuda a todos a seguir adelante.

Creo que el auge de su popularidad es indicativo no de una tendencia, sino más bien de un cambio enorme. Que seamos muchas más las que sintamos la atracción de su marea nocturna…

Ahora bien, démonos cuenta también de que esta fase creciente de la bruja ha sobrevenido a un gran coste.

El hecho mismo de que muchos de nosotros la podamos nombrar alegremente por su nombre es algo glorioso. Sin embargo, tenemos que recordar los miles y miles de personas que vieron cómo su vida corría peligro o les era arrebatada en nombre de la brujería, y eso sigue sucediendo en nuestros tiempos. Llamarte a ti misma bruja y hacerlo con orgullo, tanto si es en un sentido irónico como si lo haces gritando a pleno pulmón y con sinceridad, es señal de que eres una privilegiada. A pesar de que una nunca está a salvo cuando lo hace, aquellas de nosotras que recurrimos a este apodo en público somos muy afortunadas por sentirnos capaces de asumir este riesgo.

Para las que no se consideran brujas, pero les encanta observarlas y leer cosas sobre ellas, además de oír su canción sobrenatural, hay que decirles que la bruja todavía tiene muchos mensajes por compartir. Nos ofrece a todos la oportunidad de plantearnos ciertas preguntas sobre el terror y sobre el género, sobre la libertad y la restricción, el misterio y la majestad.

Nos da una lección de adaptación y de evolución, porque la bruja se reescribe y rehace continuamente…, y llegará a adoptar muchas nuevas formas, sin duda alguna, a medida que el tiempo pase volando. La bruja se convierte en lo que necesitamos que sea, y a su vez ella nos transforma.

La bruja me ha enseñado a confiar en mí misma, a reunificar mis facetas más afiladas y a convertirlas en buenas herramientas. Me ha cogido por la muñeca y me la ha retorcido hasta que me ha visto solucionar el problema. Me ha demostrado que soy capaz de cambiar mi propia vida.

Me habla entre las ramas, resplandece en el espejo, me dice que soy maravillosa y muy valiosa, y alimenta mi fuego sagrado.

Me cuenta chistes verdes y entierra mis secretos en la tierra.

Plantamos semillas, nos comemos las malas hierbas y desenterramos viejos recuerdos. Nos aparecemos. Aullamos. Recolectamos.

Agrupamos a los temidos, a los abandonados, a los olvidados, y les hacemos saber que importan, aquí y ahora. Juntas levantamos a los muertos.

Yo tenía miedo, y ella me hizo valiente. Yo era pequeña, y ella me hizo grandiosa. Yo era rara, y ella me hizo fuerte. Noche tras noche, me dijo que nunca se iría de mi lado, y nunca se ha ido.

Tomó la sagrada oscuridad y de ella modeló un crisol.

Lecturas para profundizar

La siguiente lista no es exhaustiva, sino que más bien es un pequeño apartado transversal de textos que han sido particularmente significativos e inspiradores para poder redactar este libro.

Aberth, Susan L. *Leonora Carrington: Surrealism, Alchemy, and Art*. Farnham, Lund Humphries, Surrey, 2004.

Adler, Margot. *Drawing Down the Moon: Witches, Druids, Goddess-Worshippers, and Other Pagans in America*. 4.ª edición, Penguin Books, Nueva York, 2006.

Braude, Ann. *Radical Spirits: Spiritualism and Women's Rights in Nineteenth-Century America*. 2.ª edición, Indiana University Press, Bloomington, Indiana, 2001.

Callow, John. *Embracing the Darkness: A Cultural History of Witchcraft*. I.B. Tauris, Londres, 2018.

Chadwick, Whitney. *Mujer, arte y sociedad*. Ediciones Destino, Barcelona, 1993.

Grant, Simon, Lars Bang Larsen y Marco Pasi. *Georgiana Houghton: Spirit Drawings*. Courtauld Gallery, Londres, 2016.

Hults, Linda C. *The Witch as Muse: Art, Gender, and Power in Early Modern Europe*. University of Pennsylvania Press, Filadelfia, 2005.

Hutton, Ronald. *The Triumph of the Moon: A History of Modern Pagan Witchcraft*. Oxford University Press, Oxford, 1999.

—. *The Witch: A History of Fear; from Ancient Times to the Present.* Yale University Press, New Haven, Connecticut, 1999.

Kaplan, Janet A. *Viajes inesperados: el arte y la vida de Remedios Varo.* Fundación Banco Exterior, Madrid, 1988.

Kaplan, Stuart R. *Pamela Colman Smith: The Untold Story.* U.S. Games Systems, Stamford, Connecticut, 2018.

Michelet, Jules. *La bruja: un estudio de las supersticiones en la Edad Media.* Ediciones Akal, Madrid, 2014.

Müller-Westermann, Iris y Jo Widoff. *Hilma af Klint: Pionera de la abstracción.* Museo Picasso de Málaga, Málaga, 2013.

Petherbridge, Deanna. *Witches and Wicked Bodies.* Galería Nacional de Escocia, Edimburgo, 2013.

Purkiss, Diane. *The Witch in History: Early Modern and Twentieth-Century Representations.* Routledge, Londres, 1996.

Sollée, Kristen J. *Witches, Sluts, Feminists: Conjuring the Sex Positive.* ThreeL Media, Berkeley, California, 2017.

Starhawk. *La danza en espiral.* Ediciones Obelisco S.L, Rubí, Barcelona, 2012.

Agradecimientos

Hace falta que exista un aquelarre para que un libro salga a la luz, y este, sin lugar a dudas, no es ninguna excepción. Las personas que voy a citar a continuación me han bendecido y prestado mucha ayuda, y sin ellas las palabras escritas quizá seguirían bullendo todavía en mi cabeza, en lugar de haber sido plasmadas en estas páginas.

Gracias, antes que nada, a Rick Pascocello. Me doy cuenta de que no he escrito precisamente «el manual para los negocios de la mujer empoderada» que imaginaste la primera vez que hablamos de la posibilidad de trabajar juntos, y el hecho de que ahora exista el libro es como un testimonio de tu apertura mental y tu espíritu visionario. Te doy las gracias por haber permitido que te arrinconara, así como por el apoyo que he recibido de Alex Glass y del resto del equipo de Glass Literary Management.

No entiendo cómo Gallery Books consigue contar con tanta gente maravillosa entre sus filas, pero tengo la sensación de que el exquisito liderazgo de Jennifer Bergstrom tiene algo que ver en ello. Me han deslumbrado todas esas personas que han añadido su toque mágico a *Despertando a la bruja*.

Gracias, Kate Dresser, por servirme de guía con gran astucia, por darme ánimos de una manera infatigable y por ese queso fundido que reservabas para casos de emergencia. Sencillamente eres una editora sensacional y me siento muy afortunada de que los astros se hayan alineado.

Natasha Simons, tu pronta defensa de este libro es la razón de que haya encontrado un hogar tan acogedor, y te doy las gracias por creer en él y también por creer en mí.

Molly Gregory, tus comentarios y tu amable asistencia en general han sido de gran ayuda para mí. Anna Dorfman, te aseguraste de ponerle una cubierta al libro tan hipnotizante como las brujas sobre las que he escrito. Gracias a las dos por vuestro arte. Y muchas gracias a Aimée Bell, Alexandre Su, Joal Hetherington, Sydney Morris, Tracy Woelfel, Jen Long, Abby Zidle, Diana Velasquez, Mackenzie Hickey, Anabel Jiménez, Lisa Litwack, John Vairo, Jaime Putorti, Monica Oluwek y Caroline Pallotta por todas y cada una de vuestras significativas colaboraciones.

Me siento en deuda con los numerosos eruditos, creadores, activistas y practicantes del mundo de la brujería que me precedieron, incluidos los que también cito a lo largo del texto. Sin embargo, dos de ellos merecen una atención especial:

Ronald Hutton, tu contribución al corpus de la historia de las brujas no puede ser obviado (y estoy convencida de que tus rápidas respuestas a mis correos electrónicos deben deberse a alguna especie de embrujo). Gracias por responder a mis preguntas, y en general por tu tremenda erudición.

Margaret Adler ya no se encuentra entre nosotros en este reino material, pero el modo en que supo equilibrar su trayectoria profesional literaria y periodística con sus prácticas mágicas diseñaron una rara plantilla para todos nosotros. Espero que este libro, de alguna manera, honre su legado.

Hay dos personas que en especial me han enseñado muchísimo sobre arte, magia y amistad. A Jesse Bransford y a Susan Aberth les doy las gracias por concederme el regalo de abrirme sus generosos corazones y sus brillantes mentes a lo largo de todo el proceso y también en general. Y también quiero expresar toda mi gratitud a la Octagon House, lugar en el que se formularon y/o escribieron varios capítulos de este libro.

Muchas otras luminarias me han ayudado a comprender mejor diversos temas del ocultismo de todos los tiempos. Robert Ansell, Christina Oakley Harrington, William Kiesel, Shannon Taggart y Jon Graham: siento una gran admiración por todos vosotros y deseo seguir colaborando y conversando regularmente. A Amy Hale quiero darle las gracias por permitir que me beneficie de su mirada atenta y de sus ilimitados conocimientos sobre la historia del paganismo. La Colección de Brujería de la Universidad de Cornell ha sido una fuente valiosísima de información para mí, tanto en línea como de manera presencial. Y doy también las gracias a Laurent Ferri por ponérmelo tan fácil.

Estoy agradecida porque otros espíritus iluminados me hayan marcado el camino, sobre todo cuando tenía que navegar entre un mar de libros. Gracias a Mitch Horowitz, Gary Jansen, Peter Bebergal, Judika Illes, Lauren Cerand, Janaka Stucky, Josh Izzo y Jason Louv por brindarme su ayuda y por darme ánimos y todo su cariño.

En cuanto a ti, Robin Rose Bennett, estoy encantada de haberte conjurado para que entraras en mi vida. Gracias por ser mi maestra y por mostrarme que las brujas en realidad son verdes. Y muchas gracias a todas las demás mujeres que se sentaron junto a mí en tu círculo.

Hablando de maestros, Alice Richter, Kim Thorpe y John Lach me influyeron mucho más de lo que creen. Y Lois Hirshkowitz me aportó no solo un nuevo lenguaje, sino muchísima luz. Esperemos que siga en el mundo de la poesía.

Quiero expresar mi más profunda gratitud a mis hermanas brujas del Aquelarre Queen-right. Os doy las gracias por vuestro apoyo y por vuestra continua presencia. Y gracias especialmente a Kristen Sollée y a Dianca London Potts, cuyas reflexiones me ayudaron a perfeccionar este libro, y también a Bri Luna por ser una firme defensora de mi trabajo. Quiero decirte a ti también, Amber King, que valoro la destreza con que manejas las cartas y las tijeras de cortar el pelo. Y gracias a la vasta comunidad de brujas que he conocido en línea y de manera presencial, cuyo compromiso para vivir sin ocultarse ha dado fuerza a tantas personas, incluida a mí misma.

Quiero expresar mi reconocimiento asimismo a las personas y a los lugares que permitieron que desarrollara mis ideas sobre la brujería y la cultura a lo largo de los años, incluida la Galería 80WSE y la escuela universitaria NYU Steinhardt (y doy las gracias encarecidamente al señor Bransford), a Pat Shewchuk y Marek Colek de Tin Can Forest, a Elisabeth Krohn de *Sabat Magazine*, a Mallory Lance de *Ravenous Zine*, a los miembros y los asistentes del Observatorio, a los lectores de *Phantasmaphile* y a los oyentes y colaboradores del *podcast The Witch Wave*.

Cuando quedó claro que necesitaba hacer un gran cambio en mi vida y centrarme en la brujería a tiempo completo, mis colegas del Getty Images actuaron de la forma más exquisita. Doy las gracias a Jonathan Klein, Dawn Airey, Andy Saunders, Paul Foster, Rebecca Swift, Lindsay Morris, Hannah Meade y Katie Calhoun, así como a todas las excelentes personas del departamento creativo global. (Y gracias también a Karen Tighe-Izzo por iniciar esta cadena completa de acontecimientos en primer lugar.)

Tengo la suerte de contar con unos amigos excepcionales y unos familiares que siguen animándome, haciéndome reír y mostrándome lo que es el amor, a pesar de que desaparezca periódicamente en las mazmorras de los escritores. Gracias a Melanie Hawks, Shiwani Srivastava, Lauren Schreibstein, Megha Ramaswamy, Suzannah Murray, Rachel Hansen, Emma Baar-Bittman, los Pomerantz, los Wilson, los Freeman y los LeClair, los Trumbull, los DelGrosso y los Baldwin-Ancowitze. Gracias a todos ellos. A la refulgente Moira Stone: fuiste una compañera ideal en ese viaje por carretera que nos marcamos para documentarme, y te doy las gracias, a ti y al caballeroso Robert Honeywell, por brindarme ese tan necesario respiro y ese tiempo que necesitaba para escribir en vuestra casa. A Jess Matlin le agradeceré siempre que me haya rescatado de la radio de los Cuarenta Principales. Y valoro muy especialmente a todas esas personas que ya he mencionado y que se encargaron de leer mis primeros borradores y de compartir sus ideas con una diplomacia admirable.

A mi hermana Emily quiero decirle que haber sido testigo de la manera en que ella ha convertido su vida en una lección sobre la valentía y la resiliencia es toda una inspiración. Te quiero, y te agradezco que me hayas permitido compartir una parte de nuestra vida, y que hayas sido una ferviente animadora de la mía desde que nacimos. Y para todos aquellos que estén leyendo estas líneas y estén luchando para superar algún trastorno mental o que conozcan a alguien que esté pasando por eso, quiero decirles que la Alianza Nacional sobre las Enfermedades Mentales es una muy buena herramienta (nami.org), como también lo es la página web de Emily (emilygrossman.net).

A mis padres, Rich y Nina: no sé lo que hice para que me tocara la lotería kármica de lograr ser hija vuestra, pero agradezco cada día que hemos podido estar juntos en esta vida. Siempre me habéis animado para que desarrollara mi creatividad y mi curiosidad, aun cuando eso me llevara a estar en lugares poco convencionales. Y siempre habéis logrado que me sintiera amada. (El sentimiento es mutuo.) Os doy las gracias a los dos.

A Matt Freeman: sé que no es fácil estar casado con alguien que está escribiendo un libro, y te doy las gracias por tu provisión constante de tazas de té, comprensión, buenas ideas y chistes retorcidos. Gracias por tu levedad, por tu audacia artística y por ser el mejor esposo *muggle* que podría desear una bruja. Te quiero muchísimo, mi bello diablo.

A nuestros compañeros felinos, *Remedios «Remy» Varo y Albee*, quiero deciros que, aunque sé que no sabéis leer, os doy las gracias igualmente por ser mis parientes peludos, mis queridos amigos y los compañeros de despacho más encantadores que existen.

Este libro está dedicado a la memoria de la abuela Trudy, la de las manos sanadoras, y de la abuela Sonya, la de la varita mágica de pintora.

Que todos vivamos con libertad para hacer nuestra propia magia, venga esta en la forma que venga. Benditos seamos todos.

editorial **K**airós

Puede recibir información sobre
nuestros libros y colecciones inscribiéndose en:

www.editorialkairos.com
www.editorialkairos.com/newsletter.html
www.letraskairos.com

Numancia, 117-121 • 08029 Barcelona • España
tel. +34 934 949 490 • info@editorialkairos.com